중국인 결혼이민자를 위한
직업문식성 관련 기본 어휘 선정과 학습 전략 연구

저자 약력

❙강금염

인천대학교 국어국문학과에서 문학석사 학위, 인하대학교 국어교육학과에서 교육학 박사학위를 취득했다. 주 연구 방향은 음운과 어휘이며, 특히 외국인에게 한국어를 가르치는 데 깊은 관심을 갖고 있다.

저서로는『한국어학습자를 위한 음운교육 연구』(공저),『중국인 학습자를 위한 한국어 교육 연구』(공저),『중국인 학습자를 위한 한국어 문법 교육 연구』(공저) 등이 있다. 학술논문은「중국인결혼이민자를 위한 특수 분야의 기본 어휘 선정 연구」등이 있다.

현재 중국 절강월수외국어대학교 한국어학과 전임교수로 재직하고 있다.

중국인 결혼이민자를 위한
직업문식성 관련 기본 어휘 선정과 학습 전략 연구

초판인쇄 2017년 06월 15일
초판발행 2017년 06월 29일

저　　자 강 금 염
발 행 인 윤 석 현
발 행 처 도서출판 박문사
책임편집 최 인 노
등록번호 제2009-11호

우편주소 서울시 도봉구 우이천로 353 성주빌딩 3층
대표전화 02) 992 / 3253
전　　송 02) 991 / 1285
홈페이지 http://jnc.jncbms.co.kr
전자우편 bakmunsa@hanmail.net

책 글자수 180,172자

ISBN 979-11-87425-33-5 93700 정가 18,000원

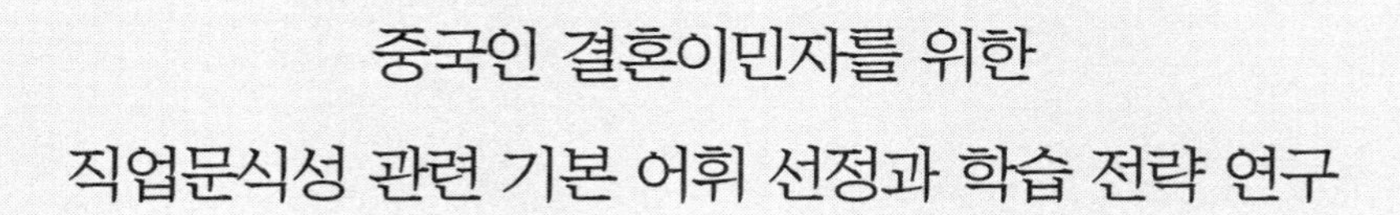

중국인 결혼이민자를 위한
직업문식성 관련 기본 어휘 선정과 학습 전략 연구

강금염 저

박문사

머리말

국제사회에서 중국의 위상이 날로 향상되고, 한국에 다문화가정이 늘어나는 요즘 중국어를 배우려는 사람들이 늘어나고 있는 추세이다. 이에 본서는 한국에서 정착하려는 중국인 결혼이민자들에게 중국어 강사로서의 직업문식성을 갖추기 위한 기본 어휘 선정과 선정된 어휘의 학습 전략을 고찰한 데 목적이 있다. 중국인 결혼이민자들이 입말은 잘하지만 상대적으로 글말이 약한 점을 감안하여 중국어 강사직을 수행할 때 도움이 될 만한 어휘를 선정하고, 선정된 어휘의 학습 전략에 대해 구체적인 제반 요소에 의해 학습방법을 제시한 점이 본서의 특징이라 할 수 있다.

결혼이민자의 직업문식성에 대한 고찰을 위해 강사 경력이 없는 결혼이민자와 강사 경력이 있는 결혼이민자로 나누어서 설문조사를 실시하였다. 강사 경력이 없는 결혼이민자가 강사로서의 정상적인 업무를 수행할 수 있는 높은 수준의 읽기 능력을 갖춘 비율은 15.7%이고, 쓰기 능력을 갖춘 비율은 6.4%이다. 반면에 강사 경력이 있는 결혼이민자가 강사로서의 정상적인 업무를 수행할 수 있는 높은 수준의 읽기 능력을 갖춘 비율은 73.3%이고, 쓰기 능력을 갖춘 비율은 60.0%이다. 이에 직업문식성 능력에 미치는 요인을 직접적인 요인과 관련 가능한 기타 요소로 나누어 분석하였다. 직접적인 요인은 주로 중국어 전문지식, 교재에 대한 이해, 업무 수행의 문서 작성 능력 등이며, 관련 가능성이 있는 기타 요소로는 한국 거주 기간, 한국어 수준, 학력, 전공 등을 들 수 있다.

직업문식성을 효율적으로 신장시킬 수 있는 방법은 직업문식성과 관련된 어휘를 학습하는 것이다. 이를 위해 본 연구에서 먼저 직업문식성과 관련된 어휘를 선정한 다음에 선정된 어휘의 특성에 따라 적절한 학습 전략을 제시하였다. 이에 직업문식성과 관련된 어휘 선정을 위해 사용빈도가 높은 어휘, 업무수행의 문서작성과 관련된 어휘, 교재를 이해하는 데에 필요한 어휘, 중국어 전문지식에 관련된 어휘 등의 선정 기준을 세웠다. 선정 기준에 따라 235개의 사용 빈도가 높은 어휘를 선정하였으며, 업무를 수행할 때에 필요한 문서 작성과 관련된 어휘 138개를 선정하였다. 이를 세부 분류하면 강의 계획서를 작성할 때에 자주 쓰는 어휘 37개, 강의 진도표와 출석부를 작성할 때 자주 쓰는 어휘 32개, 수업 지도안을 작성할 때 자주 쓰는 어휘 70개, 학생 평가서를 작성할 때 자주 쓰는 어휘 38개를 선정하였다. 또한 교재를 이해하는 데 필요한 어휘 141개를 선정하였으며, 마지막으로 중국어 전문지식에 관련된 어휘 총 93개를 선정하였다. 선정된 어휘 중에서 종류별로 중복되는 어휘가 있기에 이러한 어휘를 하나로 처리하여 최종적으로 366개 기본 어휘를 선정하였다.

선정된 어휘를 분석해 보면 문서 작성 관련 어휘는 서식적 특징과 어종에 따른 특징이 있으며, 교재 이해에 필요한 어휘는 구성적 특징과 어종적 특징으로 나누어진다. 문서 작성 관련 어휘의 서식적 특징을 분석해 보면 강의 계획서 형식을 드러낸 어휘, 강의 진도표와 출석부 형식을 드러낸 어휘, 학생 평가서 형식을 드러낸 어휘, 수업 지도안 형식을 드러낸 어휘가 많다.

선정된 어휘의 학습 전략은 먼저 문서 작성 관련 어휘의 학습 전략, 교재 이해 관련 어휘의 학습 전략, 중국어 전문지식 관련 어휘의 학습 전략으로 분류하였다. 그리고 각 유형에 따라 읽기 전략과 쓰기 전략으로 나누어서 기술하였다. 이에 문서 작성 관련 어휘의 학습 전략은 문서 작성 관련 어휘의 읽기 전략과 쓰기 전략으로 구분하여 제시하였으며, 교재 이해 관련 어휘의 학습 전략은 교재 이해 관련 어휘의 읽기 전략과 쓰기 전략으로 구분하여 고찰하였다. 그리고 중국어 전문지식 관련 어휘 학습 전략도 읽기 전략과 쓰기 전략으로 나누어 학습 전략을 구체적으로 고찰하였다.

학습 전략은 다른 요인도 있겠지만 어휘의 어종적 특성의 영향을 많이 받기 때문에 학습 전략을 연구할 때 연구 대상인 어휘를 한자와의 관계에 따라 한자어와 한자어가 아닌 어휘로 인식하여 이에 따라 학습 전략도 달라져야 한다. 본 연구는 한국에서 정착하려는 중국인 결혼이민자들에게 중국어 강사로서의 업무를 정상적으로 수행할 수 있는 높은 수준의 직업문식성을 갖추기 위한 기본 어휘 선정과 선정된 어휘의 학습 전략을 고찰한 데 의의가 있다. 선정된 어휘의 특징에 따른 학습 전략의 실제적인 적용 수업이 필요한데, 학습 전략에 그쳐 실제적인 수업 결과에 따른 방안을 제시하지 못한 아쉬움이 있다.

2017. 5. 10

저자 씀

목차

제1장

서론

01

연구의 필요성과 목적

한국은 점차 다문화 사회로 변하고 있다. 이에 다문화 가정의 결혼이민자들을 한국 사회에 정착할 수 있도록 도와주는 연구가 시급히 필요하다. 기존에는 주로 결혼이민자들의 가정생활 적응을 위한 연구가 많고 사회생활에 도움이 되는 연구는 극히 미흡하다. 본 연구는 중국인 결혼이민자들의 한국에서의 사회생활을 돕는 데에 중점을 두고 있다.

출입국·외국인정책 통계월보 2013년 10월호에 따르면 2008년도에 결혼이민자는 122,552명, 2009년도에 125,087명, 2010년도에 141,564명, 2011년도에 144,681명, 2012년도에 148,494명, 2013년도에 150,828명이었다. 이에 따르면 한국의 결혼이민자 수는 나날이 증가하고 있다는 것을 알 수 있다. 특히 2013년도의 통계에 따르면 결혼이민자의 구성은 국가별로 주로 중국, 베트남, 일본, 필리핀, 캄보디아, 타이, 몽골, 그리고 기타 국적이며 그 중 중국 결혼이민자는 88,981명으로 다른 국적 결혼이민자의 수보다 훨씬 많은 것으로 나타났다.

구체적인 상황은 〈표 1〉과 같다.

〈표 1〉 국제 결혼이민자 체류 현황[1]

국적	중국[2]	베트남	일본	필리핀	캄보디아	타이	몽골	기타
체류 인수	88,981	39,997	12,173	10,286	4,669	2,654	2,377	16,180
비율(%)	50.2%	22.6%	12.2%	5.8%	2.6%	1.5%	1.3%	9.1%

〈표 1〉에 의하면 중국인 결혼이민자는 50.2%를 차지하고 있으며 가장 높은 비율을 차지하고 있다. 결혼이민자들의 가정생활 적응에 도움이 될 만한 연구는 어느 정도 진행되어 있는 반면, 구직 활동을 위한 연구 및 방안은 아직 미흡한 상황이다. 그들이 한국에 정착할 때 가정에서의 역할도 중요하지만, 동시에 사회적 역할도 병행되어야 한다. 또한 결혼이민자들의 대부분은 여성이기 때문에 근무시간이 비교적 자유롭고 가정생활과 직장생활을 함께 할 수 있는 환경의 일자리를 원한다. 따라서 그들이 가지고 있는 자원인 외국어(중국어)를 기반으로 사회 활동에 참여할 수 있는 기회가 제공된다면 그들 자신뿐만 아니라 지역 사회의 이익에도 큰 보탬이 될 수 있을 것이다. 이에 가장 적합한 일이 '중국어 강사'[3]라고 생각한다. 통계에

1 출입국·외국인정책 통계월보 2013년 10월호를 참조하였다.

2 여기서 중국 결혼이민자는 한족 중국인과 조선족 중국인을 모두 포함한다.

3 결혼이민자는 대다수 여성이고, 다문화 가정은 경제적으로 넉넉하지 않은 경우가 많기 때문에 가정생활과 직장을 겸할 수 있는 일자리를 원한다. 이런 점을 고려하여 '중국어 강사'가 괜찮은 직업이다.

따르면[4] 인천에만 약 3500여 개의 학원 및 독서실이 있는데, 최근 중국어 학습에 대한 수요가 증가하고 있는 추세와 함께 고려해볼 때 '중국어 강사'를 파견할 수 있는 일자리는 상당할 것으로 전망된다.

중국인 결혼이민자의 대다수는 배우자가 한국인이며, 가족들 또한 한국인이기 때문에 일상생활에서의 말하기와 듣기는 크게 문제되지 않을 수 있지만, 이에 비해 글자를 이해하고 표현하는 능력은 매우 부족한 상황이다. 따라서 결혼이민자들은 언어 특히 직업문식성 때문에 강사의 역할을 수행할 때 많은 어려움을 겪게 된다. 이러한 문제점을 해결하기 위한 관점에서 본 연구가 충분히 의미가 있을 것으로 기대된다.[5] 민현식(2010: 93)에 의하면 외국어 교육자는 학습자의 모국어를 이해하고 어느 정도 구사할 수 있는 능력 및 관련 지식을 가지고 있어야 한다고 했다. 이는 교육자에게 있어 학습자에 대한 이해와 친밀감을 갖기 위한 첫걸음이라 할 수 있다. 또한, 대조언어학적 지식도 필요한데, 이는 학습자에게 적합한 오류 지도 및 교정을 해 주기 위해서이다. 따라서 한국에서 한국인 학생을 가르치는 중국어 강사에게 직업문식성 신장을 위한 한국어의 효율적인 학습은 매우 중요하다.

---

4 2012년 학원 설립 운영자 제3차 연수교재 참고.

5 중국어 강사로서의 직업문식성은 중국어 전문지식은 물론 한국어 지식도 필수이다. 따라서 본 연구에서는 중국어 강사로서의 갖춰야 할 한국어 지식 학습에 초점을 맞추어 다루고자 한다.

02

선행 연구

본 연구와 관련하여 선행 연구는 결혼이민자 대상으로 한국어 어휘 교육에 관한 연구와 결혼이민자의 취업을 위한 연구, 그리고 한국어 어휘 학습 전략에 관한 연구로 나누어 살펴보고자 한다. 먼저 결혼이민자를 위한 한국어 어휘 교육에 관한 연구는 최근에 다양하게 진행되었지만 연구 내용을 보면 주로 일상생활에 적응하는데 도움을 주기 위한 연구와 자녀의 교육이나 취학에 돕기 위한 연구이며 결혼이민자들이 사회생활에 적응할 수 있도록 도와주는 어휘 교육 연구는 희박하다.

결혼이민자들이 일상생활에 적응하는데 도움을 주기 위한 연구는 주로 배현대(2009), 이명화(2011), 이명희(2011), 다나카 에리(2012), 박소연(2012), 성미숙(2012), 어덩치멕(2012), 이학경(2012), 남희정(2013), 등이 있다. 그 중 이명화(2011), 이명희(2011), 어덩치멕(2012), 남희정(2013)에서는 호칭어·지칭어를 중심으로, 다나카 에리(2012), 성미숙(2012)에서는 요리 동사를 중심으로, 박소연(2012)에서는 한자와 한자어를 중심으로, 이학경(2012)에서는 외래어를 중심으로, 배현대(2009)에서는 문화 어휘를 중심으로 다루었다.

결혼이민자를 위한 호칭어·지칭어 교육 연구를 살펴보면 이명화(2011)과 남희정(2013)에서 모든 결혼이민자를 대상으로 호칭어·지칭어 교육 방안을 모색하였다. 이명화(2011)에서는 호칭어와 지칭어를 교육할 때에 특히 경어법을 고려하여 교육 방안을 제시하였다. 남희정(2013)에서는 교재 분석을 통해 교재에 수록되는 호칭어를 현실화하여 다양하게 제시되어야 할 필요성이 있음을 제언하였다. 그리고 어덩치멕(2012)와 이명희(2011)에서는 특정한 나라의 결혼이민자를 대상으로 호칭어·지칭어의 교육 방안을 제시하였다. 이명희(2011)에서는 비교 분석을 통해 여성 결혼 모어 화자, 중국인과 베트남 여성결혼이민자는 호칭어와 지칭어의 사용 양상에서의 차이점을 밝혔다. 어덩치멕(2012)에서는 한국어의 호칭어와 지칭어 개념 및 유형을 몽골어와 비교하여 공통점과 차이점을 살펴보고, 몽골인 여성 결혼이민자들에게 효과적인 한국어 호칭어와 지칭어 교육 방안을 제시하였다. 결혼이민자를 위한 요리 동사 교육 관련 연구를 보면 성미숙(2012)에서는 요리 동사 어휘를 분석하고 여성 결혼이민자를 위한 한국어 요리 동사 교육 방안을 모색하였다. 다나카 에리(2012)에서는 일본인 여성 결혼이민자를 대상으로 요리 동사의 교육 방안을 연구하였다. 이 연구에서는 한국어와 일본어의 요리 관련 동사를 대조 분석하여 두 언어의 공통점과 차이점을 밝혔다.

그 외에 박소연(2012)에서는 한자와 한자어 중심으로 연구하였다. 이학경(2012)에서는 결혼이민자를 위한 외래어 학습목록을 선정하였다. 배현대(2009)에서는 문화 어휘에 관한 연구를 하였다. 박소연(2012)에서는 민원 서식에 나타나는 한자 목록 중에서 조어력이 높은 한자를 중심으로 개별 한자의 세부 의미를 고려하여 한자어 목록을 분석하였다. 이학경(2012)에서는 학습용 외래어 목록을 등급별, 의미별로 선정하였다. 배현대(2009)에서는 교재 분석을 통해 문화 어휘 교육의 필요성을 제시하여 문화를 이용한 한국어 교육의 실제를 제시하였다.

결혼이민자의 자녀의 보육이나 취학에 돕기 위한 어휘 관련 연구는 주로 이은선(2008), 이영은(2009), 유흔(2011), 진아름(2011) 등이 있다. 그 중 이영은(2009), 진아름(2011), 유흔(2011)에서는 주로 의성어·의태어의 교육에 초점을 맞추었다. 이영은(2009)에서는 의성어·의태어 교육의 필요성을 바탕으로 여성결혼이민자에게 의성어·의태어 교육 방안을 제시하였다. 유흔(2011)에서는 어머니의 역할을 감당해야 할 중국인 여성결혼이민자에게 필요한 한국어 의성어·의태어 교육 목록을 수준별로 선정하였다. 진아름(2011)에서는 의성어와 의태어의 특징에 따른 분류를 통해 효과적인 교육 방안을 제시하였다. 그리고 이은선(2008)에서는 가정통신문에서 사용하는 어휘를 분석하고 등급별, 주제별로 나눈 후, 여성결혼이민자를 위한 효과적인 어휘 교수·학습 방안에 대하여 연구하였다.

결혼이민자를 위한 한국어 어휘 교육 연구에 대한 분석을 통하여 몇 가지 문제점을 발견할 수 있다. 먼저, 연구 내용의 불균형이다. 결혼이민자를 위한 한국어 어휘와 관련된 연구는 주로 호칭어·지칭어, 의성어·의태어의, 요리 동사 등에 초점을 맞추었는데 그 외의 내용을 다룬 연구는 활발히 이루어지지 않았다. 또한 결혼이민자의 모국어의 특성에 따라 어휘 교육에 관한 연구가 필요한데 지금까지 상당히 희박한 상황이다.

다음으로 결혼이민자들의 취업과 관련된 연구를 살펴보고자 한다. 결혼이민자의 취업 정책에 초점을 맞춘 연구는 주로 설동훈 외(2008), 심인선(2010), 양인숙 외(2010), 지윤숙(2012) 등이 있다. 결혼이민자의 취업 요인과 현황을 분석하는 연구는 주로 장서영 외(2009), 고혜원 외 (2010), 최승호 외(2010), 양경은(2011) 등이 있다. 결혼이민자의 직업능력 양성을 위한 기초 연구는 주로 홍종명(2012), 박신영·이병준(2013), 진란(2013) 등이 있다.

설동훈 외(2008)에서는 여성 결혼이민자들에 대한 복지정책은 그들의 상이한 특성에 근거한 다양한 차원들의 정책수준도 함께 고려해야 된다고 했다. 양인숙 외(2010)에서는 여성결혼이민자들의 전반적 경제활동 실태를 점검하고, 한국에서 취업하고 있는 일자리를 유형별로 구분하여 문제점을 분석하여 한국 사회의 통합을 위한 경제활동 지원 정책과제를 발굴하고자 하였다. 심인선(2010)에서는 결혼이민자를 위한 지역별 및 국적별, 성별, 체류기간별 요구가 반영되어 맞춤형 정책을 개발하여야 하며 어학훈련이 체계화 되어야 한다고 했다. 지윤숙(2012)에서는 여성의 생애단계별 특성을 고려한 성인지적 관점에서 장기적 궁극적인 교육훈련 목적이 수립·추진되어야 한다는 점을 지적하였다.

장서영 외(2009)에서는 여성결혼이민자 취업지원 프로그램을 개발을 위한 여성결혼이민자 유형과 구직 경험, 노동경험, 그리고 취업지원 실태 등을 분석하였다. 최승호 외(2010)에서는 국내 거주 최대 결혼이주여성국(중국, 몽골, 베트남 등)의 취업 미경험자와 취업 중인 자로 구분하여 심층면담과 다문화가족지원센터 관계자와 전문가들의 의견을 참고하여 결혼이주여성 취업 촉진의 제약요인을 분석하여 그것의 극복과 제도적 개선방안을 제시하였다. 고혜원 외(2010)에서는 결혼이민자의 취업 실태 및 취업 요구, 그간 추진되어 온 결혼이민자의 취업지원 관련 사업 및 서비스에 대한 검토를 통하여 향후 추진되어야 할 체계적인 취업지원방안을 모색하였다. 양경은(2011)에서는 여성 결혼이민자의 취업결정요인은 연령, 교육수준, 언어구사능력, 6세 미만의 자녀수, 국적 취득 여부와 관련이 있다고 밝혔다.

홍종명(2012)에서는 통번역 지원사로서의 직무 분석을 통한 업무와 관련된 한국어 과제를 선정하였다. 진란(2013)에서는 여성결혼이민자에게 적합한 직종을 선정하고, 그것에 맞는 기초직업능력을 갖출 수 있는 맞춤형 취업훈련과 언어교육 프로그램을 꾸준히 운영하여야 한다고 하였다. 박신영·이병준(2013)에서 여성결혼이민자들을 대상으로 연령별, 한국거주 기간별, 최종학력별, 한국어 실력별, 직업별, 본국 직업 유무별에 따라 직업기초능력 차이가 어떠한지를 설문조사하였다.

결혼이민자의 취업을 위한 연구는 주로 취업 정책과 취업 요인 및 현황을 분석하는 데에 초점을 맞추었으나 실제적으로 직업능력 양성을 위한 연구는 아주 희박하다. 결혼이민자들이 이미 한국 사회의 일원이 되어 있다는 현황을 고려할 때 결혼이민자들의 사회생활에 적응하는 데에 도움이 되는 연구 특히 직업능력 양성에 도움이 되는 연구는 시급히 필요하다.

한국어 어휘 학습 전략에 관한 연구는 최근 몇 년 동안 점차 활발해졌다. 학습자들이 사용하는 학습 전략의 양상에 초점을 맞춘 연구는 주로 이재욱·남기춘(2001), 배도용(2009), 원미진(2010), 마릉연(2013), 왕청동(2014) 등이 있다. 그 중 마릉연은 중국인 학습자를 대상으로 연구를 하였고 왕청동은 대만인 학습자들을 연구 대상으로 삼았다. 한국어 어휘 학습 전략 관련 연구에서 특정한 어휘 학습 전략의 효율성을 다룬 연구는 주로 박수현(2008), 남상은·김영주(2011), 김영주 외(2012), 유민애(2014) 등이 있다.

이재욱·남기춘(2001)은 학습자들이 단어를 암기하기, 의미 추측하기, 배운 단어를 활성화하기, 사전을 사용하기, 어근을 이용하는 훑어보기 등 학습 전략을 많이 사용하고 또한 반복 학습 전략, 부호화 전략의 사용하는 양상을 밝혔다. 학습 전략의 사용은 학습자의 능숙도나 언어권별에 따라 상황에 맞게 해야 된다고 강조했다. 배도용(2009)은 학습자 요구와 학습 전략을 분석하였는데 학습자들은 주제와 연관된 지식의 이용이나 문맥을 통한 추측하기와 같은 어휘 학습 방법을 선호하였으며, 어휘 기억 전략으로는 한국인과 의사소통 기회를 갖기, 소리를 반복하여 말하거나 주기적 반복해서 익히는 전략을 선호하였다. 원미진(2010)은 전략의 사용이 학습자의 자각과 같이 이루어질 때 더욱 효과적이라고 하였다. 현재 한국어 학습자들은 자신들이 어떤 전략을 사용하여 어휘를 학습하고 있는가에 대해 별다른 자각이 없이 어휘 학습을 하고 있다. 또한 그들이 선호하고 있는 어휘 학습 전략은 성공적인 어휘 학습자가 사용하는 방법과는 차이가 드러났다고 밝혔다.

마릉연(2013)에서는 조사를 통하여 중국인 학습자들이 문맥을 통해 의미를 추축하는 전략, 한자어의 음을 연상하고 모국어 지식을 통하여 이해하는 전략, 그리고 단어와 같이 쓰이는 구문은 함께 기억하는 전략은 사용 빈도가 높다고 밝혔다. 왕청동(2014)은 대만인 한국어 학습자들이 어휘의 의미 강화 전략보다 어휘의 의미 발견 전략을 더 많이 사용하고 있다고 밝혔다. 특히 새 단어를 사용해 문장을 만드는 전략과 사전을 찾는 전략을 선호하고 있다.

박수현(2008)은 학습 전략을 어휘 교재에 적용했을 경우 교육적 유용성을 제시하였다. 첫째, 교재를 통해 교사와 학습자들에게 어휘 학습의 방법과 학습 전략을 제시한다. 둘째, 전략을 활용한 어휘 활동 및 연습 문제를 통하여 학습자들이 자연스럽게 전략을 습득할 수 있도록 돕는다. 셋째, 전략을 활용한 어휘 활동 및 연습 문제를 통하여 학습자들의 한국어 어휘의 장기 기억을 돕고 실용 어휘가 될 수 있도록 돕는다. 넷째, 어휘를 중심으로 하되 언어기능과의 통합을 통해 학습자의 한국어 의사소통 능력의 향상을 돕는다. 남상은·김영주(2011)는 한국어 교육에서 효과적인 어휘 학습 전략의 유형을 알아보고 어휘 학습 전략의 사용이 학습자의 어휘 기억에 미치는 영향을 살펴보았다. 구체적으로 어휘 강화 전략은 학습자의 사용 빈도와 유용성 및 한국어 교육 현장에 적용 가능성 등을 고려하여 '연관어 연결짓기' 전략, '문장 만들기' 전략을 선정하였다. 김영주 외(2012)는 실험을 통하여 마인드 맵 학습 전략[6]이 어휘 학습을 촉진시킬 수 있는 지에 대하여 모색하였다. 단기 기억과 장기 기억을 위해 두 번의 실험 측정을 한 결과 장기 기억에 긍정적인 효과가 나타났다. 유민애(2014)는 실험을 통하여 읽기 학습 중에 선다형 어휘 주석을 추가하는 것이 텍스트 이해뿐만 아니라 어휘 학습에 유의미한지를 밝혔다. 첫째, 어휘 설명을 추가하는 입력 수정이 텍스트 이해에 큰 영향을 미치지 않는다. 둘째, 어휘 설명 추가하는 입력 수정이 우연적 어휘 학습에 긍정적인 영향을 미친다. 셋째, 어휘 주석의 제시 언어에 따라 우연적 어휘 학습에 영향을 미친다. 모국어 주석 집단이 한국어 주석 집단보다 약간 높은 점수를 받았다.

한국어 어휘 학습 전략에 관한 연구는 대부분 학습자의 모국어 특성을 고려하지 않고 학습자들이 일반적으로 활용하는 전략을 다루었다. 그러나 학습자의 모국어 특성을 충분히 고려하고 그들이 어휘를 학습할 때 적합한 전략을 활용한다면 더욱 효율적일 것이다. 그리고 마릉연(2013)과 왕청동(2014)은 중국인을 대상으로 연구하였지만 학습 전략의 사용 양상과 실태 분석에서만 그치고 보다 더 효율적이고 적절한 학습 전략을 개발하지 않았다. 중국인 결혼이민자에 맞춘 학습 전략과 관련된 연구는 더욱이나 극소수인 것이 현실이다.

---

6 마인드 맵이란, 읽고, 생각하고, 분석하고, 기억하는 그 모든 것들 (필기, 책, 요약, 창작 및 논문 작성, 그룹 학습, 문제 해결, 지도안, 보고서 및 기획서 작성, 연설문, 경영 관리, 창조적 사고, 일기 등)을 마음속 지도로 그리는 방법을 말한다(정호완, 2005/김보경, 2014:10 재인용).

03

연구 범위와 방법

먼저 본 연구의 범위를 정하도록 한다. 본 연구의 학습 대상은 중국인 결혼이민자이다. 중국인 결혼이민자는 한국인 가족과 일상생활에서의 의사소통을 통해 입말은 많이 훈련이 되지만 글말은 상대적으로 부족하다. 이로 인하여 중국어 강사의 업무를 수행할 때 많은 어려움을 겪게 된다. 따라서 문식성의 필요성이 반드시 요구되는 것이다. 강사직을 수행할 때의 문식성 능력을 향상하기 위해 본서에서는 강사직에 필요한 문서 작성과 교재에 들어 있는 전문 용어에 대한 이해 등 기본적으로 알아야 하는 직업문식성[7]에 한정하여 살펴보고자 한다.

중국어 회화 강사로서의 결혼이민자들에게 현실적으로 필요한 것은 업무 관련에 필요한 문서 작성과 교재 등의 텍스트에 노출되어 있는 한국어에 대한 어휘 학습이다. 이에 본서에서는 중국인 결혼이

---

7 직업문식성의 개념에 관해서는 본론에서 자세히 다룰 것이다.

민자를 대상으로 하여 중국어 회화 강사의 업무 수행에 필요한 기본적인 한국어 어휘 학습 목록 선정과, 효율적인 학습을 위해 선정된 어휘의 학습 전략에 중점을 두었다.

다음으로 본서의 연구 방법을 밝히고자 한다. 본 연구는 1장 서론에서 연구의 필요성과 목적을 제시하고, 선행 연구 검토와 연구 범위 및 방법을 밝혔다. 2장에서는 이론적 배경 지식을 다루며, 주로 어휘와 어휘 학습 전략에 관한 이론과 직업문식성에 관한 이론, 그리고 직업문식성 신장을 위한 어휘 학습 전략에 관한 이론으로 나눠서 서술할 것이다. 3장에서는 결혼이민자의 직업문식성에 대해 고찰함으로써 직업문식성능력에 영향을 미칠 수 있는 요인을 밝힐 것이다. 4장에서는 4가지 기준에 따라 기본 어휘를 선정할 것이다. 5장에서는 선정된 어휘를 분석할 것이며, 먼저 영역별로 따라 분류한 다음 각 영역별 어휘를 다시 세부적으로 분석할 것이다. 6장에서는 각 영역별의 어휘를 학습할 때 적절한 학습 전략을 연구하고, 7장에서 연구 결과를 정리하여 본 연구의 한계점을 밝힐 것이다.

중국인 결혼이민자를 위한
직업문식성 관련 기본 어휘 선정과 학습 전략 연구

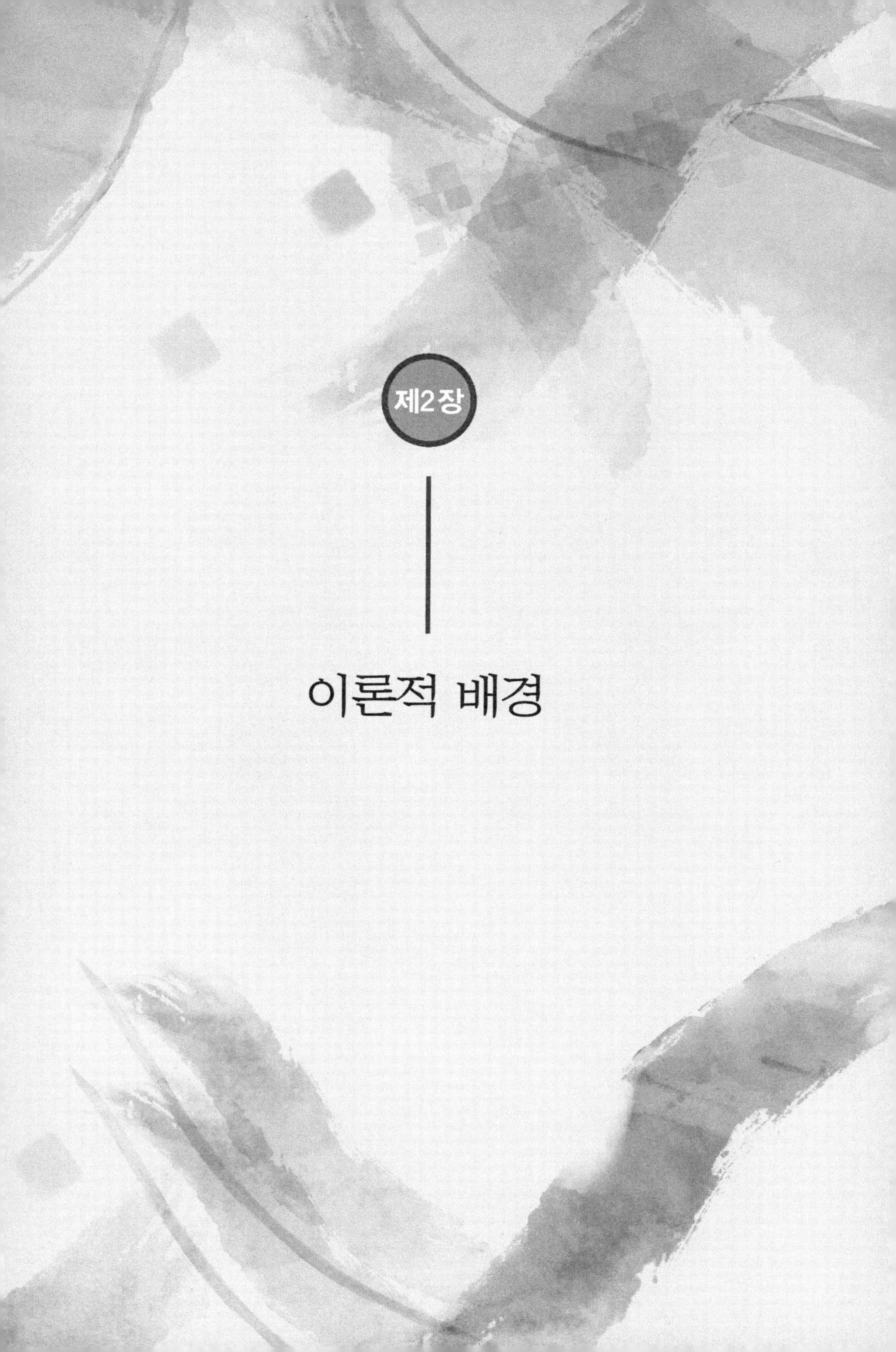

제2장

이론적 배경

01

어휘와 어휘 학습 전략의 유형

1.1. 어휘의 개념과 특성

어휘는 언어를 구사하기 위한 기본적인 의미의 단위이며, 의미전달에 핵심적인 역할을 한다. 어휘의 의미를 안다는 것은 독해력에서 가장 중요한 요인이며, 문법적이고 의미론적 구조와 같은 다른 언어 처리 능력의 토대가 된다(Gathercole, S. E. 외, 1992). 따라서 어휘력은 언어의 실력을 발달시킬 수 있는 모든 영역의 기본이고 핵심이 되는 것이라고 할 수 있다(Virginia French Allen, 1983). 이처럼 어휘는 언어 능력에서 아주 중요한 역할을 한다.

모든 언어는 각각이 가지고 있는 특성이 있고 한국어도 고유의 특성이 있다. 먼저 구조적 특성으론 첨가어로서 형태소의 결합에 의하여 어휘가 구성된다. 조사가 결합되어 문법 관계가 나타나고, 선어말 어미가 결합되어 시제, 존칭, 겸양, 추측, 회상 등을 표현할 수 있다. 어휘의 구조에 따라서는 파생어, 합성어, 관용 표현, 속담 표현,

음성 상징어로 분류된다. 의미론적 특성을 살펴보면, 어휘는 형식과 내용의 관계라고 할 수 있는 형태와 의미로 이루어진다. 어휘의 의미는 비교적 단순할 수도 있지만 매우 복잡할 수도 있다. 즉 하나의 어휘가 가리키는 것이 단일한 것일 수도 있지만, 단일하지 않은 것이 일반적이다. 의미 관계에 따라 어휘는 유의어, 반의어, 다의어, 동음이의어, 이철자 동음이의어로 구분할 수 있다. 마지막으로 사회 언어학적 특성을 살펴보면, 한국어를 다른 언어와 비교할 때 높임말과 같은 사회 언어학적인 차이가 매우 뚜렷하게 나타난다. 한국어는 사회 언어학적 특성에 따라 경어, 완곡어·비속어·유행어, 방언, 외래어로 분류할 수 있다.

1.2. 어휘 학습 전략의 유형

학습 전략은 학습자들이 보다 쉽고 빠르게 자신의 학습 목표에 도달하기 위해서 사용하는 특별한 행동으로 정의할 수 있다. 아울러 학습자들은 학습 전략을 통해서 새로운 정보를 자신의 것으로 습득할 수 있고 이를 자신의 것으로 저장하고 재생하는 데 도움을 받을 수 있다(김현정, 2011:28). 모국어의 경우는 어휘를 자연스럽게 습득할 수 있으나 외국어로 학습하는 경우엔 효율적인 학습을 위해 학습 전략을 사용할 필요성이 있다. 그러므로 어휘 학습 전략은 어떤 것이 있는지 고찰해야 한다. 어휘 학습 전략을 의논하기 전에 먼저 언어 학습 전략에 대하여 살펴보겠다. 언어 학습 전략(language learning strategies, LLS)은 학습자들이 자신의 언어 능력을 향상시키기 위해 취하는 구체적인 조치들이다. Oxford(1990)은 언어 학습 전략을 직접적 전략과 간접적 전략으로 나누었다. 직접적 전략(direct strategies)은 실질적으로 언어를 사용하는 것과 관련된다. 주로 기억 전략(memory strategies, 즉 어휘 연상과 이미지 사용), 인지적 전략(cognitive strategies, 즉 연습과 분석), 보상 전략(compensation strategies, 즉 단어를 추측하고 대화를 익숙한 주제로 이끄는 것) 등이 포함된다. 간접적 전략(indirect strategies)은 언어를 직접적으로 사용하지 않고 언어 학습에 도움을 주는 전략을 말한다. 주로 언어 학습자들이 학습을 체계화하고 계획하는 것을 도와주는 상위인지 전략(metacognitive strategies), 학습자들이 언어 학습에 관련된 감정들을 조절하도록 도와주는 정의적 전략(affective strategies), 다른 사람과의 상호작용과 연관된 사회적 전략(social strategies)등이 포함된다. Oxford(1990)의 언어 학습 전략에 관한 이론은 후의 연구자들에게 크게 영향을 주었다. Oxford(1990)의 이론을 간단하게 정리하면 다음과 같다.

〈표 2〉 Oxford(1990)의 언어 학습 전략 분류

언어 학습 전략 LLS	직접적인 전략 direct strategies	기억 전략
		인지적 전략
		보상 전략
	간접적인 전략 indirect strategies	상위인지 전략
		정의적 전략
		사회적 전략

다음으로 Schmitt(1997)의 이론을 살펴보겠다. Schmitt(1997)은 어휘 학습 전략을 체계화하여 크게 의미발견 전략과 기억 강화 전략으로 나눈다. 의미 발견 전략은 학습자가 새로운 단어의 의미를 알아내기 위해 단어 자체를 분석하거나, 문맥을 통해 모르는 단어의 의미를 추측하고, 사전 등의 참고 자료를 활용하는 전략 등을 포함한다. 기억 강화 전략은 새로운 어휘를 기억하는 데 단어의 정의 대신 뜻을 나타낸 그림, 이미지를 이용하는 것, 이미 알고 있는 목표 어휘를 새로운 목표 어휘와 연결하여 기억하는 것, 품사 등에 따라 범주화 하는 것 등이 해당되는 전략이다. Schmitt(1997)은 Oxford (1990)의 6가지 언어 학습 전략 중 어휘학습과 관계가 있다고 생각한 사회적, 기억, 인지, 상위인지 전략을 추출한 뒤, 의미결정 전략을 추가하여 총 5개의 개별 전략을 추출하였다. Schmitt(1997)에 의하여 다시 정리하면 의미발견 전략의 하위 전략으로 결정 전략, 사회적 전략을 두며, 기억 강화 전략의 하위 전략으로 사회적 전략, 기억 전략, 인지 전략, 상위인지 전략을 두었다. 김미영(2010)은 의미결정 전략은 학습자가 다른 사람의 도움 없이 직접 단어의 뜻을 알아내기 위해 사용하는 전략이며, 사회적 전략은 잘 아는 사람에게 묻거나 동급생이나 친구들과의 협동 학습을 통하여 어휘를 습득하는 것이다. 기억 강화 전략에 있어서의 사회적 전략은 짝이나 그룹 등의 타인과의 상호 작용을 통해 이미 학습한 어휘를 연습, 기억, 재생하는 전략이며, 기억 전략은 기억을 보다 쉽게 하기 위하여 정보를 특정 방법으로 조직하거나 부호화 하는 전략을 말한다. 인지 전략은 의미를 조작하는 기억 전략과는 달리 반복이나 기계적인 방법을 통해 어휘를 학습하는 전략이며, 상위인지 전략은 의식적으로 자신의 전반적인 학습을 계획, 통제, 평가하는 것을 말하며 목표어에 대한 노출의 기회를 많이 갖기 위해 쓰이는 전략이다. Schmitt(1997)의 학습 전략의 분류는 정리하면 다음과 같다.

〈표 3〉 Schmitt(1997)의 어휘 학습 전략의 분류

<table>
<tr><td rowspan="6">어휘 학습 전략</td><td rowspan="2">의미 발견 전략
determination strategies</td><td>결정 전략</td></tr>
<tr><td>사회적 전략</td></tr>
<tr><td rowspan="4">기억 강화 전략
consolidation strategies</td><td>사회적 전략</td></tr>
<tr><td>기억 전략</td></tr>
<tr><td>인지 전략</td></tr>
<tr><td>상위인지 전략</td></tr>
</table>

Schmitt(1997)의 학습 전략을 한국어 어휘에 적응하여 구체화하면 다음과 같다.

〈표 4〉 Schmitt(1997)의 어휘 학습 전략의 내용[8]

<table>
<tr><th colspan="3">학습 전략</th></tr>
<tr><td rowspan="6">의미
발견 전략</td><td rowspan="6">결정 전략</td><td>1. 품사 분석하기</td></tr>
<tr><td>2. 어근과 접사 분석하기</td></tr>
<tr><td>3. 문맥 추론하기</td></tr>
<tr><td>4. 이중 언어 사전 이용하기</td></tr>
<tr><td>5. 단일 언어 사전 이용하기</td></tr>
<tr><td>6 .단어 목록 이용하기</td></tr>
</table>

8 김현정(2011:30)과 김은주(2015:12)를 참고하였다.

의미 발견 전략	결정 전략	7. 플래시 카드 이용하기
		8. 그림이나 동작 단서로 의미 추론하기
		9. 모국어와 대응 혹은 비교해보며 의미 추론하기
		10.배경 지식을 모두 활용하여 의미 추론하기
	사회적 전략	1. 교사에게 단어 뜻 물어보기
		2. 교사에게 단어를 풀어 설명하거나 동의어 물어보기
		3. 교사에게 단어가 속한 문장 물어보기
		4. 그룹 활동을 통해 단어의 의미 발견하기
기억 강화 전략	기억 전략	1. 그림 묘사를 통해 단어 의미 학습하기
		2. 단어의 의미 이미지화하기
		3. 개인의 경험과 단어를 연결하기
		4. 동등어구로 연상하기
		5. 단어와 동의어와 반의어 연결하기
		6. 의미망 사용하기
		7. 등급 형용사를 위해 척도 사용하기
		8. 페그 암기법
		9. 장소법
		10. 그룹지어 단어들 학습하기
		11. 공간적으로 단어들 한 페이지에 분류하기
		12. 새 단어를 문장 속에서 사용하기
		13. 이야기 속에서 단어를 분류하기
		14. 단어의 철자 학습하기
		15. 단어의 소리 학습하기
		16. 학습할 때 큰 소리로 말해보기
		17. 단어의 형태 이미지화하기
		18. 단어의 첫 글자 밑줄 긋기
		19. 배열법
		20. 키워드 방법 사용하기
		21. 접사와 어근 기억하기
		22. 품사 기억하기

기억 강화 전략	기억 전략	23. 단어의 뜻 바꾸어 보기
		24. 단어 학습 시 동족어 사용하기
		25. 단어의 숙어도 함께 학습하기
		26. 신체 활동을 통해 단어 학습하기
		27. 의미적 특징에 따른 분류표 이용하기
	인지 전략	1. 소리 내어 반복하기
		2. 쓰면서 반복하기
		3. 단어 목록 작성하기
		4. 플래시 카드 만들기
		5. 수업 중에 필기하기
		6. 교과서 단어 부분 활용하기
		7. 단어 목록 테이프 듣기
		8. 특정 사물에 해당하는 영어 이름 붙이기
		9. 단어장 유지하기
	상위인지 전략	1. 영어로 된 매체 활용하기
		2. 단어시험을 통해 자신의 어휘실력 확인하기
		3. 일정한 간격을 두고 단어 학습하기
		4. 모르는 단어 생략하기
		5. 계속해서 단어 학습하기
	사회적 전략	1. 그룹으로 의미를 공부하고 연습하기
		2. 정확성을 위해 선생님이 학생들의 플래시 카드나 단어 목록 확인
		3. 원어민과의 상호작용

본서에서는 Schmitt(1997)의 이론을 바탕으로 Oxford(1990)의 이론을 참조하여 학습 전략을 연구하고자 한다. 본 연구의 학습 대상은 결혼이민자이고 가정생활을 동시에 돌봐야 되기 때문에 장소와 시간의 제한이 있어 사회적 전략을 사용하는 것은 어려움이 있을 수 있다. 이에 본서에서 사회적 전략은 연구의 범위에서 제외한다.

02

직업문식성의 개념과 특성

2.1. 직업문식성의 개념

직업문식성을 논의하기 전에 먼저 문식성에 대해 알아보자. 전통적으로 문식성은 읽기와 쓰기 능력으로 간주된다. 1970년대 이전에 문식성은 글을 깨치지 못한 성인을 논의하는 비공식적인 교육 배경에서 주로 사용되었다. 문식성은 읽고 쓰지 못한 성인을 학교 밖에서 가르치는 프로그램과 밀접한 관련을 맺고 있었으며, 영국이나 미국과 같은 서구 나라에서 인구 센서스 조사 통계 항목에 문식성이 포함되었다(Lankshear & Knobel, 2006:7).

이후 1978년 UNESCO의 정의에 따르면 "개인이 포함된 공동체가 효과적으로 기능하게 하기 위해 요구되는 문식성 내의 활동들에 관여할 수 있으며 기능적으로 읽고 쓸 수 있는 사람"을 문식자로 보며 "공동체의 발전을 위해 읽고 쓰고 예상하는 것을 지속할 수 있게 하는 것"이 문식성 내용에 포함된다(UNESCO, 2013:20). 문식성의 기능을 강조하며 지금도 문식성의 대표적인 의미로 쓰인다.

사회의 발전에 따라 문식성의 개념도 폭넓게 발전해 왔다. Soars (1992)는 문식성이란 개념이 개인적 기능·능력·지식과 사회적 실천과 직무 능력은 물론 이데올로기적 가치와 정치적 목적을 포괄하는 개념으로 발전하여 왔다고 말한다(이재기, 2009:117). 지금까지 역사적·사회적·정치적 맥락에 따라 문식성은 다양하게 정의되어 왔지만, 이들 각각의 문식성들은 '읽고 쓰는 능력', 또는 '일상생활에서의 읽기, 쓰기 사용에 대한 심적 경향 및 사고방식'이라는 일차적 의미를 공유하면서 상호 보완적인 관계를 유지하고 있다(이재기, 2009: 120).

문식성의 개념은 역사적으로 그 사회의 상황과 요구에 따라 달리 사용되어 왔다. '문자 올바르게 읽기와 쓰기'에서부터 '일상생활에서 효과적으로 활용하기', '문식성은 정치적 상황이나 사회적 상황 속에서 사용하는 것'등, 사회의 변화에 보조를 맞춰 사용되어 왔다(이형래, 2006:19).

문식성은 보통 학교 교육을 통해 형성되지만 성인들의 직업문식성은 다르다. 직업문식성은 업무를 수행할 때 관련된 텍스트를 읽고 이해하고 문서 작성 능력을 중심으로 의사소통 능력, 업무 수행 능력 등 전면적 소질을 모두 포함하고 있는 새로운 개념이다. 직업문식성은 직업을 수행하는 개인은 물론 대학, 기업, 정부에도 유용한 정보가 된다. 특히 개인은 직업문식성을 통해 자신의 업무 능력을 점검할 수 있다(이형래, 2008:171). 직업문식성의 개념을 넓은 의미에서 보면 직무를 수행할 때에 필요한 전문지식과 능력, 직무를 수행할 때에 필요한 기능과 직장에서 협조 능력, 원만한 대인 관계 등을 모두 포함하고 있다. 직업문식성은 기능적 측면에서 보면 구체적으로 직무 수행에 필요한 기본적인 듣기, 말하기, 읽기, 쓰기 전략 등을 의미한다. 그러나 본 연구에서는 직업문식성의 의미 범주를 기본적인 의미로 좁혀 연구하고자 한다. 기본적인 의미로서의 직업문식성은 텍스트와의 상호작용이라 볼 수 있다. 따라서 중국어 강사로서 업무를 수행할 때 한국어로 관련 문서를 작성하거나 텍스트를 이해하는 능력은 강사로서의 직업문식성에 속하는 것이다. 이에 본 연구에서는 텍스트를 읽고 이해하고 문서를 작성하는 능력에 초점을 두어 직업문식성 신장의 필요성을 염두에 두고 이에 대한 연구를 보다 심층적으로 전개하고자 한다.

더욱이 사회가 발전해 감에 따라 직업은 점차 세분화되고 전문화되어 가고 있다. 이에 각 업종의 전문기술이나 지식능력 등을 지탱해주는 직업문식성의 개념 역시 더욱 필요하게 되었다. 특히 직업마다 전문성이 더해지면 더해질수록 사용되는 관련 어휘들 또한 더욱 세분화되고 전문화될 것이다. 그러므로 직업문식성의 개념을 도입하여 그 직업에 관련된 지식이나 능력을 설정하면 한편으로 취업 준비자들을 미리 교육할 수도 있고, 다른 한편으로는 이미 현장에서 일하고 있는 사람들이 스스로 자신의 업무 능력을 점검할 수도 있다. 이에 직업문식성은 아주 유용한 정보가 될 수 있을 것이다.

2.2. 중국어 강사로서의 직업문식성의 특성

중국어 강사의 업무 및 활동에는 주로 강의 준비하기, 강의하기, 관련된 문서 작성하기, 직장 동료나 학생들과의 의사소통하기 등이 있다. 이와 같은 강사의 업무를 다시 세분하면 강의 준비는 주로 자료 수집과 교재 이해 등을 포함한다. 강의에는 교재에 대한 해석, 학생의 오류 교정·지도, 학생의 성취 정도 평가 등을 포함한다. 중국어 강사직을 수행할 때 필요한 문서는 주로 수업 지도안, 강의 계획서, 수업 진도표와 출석부, 학생 평가서 등이 있다. 강사의 업무를 수행하기 위해 강사로서 먼저 갖추어야 할 조건은 중국어 실력 외에도 기본적인 한국어 능력이라 할 수 있다. 왜냐하면 중국어 강사로서 중국어를 가르치는 일이 우선이겠지만 엄연히 말하면 한국에서의 직장생활이므로 강의 외에도 한국어가 필수적으로 요구되기 때문이다. 또한 중국어 강사로서 학생들의 모국어에 대한 지식이 필요한데, 초급에서는 한국어의 지식적 필요성이 크게 요구된다. 물론 단계가 올라감에 따라 한국어로 보조하는 역할은 약해지지만 전혀 불필요한 것은 아니다. 예를 들어 논리적이거나 추상적인 개념을 설명할 때, 학생들의 모국어를 사용하는 방법은 아주 효율적이다.

그렇다면 중국어 강사가 업무를 수행할 때 각 업무와 교육 단계에서 한국어와 중국어가 얼마나 필요한지를 연구해 보고자 한다. 이를 연구하기 위해 수도권의 5개 중국어 학원의 대표 강사들과 심층 인터뷰하였다.[9] 강사들의 의견을 취합하여 중국어 강사로서의 주요 업무와 언어 행위의 관계에 대한 분석은 〈표 6〉과 같다. 각 항목의 직무를 수행할 때는 한국어와 중국어의 필요성은 5등급으로 설정하였다. A급은 필요성이 매우 높음이며, B급은 필요성이 높임이다. C급은 필요성이 보통이며, D급은 필요성이 낮음이다. 그리고 E급은 필요성이 매우 낮음이다.

---

9 중국어 강사로서의 업무와 언어 행위의 관계를 분석하기 위해 2015년 11월 21일 오후6시부터 8시까지 수도권에 있는 5명의 강사와 심층 토론을 하였다. 시간이 촉박하여 직접 대면 대신 SNS을 이용하여 강사들과 단체 대화를 통하여 토론을 진행하였으며 조사 대상의 기본 인적 상황은 다음과 같다.

〈표 5〉 중국어 강사 인적 상황

나이	국적	강사 경력	체류 기간
31	중국	3년	6년
33	중국	3년	3년
36	중국	8년	11년
34	중국	5년	6년
31	중국	5년	6년

〈표 6〉 중국어 강사로서의 업무와 언어 행위의 관계

교육단계	업무 관련 언어 행위		주요 업무								
			강의하기		강의 준비		문서 작성하기				직장동료나 학생들과의 의사소통하기
			교수 내용	교수자와 학생과의 상호작용	자료 수집	교재 이해	수업지도안 작성하기	강의계획서 작성하기	강의진도표와 출석부 작성하기	학생평가서 작성하기	
초	말하기	한국어	A	A							
중			C	B							A
고			D	C							
초		중국어	D	D							
중			B	C							D
고			A	C							
초	듣기	한국어		A							
중				B							A
고				C							
초		중국어		D							
중				C							D
고				B							
초	읽기	한국어	A		A	A					
중			B		A	B					
고			C		A	C					
초		중국어	A		A	A					
중			A		A	A					
고			A		A	A					
초	쓰기	한국어	A				A	A	A	A	
중			A				A	A	A	A	
고			A				A	A	A	A	
초		중국어	A				E	E	E	E	
중			A				E	E	E	E	
고			A				E	E	E	E	

언어 행위는 주로 말하기, 듣기, 읽기, 쓰기로 분류한다. 중국어 강사의 업무를 수행할 때 필요한 언어 행위는 주로 한국어의 말하기, 듣기, 읽기, 쓰기와 중국어의 말하기, 듣기, 읽기, 쓰기이다. 강의하기 및 직장 동료나 학생들과의 의사소통을 할 때는 주로 말하기와 듣기가 필요하다.[10] 강의 내용을 교수하는 측면에서 읽기와 쓰기도 필요하다. 강의 내용의 교수는 주로 교재와 수업 지도안으로 진행한다. 강의 준비할 때는 주로 읽기 능력이 필요하다. 관련된 문서를 작성할 때는 주로 쓰기 능력이 필요하다. 〈표 6〉을 통해 각 교육 단계에 강사로서의 업무 수행에서는 한국어와 중국어의 언어 행위의 필요성을 분석하였다. 초급 중국어 강의에서는 한국어 말하기와 듣기가 매우 필요하다(몰론 초급 중국어 강의에서 중국어 읽기와 쓰기도 필요하다). 초급 학습자는 중국어 기초가 없으므로 중국어로 강의를 들으면 이해할 수 없다. 그래서 초급 중국어 강의에서 학습자의 모국어의 구사 능력이 반드시 필요하다. 그러나 단계가 올라감에 따라 한국어의 보조 역할은 점점 약해진다. 고급 단계에서는 한국어 강의(말하기와 듣기)의 필요성이 낮다.

강의하기에는 교수 내용의 측면에서 말하기와 듣기 외에 읽기와 쓰기도 필요하다. 대부분 중국어 강의는 교재와 수업 지도안에 의해 진행된다. 초급 교재에서 노출된 한국어가 많기 때문에 한국어 읽기 능력이 매우 필요하다. 단계가 올라감에 따라 교재에 노

10 강의하기에는 말하기와 듣기 외에 읽기와 쓰기도 필요하지만 주로 말하기와 듣기에 의해 진행된다.

출된 한국어가 줄어든다. 따라서 한국어 읽기 능력의 필요성이 떨어진다. 하지만 쓰기능력은 단계와 상관없이 항상 필요한 능력이다. 특히 학생에게 피드백을 해 주는 데에 한국어 쓰기가 매우 필요하다.

강의 준비 과정은 주로 자료 수집과 교재에 대한 이해 그리고 수업 지도안 작성하기 등이 포함된다. 언어 행위의 측면에서 강의 준비하기에는 주로 한국어와 중국어의 읽기 능력과 한국어의 쓰기 능력이 필요하다. 먼저 자료 수집하는 작업을 살펴보자. 자료 수집은 주로 중국어 전문지식과 관련된 자료를 수집하는 것이다. 이런 자료는 중국어로 될 수 있고 한국어로도 될 수도 있다. 따라서 초급에서 고급까지 자료를 수집하는 과정에서 한국어 읽기와 중국어 읽기는 매우 필요하다. 그러나 교재에 대한 이해 과정에서는 한국어와 중국어의 읽기 필요성이 다르다. 중국어 교재는 초급에서 한국어로 되어 있는 설명 테스트가 상당히 많지만 급수에 올라감에 따라 학습자의 중국어 능력이 높아짐으로 한국어 텍스트가 많이 줄어든다. 따라서 초급에서 교재를 이해하는 데에 한국어 읽기 능력이 매우 필요하다. 그러나 단계가 올라감에 따라 교재를 이해하는 데에는 상대적으로 한국어의 읽기 능력의 필요성이 약해진다. 하지만 교재에서의 '새로나온 단어'의 한국어 해석, 그리고 중국어의 특별한 용법을 지닌 어휘와 문화 배경 등을 해석하기 위해 삽입된 '주석'과 '해석', '문법 설명' 등 내용은 여전히 한국어로 되어 있다. 따라서 고급에도 교재를 이해하는 데에 한국어 읽기 능력이 필요하다. 다음으로 수업 준비 과정인 수업 지도안을 작성할 때 필요한 언어 행위를 살펴본다. 수업 지도안을 작성할 때에는 초급에서 고급까지 모두 한국어의 쓰기 능력이 매우 필요하다. 이와 반대로 수업 지도안을 작성할 때에는 중국어의 쓰기 능력의 필요성이 매우 낮다.

중국어 강사로서 작성해야 되는 문서는 주로 수업 지도안, 강의 계획서, 수업 진도표와 출석부, 학생 평가서 등이 있다. 한국에서 한국인을 대상으로 중국어를 가르치는 일이므로 모든 문서는 한글로 작성해야 한다. 따라서 중국어 강사의 업무와 관련된 문서를 작성할 때에는 한국어의 쓰기 능력이 매우 필요하다. 이와 반대로 중국어의 읽기 능력의 필요성은 매우 낮다.

본 연구에서 중국어 강사로서의 직업문식성을 신장하는 데에 초점을 맞추었기 때문에 언어 수행의 읽기와 쓰기를 중심으로 연구한다. 그리고 중국어 강사는 한국에서의 직장이므로 한국어의 읽기와 쓰기로 한정한다. 중국어 강사로서의 업무 중 읽기와 쓰기를 중심으로 수행할 때 구체적으로 필요한 직업문식성은 어떤 것이 있는지를 알아보기 위해 2014년 3월 5일부터 21일까지 수도권에 있는 36명의 강사에게 설문조사를 하였고 조사 대상의 기본 인적 상황은 다음과 같다.

〈표 7〉 조사 대상의 기본 인적 상황

조사 항목		인원 수
강사 경력	1년	8명
	2년	9명
	3년	7명
	4년 이상	12명
교육 기관	학교	8명
	학원	22명
	학교+학원	6명
학력	박사	14명
	석사	18명
	학사	4명

조사 결과에 따라 개강 전에는 강의 계획서를 준비해야 하고, 강의 진행 과정 중에는 수업 진도표와 출석부가 필요하다. 강의 종료 후에는 학생에 대한 학습 평가서를 작성해야 한다. 그리고 수업 전에는 수업 지도안 역시 작성해야 한다. 이는 직업문식성의 글쓰기 능력에 해당된다. 또한 교재를 읽고 이해하는 능력도 필요하다. 그 이유는 교재에 중국어 못지않게 한국어가 많이 노출되어 있으며, 특히 구체적인 설명들은 대부분 한글로 되어 있기 때문이다. 따라서 중국어 강사이지만 한국어를 읽고 이해하는 능력이 반드시 필요하며 이는 직업문식성 중 텍스트를 읽고 이해하는 능력에 해당된다.

중국인 결혼이민자를 위한
직업문식성 관련 기본 어휘 선정과 학습 전략 연구

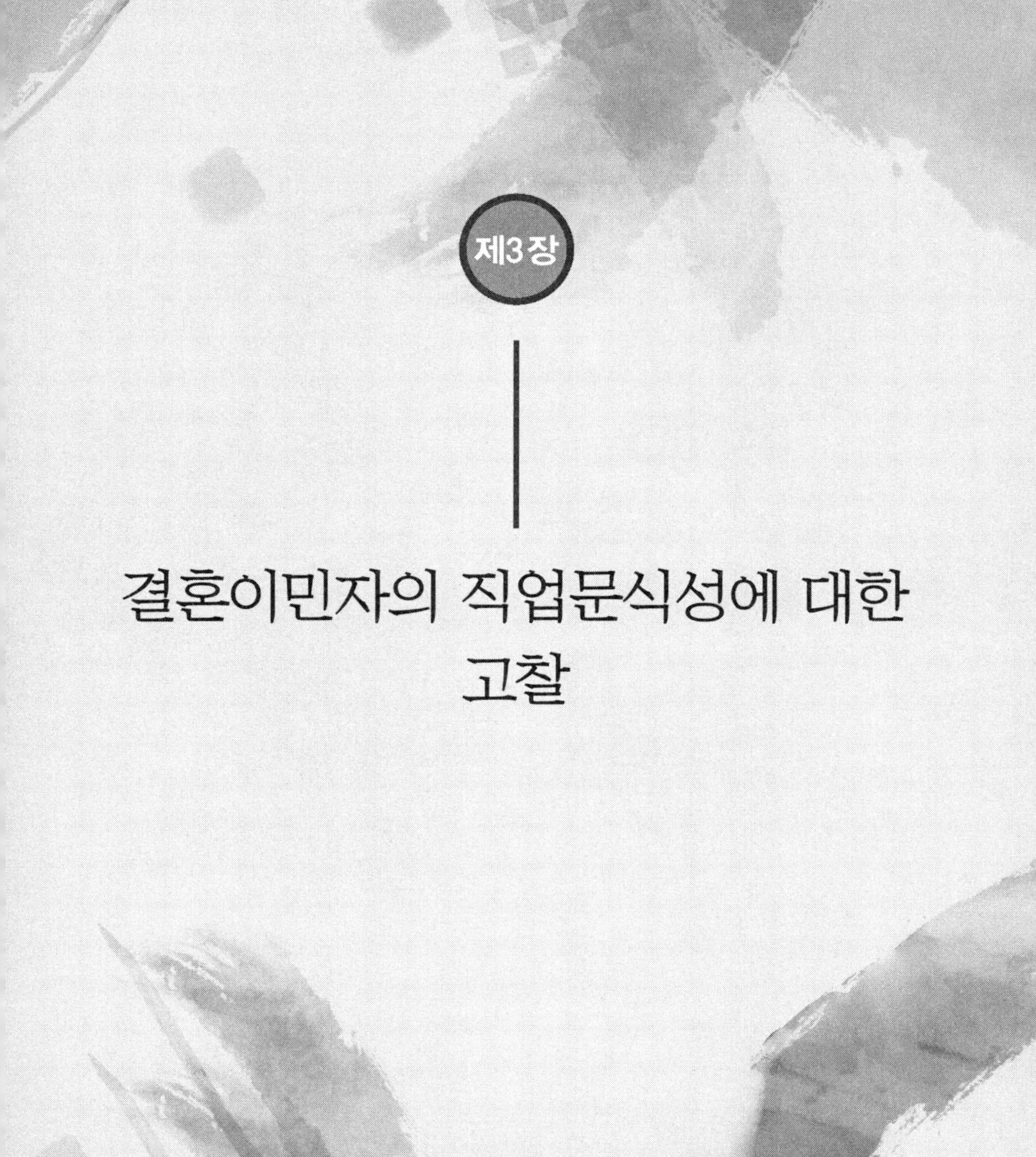

제3장

결혼이민자의 직업문식성에 대한 고찰

01

중국어 강사로서의 직업문식성에 대한 고찰

결혼이민자의 중국어 강사로서의 직업문식성에 대해 조사하기 위해 2014년 4월 29일부터 6월 20일까지 수도권에 있는 56명의 결혼이민자에게 설문조사를 실시하였다.[11] 보다 객관적인 신뢰성을 위해 설문조사의 문제 설계에 여러 강사의 의견을 수렴하였다. 조사 대상을 보면 본 조사는 중국인 결혼이민자를 대상으로 하여 그들을 중국어 강사 경력이 있는 사람과 없는 사람으로 구분하였다. 조사 내용을 보면 본 설문조사는 결혼이민자의 중국어 강사로서의 직업문식능력에 대한 조사로, 조사 항목은 중국어 강사로서의 직업문식성을 구성하는 요소를 바탕으로 읽기와 쓰기 두 부분으로 나누어서 실시하였다.

조사 대상을 살펴보면 56명 결혼이민자 중 34명 결혼이민자는 한국에서 취직한 경험이 있으며 22명 결혼이민자는 가정주부로 살고

11 결혼이민자의 취업 의향과 직업문식성에 대한 조사는 같은 대상으로 병행하였다.

있다. 취직 경험이 있는 사람 중 9명이 중국어 강사 경력이 있다. 본서의 연구 목적을 고려하여 조사 대상을 중국어 강사 경력이 있는 사람과 중국어 강사 경력이 없는 사람으로 구분한다. 중국어 강사 경력이 있는 9명을 제외하면 중국어 강사 경력이 없는 사람은 47명이다. 먼저 중국어 강사 경력이 없는 결혼이민자의 인적 사항을 살펴보겠다.

〈표 8〉 중국어 강사 경력이 없는 결혼이민자의 인적 사항

항목	분류	수(명)	비율(%)
나이	20대	17	36%
	30대	26	55%
	40대	4	9%
	50대	0	0%
거주 기간	1~2년	15	32%
	3~5년	25	53%
	6~9년	5	11%
	10년 이상	2	4%
한국어 수준	초급	8	17%
	중급	28	60%
	고급	11	23%
학력	중졸	6	13%
	고졸	16	34%
	대졸	18	38%
	석사	7	15%
	박사	0	0%

중국어 강사 경력이 없는 결혼이민자의 나이의 분포를 살펴보면 20대는 17명으로 전체의 36%를 차지하고 30대는 26명으로 전체의 55%를 차지하며 그 수가 가장 많다. 그리고 40대는 4명이고 50대는 없다. 중국어 강사 경력이 없는 결혼이민자는 주로 20대와 30대의 연령층에 속한다.

중국어 강사 경력이 없는 결혼이민자의 거주 기간을 살펴보면 한국 거주 1~2년이 15명, 거주 3~5년이 26명, 거주 6~9년이 4명, 거주 10년 이상이 2명이다. 그 중 거주 3~5년이 가장 많은데 전체의 55%를 차지하며 거주 1~2년이 두 번째로 전체의 32%를 차지한다.

중국어 강사 경력이 없는 결혼이민자의 한국어 수준을 살펴보면 초급 수준 해당자는 8명, 중급 수준 해당자는 28명, 고급 수준 해당자는 11명으로 60%의 사람이 중급 해당자인 것을 알 수 있다.

중국어 강사 경력이 없는 결혼이민자의 학력을 살펴보면 중졸 학력 소지자는 6명, 고졸 학력 소지자는 16명, 대졸 학력 소지자는 18명, 석사 학력 소지자는 7명, 박사 학력 소지자는 없다. 그 중 대졸 학력 소지자가 가장 많은데 전체의 38%를 차지한다.

다음으로 중국어 강사 경력이 있는 결혼이민자의 인적 사항을 살펴보겠다.

〈표 9〉 중국어 강사 경력이 있는 결혼이민자의 인적 사항

항목	분류	수 (명)	비율(%)
나이	20대	3	33%
	30대	5	56%
	40대	0	0%
	50대	1	11%
거주 기간	1~2년	1	11%
	3~5년	3	33%
	6~9년	4	44%
	10년 이상	1	11%
한국어 수준	초급	0	0%
	중급	2	22%
	고급	7	78%
학력	중졸	0	0%
	고졸	0	0%
	대졸	2	22%
	석사	6	67%
	박사	1	11%
강사 경력	2 년 미만	2	22%
	3~5 년	6	67%
	6년 이상	1	11%

중국어 강사 경력이 있는 결혼이민자의 연령대를 살펴보면 20대는 3명, 30대는 5명, 50대는 한명이다. 그 중 30대는 가장 많은 전체의 56%를 차지한다. 거주 기간을 살펴보면 1~2년이 한명, 3~5년이 3명, 6~9년이 4명, 10년 이상이 한명이다. 그 중 6~9년이 된 사람이 가장 많은데 전체의 44%를 차지한다. 한국어 수준을 살펴보면 초급 해당자는 없고, 중급이 2명, 고급이 7명으로 전체의 78%를 차지한다. 그리고 중

국어 강사 경력이 있는 결혼이민자의 학력을 보면 중졸과 고졸에 해당한 사람은 없고, 대졸 학력 소지자가 2명, 석사 학력 소지자가 6명, 박사 학력 소지자는 1명이었다. 이로서 전반적으로 학력이 높다는 특성을 알아낼 수 있다. 중국어 강사 경력이 있는 결혼이민자 중 2명은 경력이 2년 미만이고 6명은 3~5년, 한명은 6년 이상의 경력이 있다.

1.1. 중국어 강사 경력이 없는 결혼이민자에 대한 고찰

결혼이민자의 취업 의향에 대해서 고찰하기 위해 본 연구자는 2014년 4월 29일부터 6월 20까지 수도권에 있는 56 명의 결혼이민자에게 설문조사를 실시하였다. 피험자의 인적 상황을 살펴보면 56명 결혼이민자 중 20대와 30대 여성의 비율이 높다. 대부분의 결혼이민자는 결혼한 지 1년~5년 정도 된 사람이고 64.9%의 응답자는 한국에서의 취직한 경험이 있다. 그 외의 경우는 주로 가정주부로 생활하고 있다. 종사하는 업종을 살펴보면 주로 서비스업과 교육 관련 업종 및 생산직 등이다. 모든 응답자가 직장에서 한국어가 필요하다고 생각하고 그 중 71.9%의 응답자는 직장에서 한국어가 매우 필요하다고 여긴다. 그 중 46명의 결혼이민자가 취직을 원하고 있으며 이는 전체 조사 대상의 82.1%를 차지한다. 3명의 결혼이민자는 취직할 의욕이 보통이라고 하며 전체 조사 대상의 5.4%를 차지한다. 그 외에 7명의 결혼이민자는 취업 의사가 없으며 전체 비중의 12.5%를 차지한다.

설문조사에 의하면 대부분의 결혼이민자는 취직을 하고 싶어 한다는 것을 알 수 있다. 그러나 취직을 하려면 직업문식성 능력을 갖춰야 한다. 피험자에서 중국어 강사 경력이 없는 사람은 통틀어서 47명이고 그들의 중국어 강사로서의 직업문식 능력은 어떤지에 대해 조사하였다. 조사 항목에 따라 직업문식성의 읽기 능력에 대한 조사와 쓰기 능력에 대한 조사로 나누었다. 먼저 읽기 능력에 대한 조사를 살펴보겠다.

1) 읽기 능력에 대한 조사

읽기 부분에는 5개 항목의 문제로 설정하였다. 피험자의 각 항목 내용에 대한 이해 정도를 알아보았다. 글에 대해 이해도는 4등급으로 설정하였다. A급은 전체 내용을 잘 이해하고 간추릴 수 있는 정도다. B급은 대충 이해하는 정도다. C급은 조금 이해하는 정도다. D급은 어떤 내용인지 잘 모르는 정도다. A급 수준에 해당하는 한국어 실력이 있어야 중국어 강사로서의 직업문식 능력을 갖추었다고 할 수 있다. 직업문식성 능력을 평정 등급에 대한 자세한 설명은 〈표 10〉과 같다.

〈표 10〉 직업문식성 평정 방법

등급	평정 내용과 기준		점수 (100)
	읽기	쓰기	
A급	전체 내용을 잘 이해하고 간추릴 수 있는 정도다.	정확하게 작성한 수준이다.	75-100
B급	대충 이해하는 정도다.	간단하게 작성한 수준이다.	50-75
C급	조금 이해하는 정도다.	문제 의미를 파악하였지만 답을 작성하지 못한 수준이	25-50
D급	어떤 내용인지 잘 모르는 정도다.	문제 의미조차 파악하지 못한 수준이다.	0-25

강사 경력이 없는 결혼이민자는 47명이다. 다음 차트의 종축은 각 등급 해당자의 인원수이고 횡축은 조사 항목이다. 강사 경력이 없는 결혼이민자들의 한국어 읽기 능력에 대한 조사 결과는 다음과 같다.

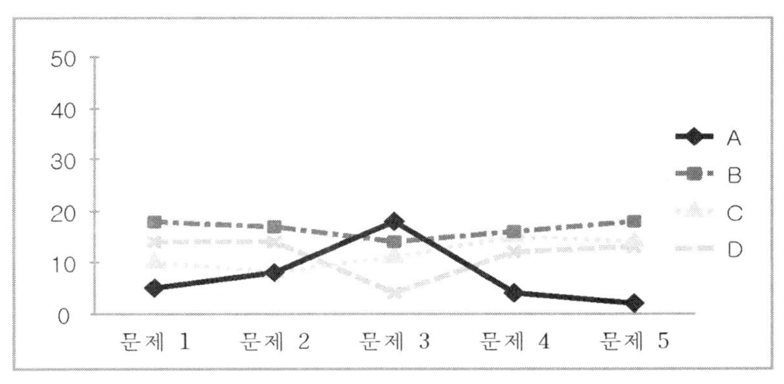

[그림 1] 결혼이민자의 한국어 읽기 능력에 대한 조사 1-1

A급의 꺾은선을 보면 낮은 수치에서 점차 올라간 후 다시 떨어지는 추세를 보이고 있다. 문제 1에서 각 등급과 비교하면 가장 낮은 것으로 나타났고 문제 2에서 비교적 낮은 수치로 나타난다. 문제 3에서 가장 높은 수치로 나타난다. 문제 4와 문제 5에서 가장 낮은 수치로 나타난다. 문제 1과 문제 2는 중국어 전문지식 능력에 관한 조사인데 매우 낮은 수치를 나타나는 것은 결혼이민자들이 중국어 전문지식 능력이 매우 낮은 것을 의미한다. 문제 2와 문제 3은 교재 이해 정도에 대한 조사인데 수치가 비교적 높은 것은 결혼이민자들이 교재를 어느 정도 이해하고 있다는 것을 의미한다. 물론 몇 문제 항목으로 모든 교재 내용을 잘 이해할 수 있다고 볼 수 없지만, 설문 문

제 항목을 전형적인 텍스트로 선정하였기 때문에 한국어 수준을 가늠해 볼 수 있다. 문제 4와 문제 5는 역시 중국어 전문지식에 대한 조사인데 수치가 낮은 것은 결혼이민자들의 중국어 전문지식이 매우 부족하다는 것을 의미한다. B급 꺾은선은 비교적 높은 것으로 나타나고 C급 꺾은선과 D급 꺾은선은 비교적 낮은 것으로 나타난다. 그것은 B급 해당자는 비교적 많고 C급과 D급 해당자는 비교적 적다는 것을 의미한다. 따라서 결혼이민자의 읽기 능력은 비교적 높은 수준에 해당한다. 이를 통해 문식성의 읽기 능력은 비교적 높다고 할 수 있지만 직업문식성의 읽기 능력은 높다고 할 수 없다. A급 정도의 한국어 읽기 실력을 갖추지 못한다면 정상적으로 업무를 수행하기가 어렵다고 볼 수 있다. 그러므로 결혼이민자의 읽기 실력은 중국어 강사로서의 직업문식성의 요구에 충족하기가 어려워 이에 관한 것을 학습해야 한다.

이들에게 글을 이해하는 데에 방해가 되는 원인에 대해 간단한 인터뷰를 실시하였는데, 이중 모르는 단어가 있어서 전체의 뜻을 이해하는 데에 어려움이 있다고 밝혔다. 특히, '형용사', '술어', '주어', '중첩', '경극' 등 어휘의 의미를 잘 모른다고 하였다. 따라서 그들에게 직업문식성의 읽기 능력을 높이기 위해서 이와 관련된 어휘를 학습하는 것은 매우 중요하다고 볼 수 있다.

중국어 강사 경력이 없는 결혼이민자들이 중국어 강사로서의 읽기 능력을 직관적으로 보이기 위해 각 등급의 해당자의 평균 수치를 통계하여 제시하면 〈표 11〉과 같다.

〈표 11〉 수준별 해당자의 평균 수치와 분포 1-1 (읽기)

등급	평균 수치	백분율(%)
A급	7.4	15.7%
B급	16.6	35.3%
C급	11.6	24.7%
D급	11.4	24.3%

A급의 평균 수치는 7.4이고 강사 경력이 없는 결혼이민자의 15.7%에 해당한다. 따라서 15.7%의 결혼이민자는 강사로서의 업무를 정상적으로 수행할 수 있는 높은 수준의 직업문식성을 갖췄지만 나머지 84.3%의 결혼이민자는 직업문식성이 부족하다고 볼 수 있다. 그리고 A급보다 약간 낮은 B급의 평균 수치는 16.6이고 가장 많은 비중을 차지하고 있다. 따라서 이에 해당하는 결혼이민자들이 학습을 통해서 강사로서의 업무를 정상적으로 수행할 수 있는 높은 수준의 직업문식 능력을 갖출 가능성이 매우 높다.

2) 쓰기 능력에 대한 조사

쓰기 부분은 5개 문제로 설정하였다. 피험자들을 하여금 문제 항목을 읽어보고 답을 작성하게 하고, 이해하지 못한 부분을 표시하게 하였다. 조사가 끝난 후에 작성한 글을 4등급으로 평정하였다. A급은 정확하게 작성한 수준이고, B급은 간단하게 작성한 수준이다. C급은 문제 의미를 파악하였지만 답을 작성하지 못한 수준이며, D급은 문제 의미조차 파악하지 못한 수준이다. A급 수준에 해당하는 한국어 실력이 있어야 중국어 강사로서의 직업문식 능력을 갖추었다고 할 수 있다. 강사 경력이 없는 결혼이민자들의 쓰기 능력에 대한 조사 결과를 정리하면 [그림 2]와 같다.

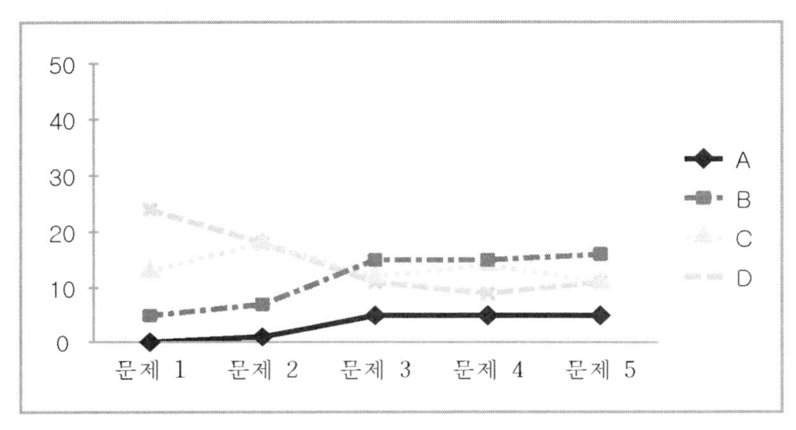

[그림 2] 결혼이민자의 한국어 쓰기 능력에 대한 조사 1-2

A급의 꺾은선은 가장 낮은 것으로 나타난다. 이것은 높은 수준의 직업문식성의 쓰기 능력을 갖춘 사람이 가장 적다는 것을 의미한다. A급의 꺾은선의 수치를 살펴보면 0~5 사이에 기복된다. 전체 피험자의 10%도 안되는 실정이다. 이와는 반대로 B급과 C급 그리고 D급의 꺾은선은 상당히 높은 것으로 보이고 있다. 이것은 B급과 C급 그리고 D급에 해당하는 사람이 많다는 것을 의미한다. 각 등급 해당자의 평균 수치와 분포를 직관적으로 보이기 위해 〈표 12〉와 같이 제시했다.

〈표 12〉 수준별 해당자의 평균 수치와 분포 1-2 (쓰기)

등급	평균 수치	백분율(%)
A급	3	6.4%
B급	13	27.7%
C급	15	31.9%
D급	13.7	29.2%

A급의 꺾은선의 평균 수치는 3인데 이는 피험자의 불과 6.4% 밖에 차지하지 않는다. 따라서 6.4%의 결혼이민자는 직업문식성의 쓰기 능력을 높다고 할 수 있다. 그리고 나머지 93.6%의 결혼이민자는 직업문식성의 쓰기 능력이 부족하다는 것을 알 수 있다. 이와 반대로 B급 해당자는 피험자의 27.7%를 차지하고 C급 해당자는 피험자의 31.9%를 차지하고 D급 해당자는 피험자의 29.2%를 차지한다. 이를 종합해 보면 강사 경력이 없는 결혼이민자는 한국어의 쓰기 능력은 매우 차이가 많음을 알 수 있다. B급과 C급 그리고 D급 해당자는 각각 대략 3분의 1을 차지한다. 그러나 직업문식성의 쓰기 능력이 높은 사람은 10분의 1에 미만이다.

1.2. 중국어 강사 경력이 있는 결혼이민자에 대한 고찰

본 조사 대상에서 취직 경험이 있는 사람은 36명이고 그 중 중국어 강사 경력이 있는 사람이 9명이다. 따라서 직장 경험이 있는 결혼이민자중에서 4명 중 한 명이 중국어 강사 경력이 있다. 그렇다면 그들이 과연 높은 수준의 직업문식성을 갖추었는지에 대해 조사해 보겠다.

강사 경력이 있는 결혼이민자들의 읽기 능력에 대한 조사 결과는 [그림 3]과 같다. 다음 차트의 종축은 각 등급 해당자의 인원수이고 횡축은 조사 항목이다.

1) 읽기 능력에 대한 조사

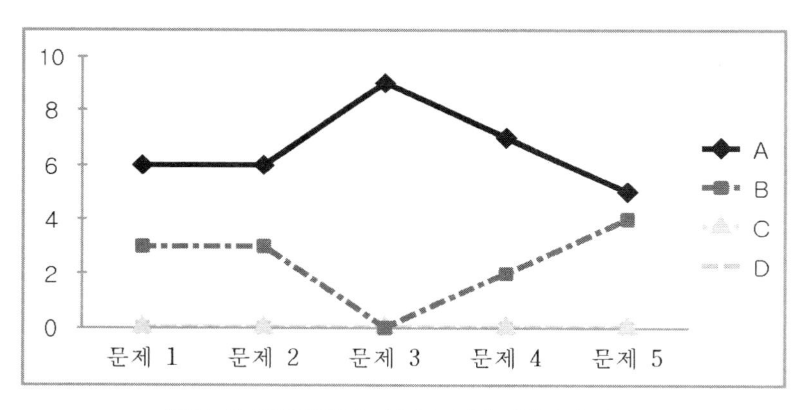

[그림 3] 결혼이민자의 읽기 능력에 대한 조사 2-1

강사 경력이 있는 결혼이민자의 중국어 강사로서의 직업문식성의 읽기 능력 꺾은선은 간단명료하게 나타났다. A급 해당자는 가장 높은 것으로 나타나며 B급 해당자는 비교적 낮은 것으로 나타난다. C급과 D급에 해당하는 사람은 없다. 이것은 대부분의 결혼이민자는 중국어 강사로서의 직무를 정상적으로 수행할 수 있는 만큼 높은 직업문식성의 읽기 능력을 이미 갖추었다는 것을 의미한다. 그러나 여전히 소수의 결혼이민자는 직업문식성의 읽기 능력이 부족하다는 것을 알 수 있다. 각 등급 해당자의 평균 수치와 분포를 통계하여 제시하면 〈표 13〉과 같다.

〈표 13〉 수준별 해당자의 평균 수치와 분포 2-1 (읽기)

등급	평균 수치	백분율(%)
A급	6.6	73.3%
B급	2.4	26.7%
C급	0	0%
D급	0	0%

A급의 평균 수치는 6.6인데 피험자의 73.3%를 차지한다. 따라서 73.3%의 강사 경력이 있는 결혼이민자는 중국어 강사로서의 직무를 정상적으로 수행할 수 있는 높은 수준의 직업문식성의 읽기 능력을 갖추었다고 할 수 있다. B급의 평균 수치는 2.4인데 피험자의 26.7%를 차지한다. 따라서 이 부분의 결혼이민자는 강사 경력은 있지만 직업문식성의 읽기 능력은 여전히 부족하다.

2) 쓰기 능력에 대한 조사

강사 경력이 있는 결혼이민자들의 한국어 쓰기 능력에 대한 조사 결과를 정리하면 [그림 4]와 같다.

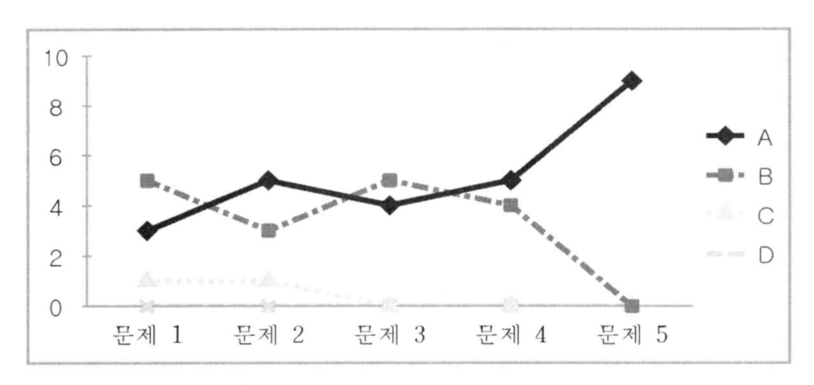

[그림 4] 결혼이민자의 쓰기 능력에 대한 조사 2-2

A급의 꺾은선은 가장 높은 것으로 보이고 B급의 꺾은선은 비교적 높다. C급의 꺾은선은 대단히 낮고 짧으며 D급은 직선이다. 따라서 강사 경력이 있는 결혼이민자 중 중국어 강사로서의 업무를 정상적으로 수행할 수 있는 높은 수준의 직업문식성의 쓰기 능력을 갖춘 사람이 가장 많고, 일부 응답자가 직업문식성의 쓰기 능력이 부족하지만 어느 정도의 쓰기 능력을 갖춘다. 그 외에 아주 소수의 결혼이민자는 쓰기 능력이 매우 부족하다. 각 등급 해당자의 평균 수치를 통계하여 〈표 14〉와 같다.

〈표 14〉 수준별 해당자의 평균 수치와 분포 2-2 (쓰기)

등급	평균 수치	백분율(%)
A급	5.4	60.0%
B급	3.3	36.7%
C급	0.3	3.3%
D급	0	0%

A급의 평균 수치는 5.4로 피험자의 60.0%를 차지하며 B급의 평균 수치는 3.3으로 피험자의 36.7%를 차지한다. 따라서 강사 경력이 있는 결혼이민자에서 60.0%의 사람이 높은 수준의 직업문식성의 쓰기 능력을 갖추었다고 할 수 있다. 그러나 나머지 40.0%의 결혼이민자는 직업문식성의 쓰기 능력이 부족하다. 그 중 36.7%의 결혼이민자는 직업문식성의 쓰기 능력이 부족하지만 어느 정도의 능력은 갖추고 있다. 또한 3.3%의 결혼이민자는 쓰기 능력이 매우 부족하다.

02

직업문식성 조사 결과와 원인 분석

본 연구에서 결혼이민자는 강사 경력이 있는 사람과 없는 사람으로 구분하여 설문조사를 하였다. 결과를 보면 강사 경력이 없는 결혼이민자중 84.3%는 직업문식성의 읽기 능력이 부족하며 93.6%의 사람은 직업문식성의 쓰기 능력이 부족하다. 또한 강사 경력이 있는 결혼이민자의 대부분의 경우는 높은 수준의 직업문식성을 갖추었지만 소수는 직업문식성이 부족하다. 구체적으론 26.7%의 사람은 직업문식성의 읽기 능력이 부족하고 40.0%의 사람은 직업문식성의 쓰기 능력이 부족하다. 강사 경력이 없는 결혼이민자의 직업문식성의 쓰기 능력과 읽기 능력은 강사 경력이 있는 결혼이민자를 비하면 훨씬 부족한 것을 알 수 있다. 그러므로 본 연구에서는 강사 경력이 없는 결혼이민자를 중심으로 연구하겠다. 강사 경력이 없는 결혼이민자의 직업문식성 능력을 향상시키기 위해 강사 경력이 있는 결혼이민자가 강사로서의 업무를 수행할 수 있는 높은 수준의 직업문식성을 갖춘 원인을 분석해 보고자 한다.

본서에서 강사 경력이 있는 결혼이민자가 직업문식성을 갖춘 원인을 직접적 요인과 관련 가능성 있는 기타 요소로 나누어서 연구해 보고자 한다. 강사 경력이 있는 결혼이민자가 높은 수준의 직업문식성을 갖춘 원인을 알아보기 위해 인터뷰하였다. 인터뷰 대상은 강사 경력이 있는 결혼이민자를 대표할 수 있는 양OO를 택하였다. 강사 경력이 있는 결혼이민자는 30대가 가장 많고, 한국 거주 6~9년이 된 사람이 가장 큰 비중을 차지한다. 또한 한국어 수준은 고급 해당자의 비율이 높고 석사 학력 소지자가 대다수이다. 양OO는 33살이고, 한국에서 거주한 지 7년이 되었다. 또한 한국어 수준은 6급이고 석사 학력을 소지하고 있다. 양OO는 중국어 강사 경력이 있는 결혼이민자의 대표자라고 할 수 있다. 조사 결과에 따라 양OO의 읽기의 평균 점수는 92점이고 쓰기의 평균 점수는 91.2점이다. 그녀는 중국어 강사로서의 직업문식 능력이 높은 수준에 해당된다. 따라서 중국어 강사로서의 직업문식성에 직접적으로 영향을 미칠 수 있는 요인을 알아보기 위해 양OO와 인터뷰하는 것이 타당하다고 본다.

2.1. 직업문식성에 영향을 미치는 요인

중국어 강사로서의 직업문식성에 영향을 미치는 직접적인 요인을 알아보기 위해 강사 경력이 있는 결혼이민자 중 대표성이 있는 양OO와 인터뷰하였다. 구체적인 인터뷰 내용을 제시하면 다음과 같다.

필자: 이번 설문조사를 통하여 중국어 강사로서의 업무를 수행할 수 있는 높은 수준의 직업문식성을 갖춘 비율이 굉장히 높은 것으로 나타났는데 그 원인은 무엇이라고 생각합니까?

양OO: 아무래도 제가 5년 정도의 중국어 강사 경력과 밀접한 관계가 있는 것 같아요.

필자: 그런데 강사 경력이 있다는 것은 직업문식성과 구체적으로 어떻게 연관이 되는지 알고 싶은데요. 그럼 구체적인 설문에 답변하는 과정을 자세히 설명해 주실 수 있나요?

〈표 15〉 양OO의 인터뷰 내용 (읽기)

항목		견해	평가
읽기	문제 1	*이 문제를 딱 봤을 때 눈에 들어오는 게 '형용사', '중첩', '성질', '수식', '술어', '부사어' 등 단어다. 이런 단어는 언어학 분야의 용어인데 다행히 중국어를 가르칠 때 많이 접해서 바로 이해했다.*	중국어 문법과 관련된 지식을 알아야 한다.
	문제 2	*이 문제는 중국어 접속사에 대한 설명인데 중국어 교재에서 이런 설명 텍스트를 많이 보게 되어서 낯설지 않는다.*	교재에 대해 잘 이해해야 한다.
	문제 3	*이 글은 교재의 연습문제에 대한 설명인데 교재와 관련 내용을 잘 알아서 이 문제를 바로 이해할 수 있다.*	교재와 관련 내용을 잘 알아야 한다.
	문제 4	*이 글은 중국어 문장 성분에 관한 내용인데 아주 기초적인 중국어 문법에 관한 지식이다.*	중국어 문법에 관한 지식을 갖추어야 한다.
	문제 5	*이 글은 방향보어에 대한 설명인데 구체적으로 말하면 방향보어의 정의와 방향보어의 분류를 설명했다. 방향보어는 중국어 전문지식에 관한 용어인데 중국어 강사로서 반드시 갖춰야 하는 지식이다.*	중국어 전문지식을 알아야 한다.

〈표 16〉 양OO의 인터뷰 내용 (쓰기)

항목		견해	평가
쓰기	문제 1	*이 글은 수업지도안과 관련된 내용인데 중국어 강사로서 수업 지도안을 많이 작성해 본 적이 있어서 질문을 쉽게 답변했다.*	수업지도안을 작성할 줄 알아야 한다.
	문제 2	*이 문제는 강의 계획서와 관련된 것인데 역시 강사 직무를 수행할 때 많이 작성해 봐서 답변할 수 있었다.*	강의 계획서를 작성할 줄 알아야 한다.
	문제 3	*이 문제는 중국어 특별한 문형인 '피자문'에 관한 내용인데 중국어 강사로서 중국어 전문지식을 아는 것은 필수적이다.*	중국어 전문지식을 알아야 한다.
	문제 4	*이 문제는 중국어 발음 기호 '단운모'의 음성학적 설명에 대한 고찰인데 중국어 강사로서 알아야 하는 전문지식이다. 또한 교재에서도 이와 관련된 내용이 있어서 설문에 응할 때 도움이 되었다.*	중국어 전문지식을 알아야 한다.
	문제 5	*이 문제는 수업 진도표를 작성하는 것과 관련된 내용인데 강사로서의 직무를 수행할 때 필요하다. 많이 작성해 봤으므로 답변할 수 있었다.*	중국어 강사로서의 직무를 수행할 때 수업 진도표를 작성해야 한다.

상술한 바를 귀납하여 중국어 강사로서의 높은 수준의 직업문식성을 갖춘 비율에 영향을 미칠 수 있는 직접적 요인은 다음과 같다. 첫째, 중국어 전문지식(문법과 관련된 지식을 포함한다)을 알아야 한다. 둘째, 교재에 대해 잘 이해해야 한다. 셋째, 중국어 강사로서 업무 수행과 관련된 문서를 작성할 줄 알아야 한다. 따라서 강사 경력이 없는 결혼이민자를 대상으로 이와 관련된 지식을 갖춘다면 그들의 직업문식성 신장에 큰 도움이 될 수 있을 것이다.

2.2. 직업문식성 관련 기타 요소

중국어 강사로서의 직업문식 능력에 영향을 미칠 수 있는 기타 요소를 알아보기 위해 중국어 강사 경력이 없는 사람과 중국어 강사 경력이 있는 사람의 인적 사항을 비교·분석해 보았다. 먼저 연령대를 비교해 보면 [그림 5]와 같다.

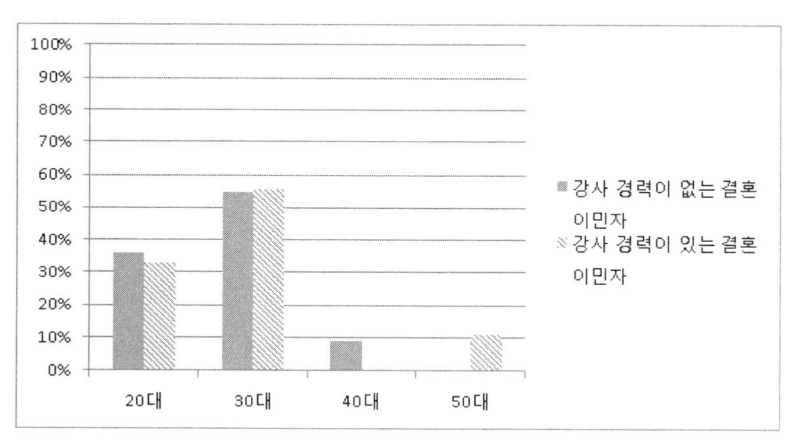

[그림 5] 연령대 비교

강사 경력이 있는 결혼이민자와 강사 경력이 없는 결혼이민자의 연령대를 비교해 보면 크게 차이가 나지 않는다. 강사 경력이 없는 결혼이민자에서 20대는 강사 경력이 있는 결혼이민자에 비해 3%가 더 많다. 강사 경력이 없는 결혼이민자에서 30대는 강사 경력이 있는 결혼이민자보다 1%가 적다. 그리고 강사 경력이 없는 결혼이민자에서 40대는 9%를 차지하고, 강사 경력이 있는 결혼이민자에서

40대는 없으며 강사 경력이 없는 결혼이민자에서 50대는 없고 강사 경력이 있는 결혼이민자에서 50대는 11%를 차지한다. 분석을 통하여 강사 경력이 없는 결혼이민자와 강사 경력이 있는 결혼이민자는 마찬가지로 20대와 30대의 비율이 높은 것으로 나타난다. 양자는 연령대에서 뚜렷한 차이를 보이지 않기 때문에 직업문식성의 차이와 연관이 없다고 판단할 수 있다.

다음으로 한국 거주 기간을 비교해 보면 [그림 6]과 같다.

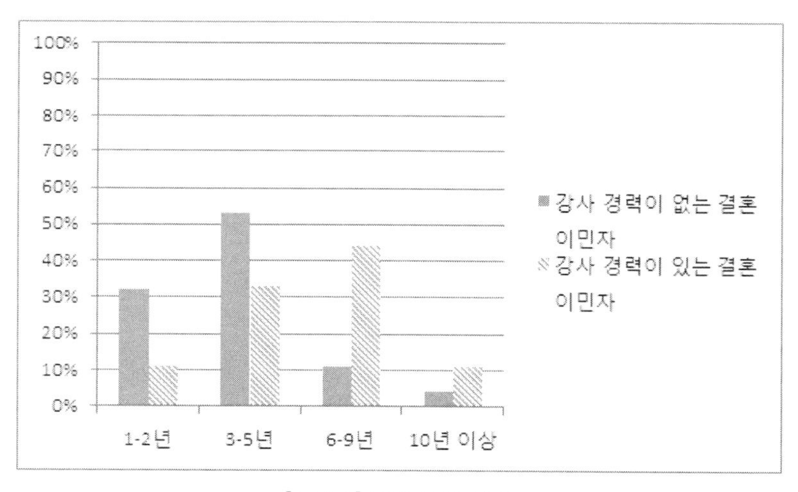

[그림 6] 거주 기간 비교

강사 경력이 없는 사람과 강사 경력이 있는 사람의 한국 거주 기간을 살펴보면 차이가 난다. 강사 경력이 없는 사람에서 거주 1~2년이 된 사람은 강사 경력이 있는 사람보다 21%가 더 많다. 마찬가지로 거주 2~5년이 된 사람에서 강사 경력이 없는 사람은 강사 경력이 있는 사람보다 20%가 더 많다. 그러나 거주 6~9년이 된 사람에서 강사 경력이 없는 사람은 11%를 차지하고, 강사 경력이 있는 사람은 44%를 차지한다. 또한 강사 경력이 없는 사람에서 거주 10년 이상이 된 사람이 4%를 차지하며 강사 경력이 있는 사람에서 거주 10년 이상이 된 사람이 11%를 차지한다. 따라서 한국 거주 기간이 1~2년이 되는 사람과 3~5년이 된 사람을 살펴보면 강사 경력이 없는 결혼이민자의 비율이 더 크다. 그러나 거주 6~9년이 된 사람과 거주 10년 이상이 된 사람에서는 강사 경력이 있는 사람의 비율이 더 크다. 그러므로 한국에서 오래 거주할수록 직업문식성이 높을 수 있는 가능성이 있다. 다음으로 양자의 한국어 수준을 비교해 보면 [그림 7]과 같다.

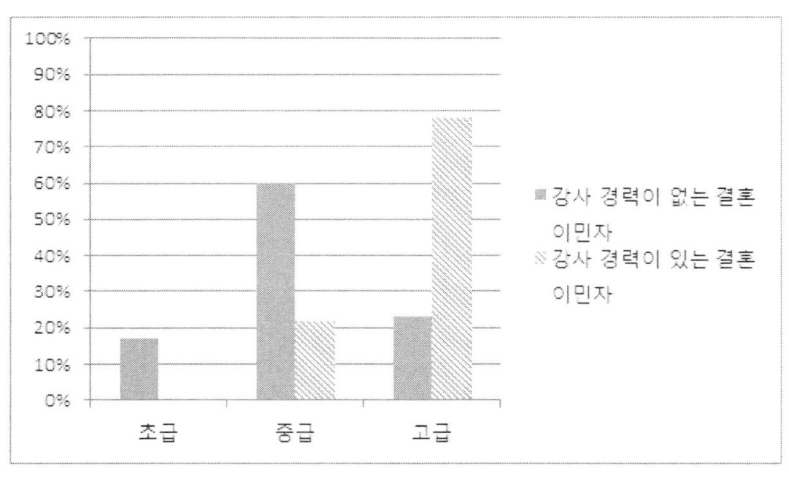

[그림 7] 한국어 수준 비교

강사 경력이 없는 결혼이민자에서 초급 해당자는 17%이고 중급 해당자는 60%이다. 이와 반대로 강사 경력이 있는 결혼이민자에서는 초급 해당자가 없고 중급 해당자도 많지 않다. 대부분 강사 경력이 있는 사람이 고급에 해당한다. 강사 경력이 없는 사람에서 고급 해당자는 오직 23%이다. 양자는 한국어 수준에서의 뚜렷한 차이가 직업문식성의 차이와 관련성이 있다고 판단할 수 있다.

마지막으로 양자의 학력을 비교해 보면 [그림 8]과 같다.

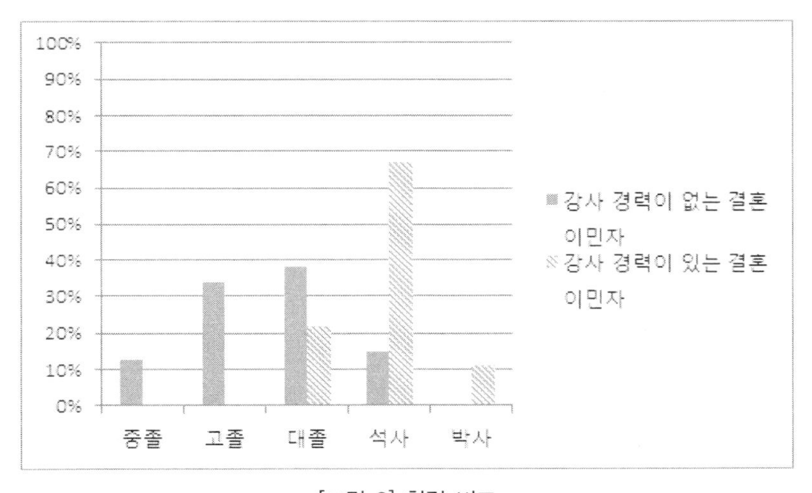

[그림 8] 학력 비교

양자의 학력을 비교해 보면 더욱 뚜렷한 차이가 나타난다. 강사 경력이 없는 결혼이민자에서 중졸 학력 소지자는 13%를 차지하고 고졸 학력 소지자는 34%를 차지한다. 강사가 되기 위한 조건에서 중졸과 고졸은 너무 낮은 학력이다. 그리고 대졸 학력 소지자는 38%를 차지하고 석사 학력 소지자는 15%를 차지한다. 강사 경력이 있는 결혼이민자에서 중졸과 고졸은 없고 대졸 학력 소지자는 22%, 석사 학력 소지자는 67%, 박사 학력 소지자는 11%이다. 강사 경력이 있는 사람에서 대졸은 가장 낮은 학력이고 대부분의 사람은 석사 학력 소지자이다. 따라서 강사 경력이 있는 결혼이민자의 학력은 강사 경력이 없는 결혼이민자의 학력보다 훨씬 높다고 할 수 있다. 양자의 학력에서의 뚜렷한 차이와 양자의 중국어 강사로서의 직업문식성 능력에서의 뚜렷한 차이는 관련성이 있다고 추론할 수 있다.

이를 종합하여 중국어 강사로서의 한국어의 읽기와 쓰기(한국어로서의 직업문식성) 능력은 결혼이민자가 한국에 거주하는 기간, 한국어 수준, 그리고 학력과 관련성이 있다고 판단할 수 있다. 그렇다면 상술한 요인은 중국어 강사로서의 한국어의 읽기와 쓰기(한국어로서의 직업문식성) 능력과 어떤 관계를 있는지를 연구해 보겠다.

2.2.1. 거주 기간과 직업문식성의 관계

거주 기간과 중국어 강사로서의 직업문식성의 관계를 연구하기 위해 먼저 강사 경력이 있는 결혼이민자를 거주 기간에 따라 분류하였는데 한국거주 1~2년, 3~5년, 6~9년, 10년 이상의 군으로 분류하고 분석하였다.

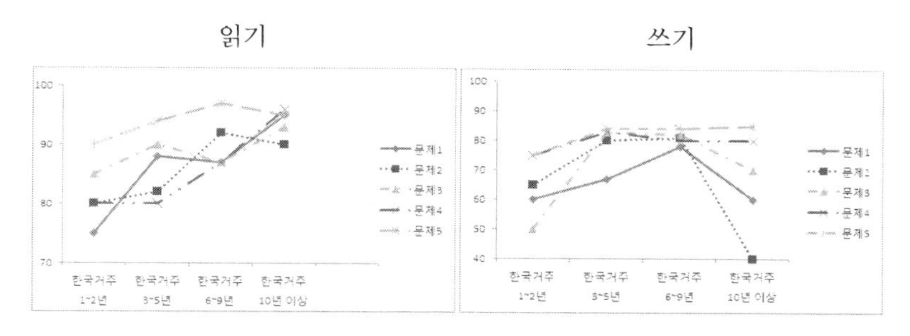

[그림 9] 거주 기간별 한국어 읽기와 쓰기 능력 조사

먼저 읽기 부분을 살펴보면. 분석을 통하여 한국 거주 1-2년이 된 사람이 각 문항의 점수가 가장 낮은 것으로 나타났다. 한국 거주 3-5년이 된 사람과 한국 거주 6-9년이 된 사람을 비교하면, 한국 거주 3-5년이 된 사람은 3개 문제 항목의 점수는 한국 거주 6-9년이 된 사람보다 낮으며 한국 거주 3-5년이 된 사람의 2개 문제 항목의 점수는 오히려 한국 거주 6-9년이 된 사람보다 높다. 한국 거주 6-9년이 된 사람과 한국 거주 10년 이상이 된 사람을 비교하면, 마찬가지로 3개 문제 항목의 점수는 낮고 2개 문제 항목의 점수는 높다. 그러나 한국 거주 1-2년이 된 사람을 한국 거주 10년 이상 된 사람과 비교하면, 한국 거주 10년 이상이 된 사람의 점수는 훨씬 높은 것으로 나타났다. 따라서 전체적인 추세를 보면 한국에서 오래 거주할수록 중국어 강사로서의 직업문식성의 한국어 읽기 능력이 높아진 것으로 볼 수 있다.

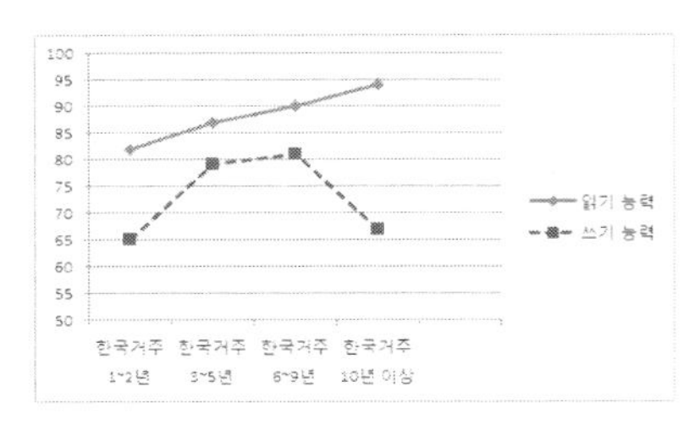

[그림 10] 거주 기간과 직업문식성의 관계

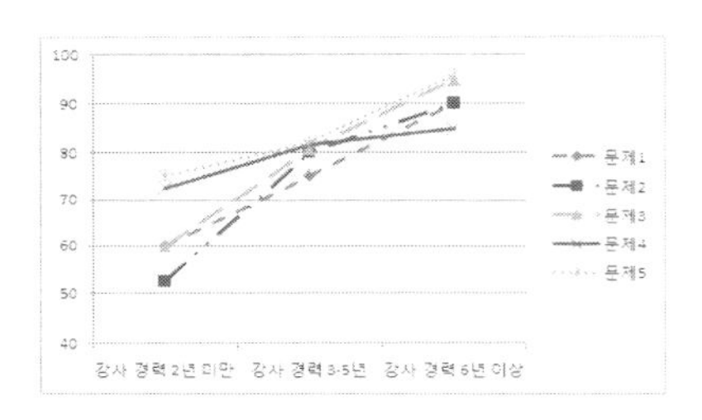

[그림 11] 강사 경력 기간과 쓰기 능력의 관계

다음으로 쓰기 부분을 살펴 보겠다. 한국 거주 1-2년이 된 사람과 한국 거주 3-5년이 된 사람을 비교하면, 모든 문제 항목에서 한국 거주 1-2년이 된 사람의 점수가 낮은 것으로 나타났다. 그러나 한국 거주 3-5년이 된 사람과 한국 거주 6-9년이 된 사람을 비교하면, 크게 차이가 나지 않았다. 심지어 한국 거주 6-9년이 된 사람을 한국 거주 10년 이상이 된 사람과 비교하면, 한국 거주 6-9년이 된 사람이 더 높은 점수로 나타났다. 따라서 중국어 강사로서의 직업문식성의 한국어 쓰기 능력은 한국 거주 기간과 크게 관련이 되지 않다고 추론할 수 있다.

한국 거주 10년이 된 사람의 직업문식성의 쓰기 부분이 점수가 낮은 원인을 분석해 보았는데 강사 경력 기간과 연관성이 있다고 짐작하였다. 오른 쪽의 차트를 보면 강사 경력 기간이 오래 될수록 직업문식성의 쓰기 능력이 높아진다.

2.2.2. 한국어 수준과 직업문식성의 관계

다음으로 한국어 수준과 중국어 강사로서의 직업문식성 능력의 연관성을 연구해보았다. 결혼이민자의 한국어 수준과 직업문식성의 관계를 연구하기 위해 먼저 결혼이민자의 한국어 수준에 따라 분석한다. 강사 경력이 있는 결혼이민자에서 초급 해당자는 없으므로 본 연구에서 중급은 3급과 4급으로, 고급은 5급과 6급으로 다시 분류하여 고찰해 본다.

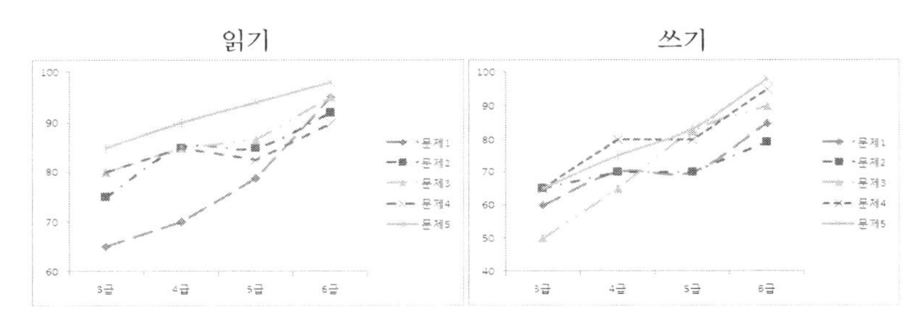

[그림 12] 한국어 수준별 읽기와 쓰기 능력 조사

분석을 통하여 6급 해당자의 중국어 강사로서의 직업문식성 능력은 3급에 해당자보다 훨씬 높은 것으로 나타난다. 한국어 수준과 중국어 강사로서의 직업문식성 능력은 대체로 정비례 관계이다. 하지만 4급 해당자는 오히려 5급 해당자보다 중국어 강사로서의 직업문식성이 높다. 그 원인에 대해 알아보았는데 4급 해당자의 전공은 중문이고 5급에 해당자의 전공은 한국문화이다. 따라서 4급 해당자의 중국어 전문지식은 5급에 해당자보다 훨씬 많

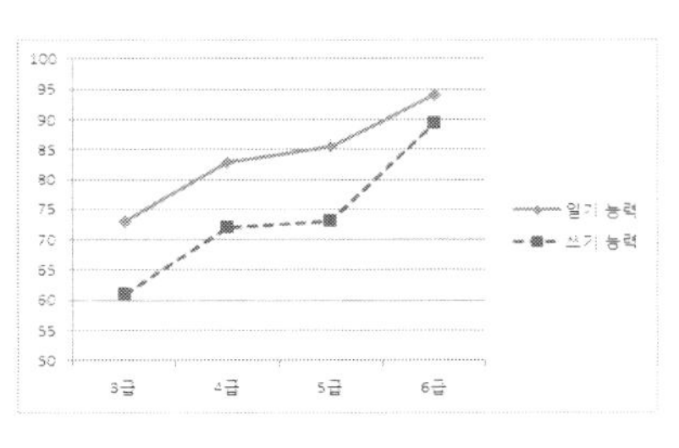

[그림 13] 한국어 수준과 직업문식성의 관계

다고 할 수 있다. 이는 또한 중국어 강사로서의 직업문식성은 한국 문화와 관련된 지식도 필요하지만 중국어 전문지식이 더욱 중요한 위치에 처해 있다고 볼 수 있다.

2.2.3. 학력과 직업문식성의 관계

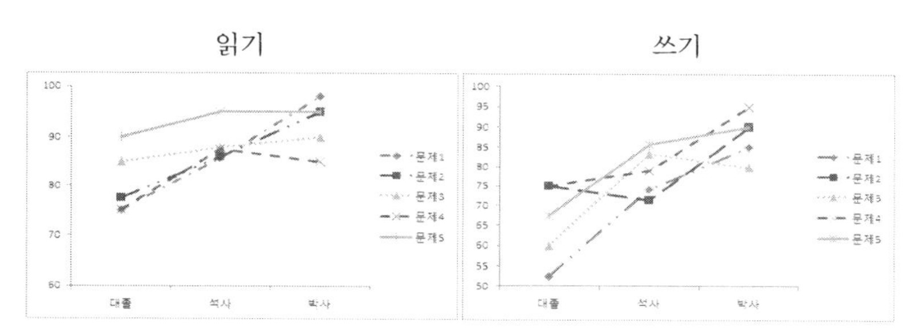

[그림 14] 학력별 읽기와 쓰기 능력 조사

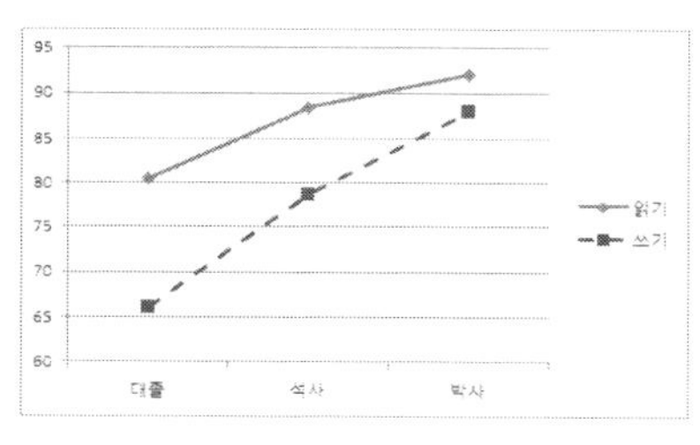

[그림 15] 학력과 직업문식성의 관계

강사 경력이 있는 결혼이민자의 학력에 따라 대졸, 석사, 박사로 분류하여 살펴보겠다. 읽기 부분을 분석해 보면 박사 학력 소지자는 대졸 학력 소지자보다 문식성의 점수가 훨씬 높은 것으로 나타났다. 다시 세부적으로 분석하면 석사 학력 소지자는 모든 문제 항목의 점수가 대졸 학력 소지자보다 높고 박사 학력 소지자는 3개 문제 항목의 점수가 석사 학력 소지자보다 높다. 따라서 직업문식성의 읽기 능력은 대체로 학력과 정비례 관계임을 알 수 있다.

쓰기 부분을 분석해 보면 대체로 석사 학력 소지자는 대졸 학력 소지자보다 문식성이 높고 박사 학력 소지자는 석사 학력 소지자보다 문식성이 높다. 그러나 개별 문제 항목에 따라 차이가 있다. 구체적으로 말하면 대졸 학력 소지자는 문제 2의 점수는 오히려 석사 학력 소지자보다 높다. 또한 석사 학력 소지자는 문제 3의 점수가 오히려 박사 학력 소지자보다 높다. 따라서 직업문식성의 쓰기 능력은 대체로 학력과 정비례 관계이다. 하지만 학력과 상관없이 개인에 따라 잘하는 문항이 있다.

지금까지 중국어 강사로서의 직업문식성과 관련 가능한 기타 요소를 분석하였는데 분석을 통해 한국 거주 기간, 한국어 수준, 학력과 전공 등이 중국어 강사로서의 직업문식성 능력과 어느 정도의 연관성이 있다. 구체적으로 말하자면 한국 거주 기간은 중국어 강사로서의 직업문식성의 읽기 능력과 대체로 정비례 관계이다. 이에 대해 심층적으로 분석하면 거주 기간이 읽기 능력과 연관성이 있는 것은 한국에서 오래 거주할수록 한글을 접할 수 있는 기회가 더 많아지기 때문에 중국어 강사로서의 직업문식성의 읽기 능력에 적극적인 영향을 미칠 수 있는 것이다. 한국어 수준과 중국어 강사로서의 직업문식성 능력은 대체로 정비례 관계이지만 4급 해당자는 오히려 5급 해당자보다 중국어 강사로서의 직업문식성이 높다. 왜냐하면 4급 해당자의 전공은 중문이다. 따라서 중국어 전문지식이 중국어 강사로서의 직업문식성 능력과 밀접한 관계가 있다. 또한 학력과 직업문식성은 대체로 정비례 관계이다. 이것은 고학력자의 학습 태도, 학습 능력 등으로 인하여 중국어 강사로서의 직업문식성에 적극적인 영향을 미칠 수 있음을 짐작하게 한다.

조사를 통하여 강사 경력이 있는 결혼이민자와 강사 경력이 없는 결혼이민자의 중국어 강사로서의 직업문식성 능력은 크게 차이가 난다. 강사 경력이 있는 결혼이민자의 직업문식성이 높은 원인을 직접적인 요인과 관련 가능한 기타 요소로 나누어 분석하였다. 직접적인 요인으로는 첫째, 중국어 전문지식을 알아야 한다. 둘째, 교재에 대해 잘 이해해야 한다. 셋째, 중국어 강사로서 업무 수행과 관련된 문서를 작성할 줄 알아야 한다. 그러므로 강사 경력이 없는 결혼이민자가 중국어 강사로서의 직업문식성을 신장하려면 이 세 가지 영역과 관련된 지식을 학습해야 한다. 결혼이민자의 읽기 능력을 조사하는 과정에서 특정한 어휘를 모르는 것이 글을 이해하는 데에 방해가 됨이 밝혀졌다. 또한 쓰기에서 마찬가지로 강사로서의 업무 수행 시 필요한 문서 작성과 관련된 어휘를 모르면 문서를 작성할 수 없게 된다. 따라서 중국인 결혼이민자가 중국어 강사로서의 직업문식성을 효율적으로 신장시키려면 우선 상술한 세 가지 영역과 관련된 어휘를 학습해야 한다.

중국어 강사로서의 직업문식성과 연관 가능성이 있는 기타 요소로는 거주 기간, 한국어 수준, 학력 등이 있다. 중국어 강사로서의 직업문식성의 읽기 능력은 대체로 한국 거주 기간과 정비례 관계이다. 그러나 중국어 강사로서의 직업문식성의 쓰기 능력은 한국 거주 기간과 연관성이 크지 않은 것으로 나타났다. 그리고 중국어 강사로서의 직업문식성은 한국어 수준, 학력과 대체로 정비례 관계이다. 또한 강사 경력이 없는 결혼이민자와 강사 경력이 있는 결혼이민자를 비교 하였을 때 가장 뚜렷한 차이는 한국어 수준과 학력이다. 분석을 통하여 중국어 강사로서의 직업문식성 능력이 낮은 요인으로는 한국어 수준이 중급에 미달하거나 대졸 학력을 소지하지 못함에 있다. 한국어 수준과 중국어 강사로서의 직업문식성의 관계에 대한 분석을 통하여 한국어 수준이 높을수록 직업문식성도 높아진다. 중국어 강사로서의 직업문식성 신장의 효율성을 고려하면 적어도 중급 이상의 한국어 수준을 갖춰야 한다. 학력과 중국어 강사로서의 직업문식성의 관계에 대한 분석을 통하여 모든 강사 경력이 있는 결혼이민자의 학력은 대졸 이상인 것을 알 수 있다. 대졸 학력은 강사가 되게 하는 최저의 학력이다. 따라서 본 연구의 학습 대상을 대졸 이상의 학력 소지자로 한정한다. 이를 정리하여 중국어 강사로서의 직업문식성을 신장하는 효율성과 유용성을 고려한 본 연구의 학습 대상을 한국어 수준 중급 이상에 해당하는, 대졸과 대졸 이상의 학력을 소지한 중국인 결혼이민자로 한정한다.

중국인 결혼이민자를 위한
직업문식성 관련 기본 어휘 선정과 학습 전략 연구

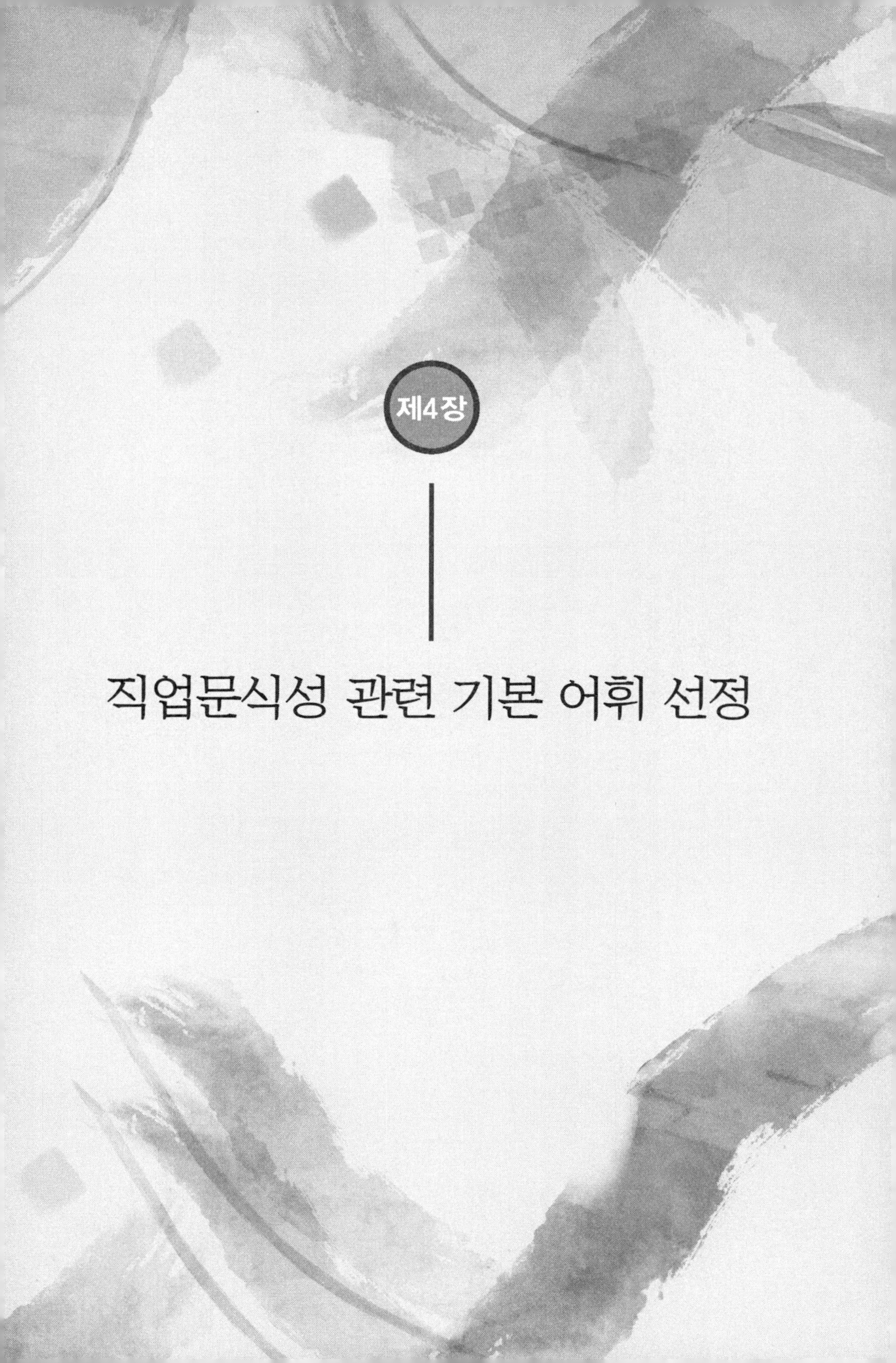

제4장

직업문식성 관련 기본 어휘 선정

01

어휘의 선정 기준

어휘의 선정 기준을 세우는 것은 아주 중요한 일이며, 선정 기준에 따라 결과가 다르게 나타날 수 있다. 본 연구에서는 여성결혼이민자들이 대부분 문식성이 약하다는 특성을 감안하여 그들의 중국어 강사 업무 수행에 도움이 될 것이라 판단되는 어휘를 선정하였다. 보다 합리적인 어휘 선정을 위해 선행 연구를 바탕으로 기준이 되는 자료를 수집・분석하고, 아울러 경험 많은 전문 강사들의 의견을 수렴하였으며 또한 직업문식성을 갖춘 직접적인 요인을 참조하였다. 민현식(2010), 신동광(2011)에서 언급하였듯이 외국어 교육자는 학습자의 모국어를 이해하는 능력 및 관련 지식을 가져야 하고, 강의하기 위해 전공 지식과 관련된 자료를 수집하며 교재에 대해 잘 이해해야 하고, 관련된 문서를 작성해야 한다. 이를 위해서는 각 영역에서 사용빈도가 높은 어휘력이 필요하므로 다음과 같이 4가지 어휘 선정의 기준을 세웠다.[12]

첫째, 사용빈도가 높은 어휘

둘째, 업무 수행의 문서 작성과 관련된 어휘

셋째, 교재를 이해하는 데에 필요한 어휘

넷째, 중국어 전문지식에 관련된 어휘

어휘 선정에 있어 다음과 같은 내용을 주의해야 한다. 첫째, 어휘를 선정할 때 같은 어근인 몇 단어가 있는 경우는 명사 위주로 선정할 것이다. 예를 들면 '실천', '실천하다'가 있는데 어휘를 선정할 때 명사 위주 '실천'만 선정하겠다. 왜냐하면 한국어에서 '명사어근+하다'라는 유형을 흔히 볼 수 있기 때문이다. '실천'을 알면 '실천하다'가 어떤 뜻인지 저절로 알 수 있을 것이라고 생각한다. 어휘의 양이 너무 많으면 학습자의 부담이 될 수 있으니 명사 위주로 어휘를 선정하는 것이 효율적인 방법이라고 할 수 있다. 둘째, 동음이의어는 별개의 단어로 선정한다. 한자어인 경우에는 의미 구분을 위해서 한자와 병기한다. 어휘 목록에서 동음이의어를 제시할 때 한자와 병기하면 학습자의 혼동을 피할 수 있다. 셋째, 효율적인 학습을 위해 한 덩어리처럼 자주 쓰이는 합성어는 하나의 어휘로 제시하겠다. 예를 들면 '결과보어'는 '결과'와 '보어'로 두 어휘를 쪼갤 수 있지만 중국어 문법을 설명할 경우에 늘 한 덩어리처럼 '결과보어'로 쓰인다. 이와 같이 어휘와 어휘의 결합은 하나의 합성 어휘로 선정하겠다. 다음에

12 외국어 교육자는 학습자와의 상호 이해할 수 있는 문화적인 배경 지식을 내포해야 하는데 본 연구에서 직업문식성에 초점을 맞추어 문화적인 배경을 제외하여 연구한다. 선정 기준에 대한 자세한 설명은 후술한다.

서 어휘의 선정기준을 구체적으로 설명하겠다.

(1) 사용빈도가 높은 어휘

신동광(2011)은 최근까지 만들어진 대부분의 어휘 목록을 빈도수가 높은 순으로 추출하여 어휘 목록을 제작하였다. 빈도수가 높다는 것은 그만큼 많이 쓰인다는 의미를 나타낸다. 즉 강사의 업무를 수행할 때에 가장 필요한 어휘이다.

본 연구에서 빈도수에 의한 어휘 선정은 두 가지 의미가 있다. 첫째, 전체 텍스트에서 사용빈도가 높은 어휘이다. 이것은 문서나 교재 등 영역에 상관없이 전체 텍스트에서 많이 쓰인 어휘를 의미한다. 전체 텍스트에서 빈도수가 높은 어휘를 선출하는 이유는 우선 중국어 강사로서의 직업문식성에 관한 어휘에서 가장 많이 사용한 어휘를 선출할 수 있기 때문이다. 이렇게 선출된 어휘는 영역에 상관없이 가장 필요한 것이다. 또한, 각 영역별로 어휘의 선출 양이 제한을 받지 않는다. 어휘 선정의 목적은 어휘의 개수를 맞추는 것이 아니라 각 영역에서 기본적으로 어휘를 얼마나 필요로 하는지를 아는 것이 중요하다. 둘째, 각 영역별에서 사용빈도순이 높은 어휘이다. 예를 들어 문서 텍스트에서 사용빈도순이 높은 어휘는 전체 텍스트에서 사용빈도순이 상대적으로 높지 않을 수도 있다. 이런 단점을 보완하기 위해 각 텍스트별로 한 번 더 빈도를 측정해야 한다.

(2) 업무 수행의 문서 작성과 관련된 어휘

여성결혼이민자들 대부분은 배우자와 가족들이 한국인이기 때문에 일상생활에서 그들과 한국어로 많은 대화를 하지만, 문자로 상호작용하는 문식성은 대부분 취약하다[13]. 그렇기에 중국어 강사로서의 업무를 수행할 때 곤란을 겪게 되는데, 특히 여러 서류를 작성해야 하는 데에 어려움을 많이 갖는다. 강사의 업무를 수행할 때 작성해야 할 서류는 주로 수업 지도안, 강의 계획서, 수업 진도표와 출석부, 학습평가서 등이 있다. 그래서 어휘를 선정할 때 문서 텍스트에서 자주 나타나는 고빈도의 높은 어휘를 선정할 필요가 있다.

---

13 결혼이민자의 회화 능력과 직업문식 능력에 대해 알아보기 위해 본 연구자는 2014년 4월 29일부터 6월 20일까지 수도권에 있는 56 명의 결혼이민자에게 인터뷰와 설문조사를 하였는데 먼저 인터뷰를 통하여 그들의 회화 능력에 대한 조사한 결과는 총 5가지 질문을 하였다. 유창하게 대답한 비율은 각각 76.8%, 66.1%, 55.4%, 33.9%, 12.5%이었다. 네 번째와 다섯 번째의 질문이 조금 어려웠기 때문에 비율이 낮은 것을 제외하면 결혼이민자의 회화 능력은 상급에 속한다. 네 번째와 다섯 번째 질문에 대해 대부분 결혼이민자가 유창하게 대답하지 못하였지만 간단하게 대답한 비율은 각각 44.7%와 66.1%이었다. 따라서 대부분의 결혼이민자는 회화능력이 비교적 높다고 할 수 있다. 이와 반면에 문식 능력이 훨씬 떨어졌다. 읽기 능력에 대한 조사에서 텍스트를 읽고 잘 이해한 사람의 비율은 각각 12.5%, 5.4%, 8.9%, 21.4%, 19.6%이었다. 텍스트의 내용을 대충 이해할 수 있는 사람의 비율은 각각 21.4%, 12.5%, 69.6%, 53.6%, 42.9%이었다. 이 수준에 해당한 결혼이민자는 비교적 많다. 텍스트의 내용에 대해 조금 이해할 수 있는 사람의 비율은 각각 42.9%, 50.0%, 12.5%, 5.4%, 21.4%이었다. 이 수준에 해당한 사람도 비교적 많다. 결과적으로 보면 결혼이민자의 읽기 능력이 대부분은 중간 수준 과 중간 수준 이상에 속한다. 그러나 쓰기 능력에 대한 조사 결과는 총 5가지 문제에서 텍스트를 읽고 답을 정확하게 작성한 사람의 비율은 각각 1.8%, 0%, 12.5%, 10.7%, 8.9%이었다. 문제를 이해하고 답을 간단하게 작성한 사람의 비율은 각각 3.6%, 21.4%, 7.1%, 19.6%, 14.3%이었다. 문제를 이해하였지만 답을 작성하지 못한 사람의 비율은 각각 71.4%, 44.7%, 14.3%, 44.7%이었다. 이 수준에 해당한 사람이 비교적 많다. 문제조차 이해하지 못한 사람의 비율은 각각 23.2%, 44.7%, 28.6%, 25.0%, 28.6%이었다. 이 수준에 해당한 사람도 비교적 많다. 따라서 대부분의 결혼이민자의 쓰기 수준이 낮다고 판단할 수 있다.

(3) 교재를 이해하는 데에 필요한 어휘

강사의 핵심적인 업무는 강의이며, 그 도구는 대부분 교재를 바탕으로 진행된다. 그러므로 강사가 교재를 충분히 이해하고 있어야 학생에게 내용을 제대로 전달할 수 있다. 한국에서 출판되는 중국어 교재에는 삽입되어 있는 한글 설명 텍스트가 꽤 많이 있기 때문에 이것을 강사가 잘 이해하지 못한다면 제대로 가르칠 수 없다. 교재를 이해하기 위해서는 기본적인 한국어를 잘 알아야 한다. 교재를 이해하는 데에 필요한 어휘는 우선 사용 빈도가 높은 어휘이어야 하며, 다음으로 문식성 신장에 필요한 어휘여야 한다. 교재에서 사용 빈도가 높은 어휘는 그만큼 교재에 이해하는 데에 도움이 되는 어휘이다. 본 연구에서는 주로 중국어 회화를 가르칠 때 필요한 교재를 텍스트로 선정하였기 때문에 일상용어는 교재에서 많이 노출되어 결혼이민자들이 일상생활에서 이미 습득함으로 다시 선정할 필요가 없다. 따라서 본서에서는 일상용어를 제외하고 선정할 것이다.

(4) 중국어 전문지식에 관한 어휘

강사는 가르치는 분야에서 전문가 되어야 하므로 중국어 강사가 되려면 무엇보다도 중국어에 관한 전문지식이 필요하다. 따라서 중국어 강사로서 중국어 전문지식과 관련된 어휘를 아는 것은 직업문식성 신장에 필수적인 조건이다. 특히 중국어 문법을 설명할 때 필요한 어휘를 알아야 한다. 중국어 전문지식에 관한 어휘를 선정할 때 전문가의 의견을 참고하여 빈도와 상관없이 필요성에 따라 선정할 것이다. 예를 들면 '결과보어'[14]는 5번의 낮은 사용 빈도이지만 강의 경력이 있는 강사의 의견에 따라 중국어 문법을 설명할 때 반드시 필요한 어휘이므로 전문지식에 관한 어휘로 선정하기로 한다.

---

14 본 연구에서 어휘를 선정할 때 '결과보어'와 같은 두 어휘의 합성어는 하나의 어휘처럼 쓰이므로 별개의 어휘로 선정하겠다.

02

어휘의 선정 방법

2.1. 1차 선정 방법

본 연구에서 어휘 선정은 두 차례로 진행하였다. 먼저 1차 선정 방법에 대해 설명하고자 한다. 김광해(2003)에 의하면 어휘 선정의 방법에는 객관적 방법, 주관적 방법, 절충적 방법 그리고 메타 계량 방법이 있다. 객관적 방법이란 어휘선정의 기준을 전적으로 통계 수치에 두는 것이다. 이것은 결국 어휘자료로 나타난 빈도를 조사함으로써 얻을 수 있는 것인데, 동일한 자료를 가지고 어휘소의 단위를 구분하는 방법과 분류 방법만 일치시키면 누가 조사하더라도 동일한 결과 나오게 되므로 객관적 방법이라 하는 것이다(김현희, 2002). 주관적 방법이란 어휘를 선정함에 있어서 선정자의 주관적 판단에 기초를 두는 것으로, 객관적 방법이 안고 있는 문제점을 해소할 수 있다는 장점이 있다(원영춘, 2013). 절충적 방법이란 객관적 방법과 주관적 방법을 종합한 것으로서 종합적 방법, 경험적 방법이라고도 하는데(최성용, 2000), 이는 객관적으로 선정된 어휘 자료를 가지고 주관적 판단에 의하여 수정하여 더 합리적으로 목적에 맞는 어휘를 선정하고자 하는 방법이다. 그리고 메타 계량 방법이란 기존 어휘 목록을 비교하면서 어휘 일부를 보충하여 선정하는 방법이다.

여러 선정 방법에서 객관성과 주관성을 서로 보완하는 절충법이 보다 합리적이라고 본다. 따라서 본 연구에서는 어휘를 선정할 때 절충적 방법을 사용한다. 먼저 빈도에 의해 일차적으로 어휘 선출한 다음에 전문가들의 의견을 수렴하여 보완할 것이다. 선정할 어휘의 영역별에 따라 약간의 차이가 있다. 예를 들면 교재 이해에 필요한 어휘를 선정할 때, 어휘의 사용 빈도를 가장 중요한 기준으로 삼고, 전문가의 의견은 어휘 선정의 보조 역할 정도로 삼았다. 그러나 전문어를 선정할 때는 전문가의 의견을 가장 중요한 기준으로 삼았는데, 이는 어휘 사용 빈도를 참고 자료로 삼았기 때문이다.

2.1.1. 빈도 측정 방법과 도구

Nation(1990)은 '사용 빈도'가 가장 중요한 기준임을 전제로 하고 있다(박철린, 2011:46 재인용). 그러므로 빈도를 측정하는 것은 매우 중요한 작업이다. 본문에서 빈도 측정을 두 차례 진행하였다. 먼저 영역에 상관없이 전체 텍스트에서 어휘의 빈도를 측정하고, 사용 빈도가 높은 어휘를 추출할 것이다. 하지만 이렇게 추출된 어휘들이 어느 한 영역으로 치우칠 수 있기 때문에 이런 단점을 보완하기 위해 각 영역마다 한 번 더 빈도를 측정할 것이다.

2.1.1.1. 빈도에 의한 어휘 선정 절차

본 연구에서는 모든 어휘 선정의 과정을 몇 차례에 걸쳐서 진행하였다. 어휘 선정의 가장 중요한 기준은 높은 빈도수이다. 모든 어휘를 선정할 때 일차적으로 빈도수를 참고하였다. 어휘 빈도수의 통계에 의한 어휘선정 과정을 제시하면 다음과 같다.

〈표 17〉 빈도에 의한 어휘 선정 절차

한마루직접검색기에 텍스트 입력
텍스트 입력
⇩
어절과 빈도 통계결과 출력
어절 통계
⇩
어절을 어휘 형태로 정리함
어휘 정리
⇩
정리된 어휘의 빈도수 통계하기
빈도수 통계
⇩
비교적 높은 빈도의 어휘 선출
어휘 선출

먼저, 한마루직접검색기에 텍스트를 입력하고 어절의 통계결과를 출력한다. 통계결과는 띄어쓰기 기준으로 어절을 측정하는데 각 어절의 빈도도 출력할 수 있다. 하지만 한마루직접검색기에서 출력한 어절의 종류는 정리되어 있지 않다. 이에 다음 단계는 어절 통계결과를 참조하여 여러 어절의 기본형인 어휘를 정리하는 것이다. 예를 들면 한마루직접검색기에 어절 통계 결과를 살펴보면 '못하거나',

'못하게', '못하고', '못하는', '못하다', '못하든', '못하면', '못하여', '못하지만', '못한', '못한다', '못한다는', '못할', '못할까봐', '못할수록', '못함', '못해', '못해서', '못했거나', '못했다', '못했어요'등 동사 '못하다'의 활용양상은 다양한 어절로 나타났다. 이를 정리하여 기본형인 '못하다'를 선정한다. 그리고 정리된 어휘의 빈도수는 어절 통계 결과에서 각 어절의 빈도를 참조하여 다시 계산한다. 예를 들면 상술한 '못하다'의 다양한 활용 어절의 각각의 빈도를 합쳐서 계산한 결과는 바로 '못하다'의 사용 빈도수이다. 이 과정에서 오류를 피하기 위해 다시 원본 텍스트에서 점검한다. 마지막으로 선정한 어휘의 빈도를 비교해 봄으로써 사용 빈도가 높은 어휘를 선정한다.

본 연구에서 어휘 선정을 위해 사용한 프로그램은 '한마루직접검색기[15]'와 'Microsoft Excel 2010'과 '한컴오피스 한글 2010'이다. 한마루 직접검색기를 사용하여 일차적으로 어절의 수량과 종류 및 그의 빈도수를 측정했다. 예를 들어 『한어구어 3』[16]에서 수록된 어절의 통계를 내려면 먼저 『한어구어 3』을 한글 파일로 만들어서 한마루 직접검색기에 입력한다. 이때, 어절 통계를 클릭하면 통계결과를 출력할 수 있다.

---

15 이 프로그램은 21세기 세종계획의 최종 결과물로 만들어진 용례검색기이다. 국립국어원 언어정보나눔터 https://ithub.korean.go.kr/user/main.do에서 다운받을 수 있다.

16 『한어구어 3』은 북경대학 대외한어교학중심의 일선 교사들이 집필하고, 북경대학 출판사에게 출간한 시리즈 교재의 하나이다.

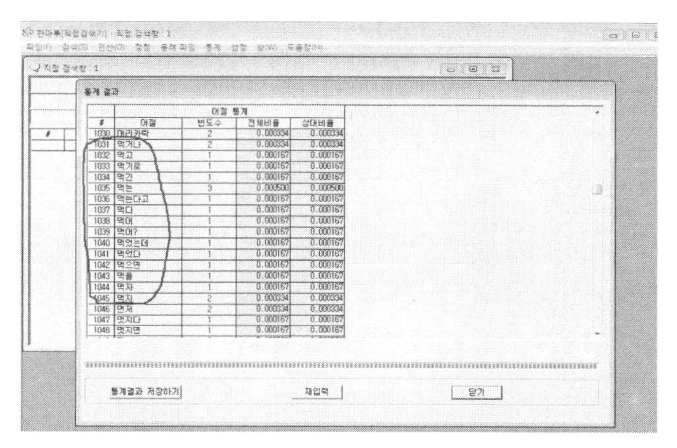

#	어절	빈도수	전체비율	상대비율
1030	머리카락	2	0.000334	0.000334
1031	먹거나	2	0.000334	0.000334
1032	먹고	1	0.000167	0.000167
1033	먹기로	1	0.000167	0.000167
1034	먹긴	1	0.000167	0.000167
1035	먹는	3	0.000500	0.000500
1036	먹는다고	1	0.000167	0.000167
1037	먹다	1	0.000167	0.000167
1038	먹어	1	0.000167	0.000167
1039	먹어?	1	0.000167	0.000167
1040	먹었는데	1	0.000167	0.000167
1041	먹었다	1	0.000167	0.000167
1042	먹으면	1	0.000167	0.000167
1043	먹을	1	0.000167	0.000167
1044	먹자	1	0.000167	0.000167
1045	먹지	2	0.000334	0.000334
1046	먼저	2	0.000334	0.000334
1047	멋지다	1	0.000167	0.000167
1048	멋지면	1	0.000167	0.000167

[그림 16] 『한어구어 3』에서 수록된 어절 통계 결과의 예

『한어구어 3』의 어절 통계 결과 중 전체 어절 종류는 1,408가지이다. 어절의 종류 가운데 '먹다'와 관련된 어절의 통계 결과(띄어쓰기 기준으로)를 보면 '먹거나, 먹고, 먹기로, 먹긴, 먹는, 먹는다고, 먹다, 먹어, 먹어?, 먹었는데, 먹었다, 먹으면, 먹을, 먹자'가 있다. 어절 순위는 1,031위에서 1,045위까지이다. 각 어절의 빈도수는 2번, 1번 3회, 3번, 1번 9회, 2번이다.

Microsoft Excel 2010을 이용하여 어절 통계결과를 저장하고 같은 어휘에서 변형된 형태인 여러 어절은 어휘 원형으로 정리한다. 예를 들면 '먹거나, 먹고, 먹기로, 먹긴, 먹는, 먹는다고, 먹다, 먹어, 먹어?, 먹었는데, 먹었다, 먹으면, 먹을, 먹자'의 원형은 모두 '먹다'이다. 그리고 각 어절의 원형으로 정리하여 어휘표를 만들고, 동시에 그 어휘의 빈도를 통계를 낸다. 예를 들면 '먹다'의 여러 형태인 어절의 빈도수를 합치고 계산하는 것이다.'먹다'의 『한어구어 3』에서 나타난

빈도수는 2+1×3+3+1×9+2=19 번이다. 즉, 『한어구어 3』에서 나타난 '먹다'의 사용빈도는 19번이다. 이를 제시하면 [그림 17]과 같다.

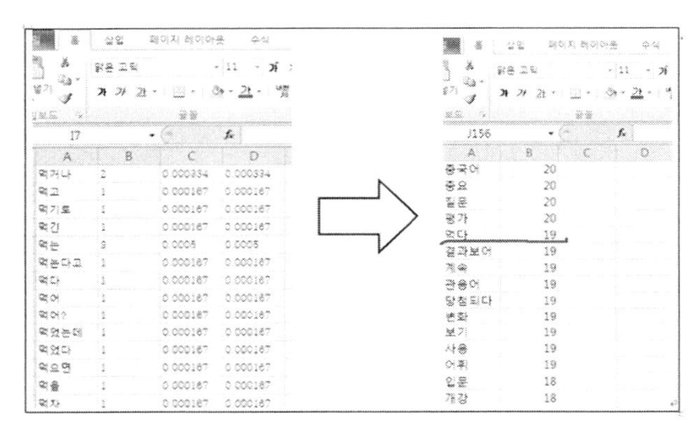

A	B	C	D
먹거나	2	0.000334	0.000334
먹고	1	0.000167	0.000167
먹기로	1	0.000167	0.000167
먹긴	1	0.000167	0.000167
먹는	3	0.0005	0.0005
먹는다고	1	0.000167	0.000167
먹다	1	0.000167	0.000167
먹어	1	0.000167	0.000167
먹어?	1	0.000167	0.000167
먹었는데	1	0.000167	0.000167
먹었다	1	0.000167	0.000167
먹으면	1	0.000167	0.000167
먹을	1	0.000167	0.000167
먹자	1	0.000167	0.000167

A	B
중국어	20
중요	20
질문	20
평가	20
먹다	19
결과보어	19
계속	19
관용어	19
당첨되다	19
변화	19
보기	19
사용	19
어휘	19
입문	18
개강	18

[그림 17] 어절의 어휘 원형으로 정리와 어휘 빈도 통계

한컴오피스 한글 2010을 통해서는 어절 양상을 확인하여 어휘 빈도를 점검하였다. 예를 들면 '먹다'의 빈도수를 빠짐없이 정확하게 통계하기 위해서 다시 한컴오피스 한글 2010로 만들어진 텍스트 원본에서 점검하였다. 한컴오피스 한글 2010 파일에서 '먹-'을 검색해 보았다.

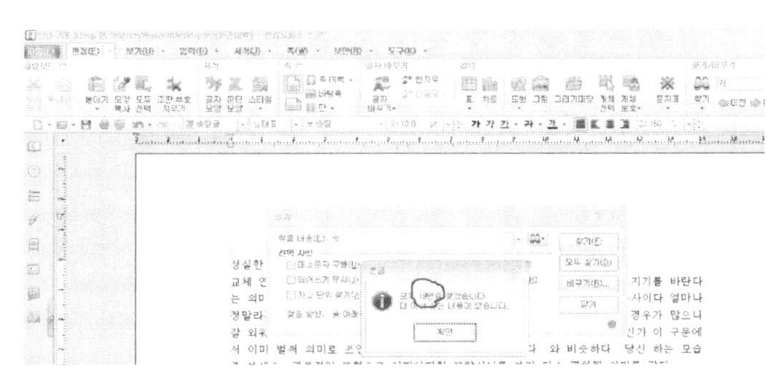

[그림 18] '먹-' 한글 파일에서의 출현 횟수 검색의 예

한글에서 검색한 결과도 19번이다. 그러면 '먹다'의 『한어구어 3』에서의 빈도수는 19번이 맞다. 만약 두 가지 방법으로 검색한 결과가 다르면 텍스트 원본에서 구체적으로 어떤 형태로 나타났는지 다시 조사할 수 있다. 그 단어가 굴절된 것인지 아닌지를 확인하고 통계결과를 점검할 수 있다.

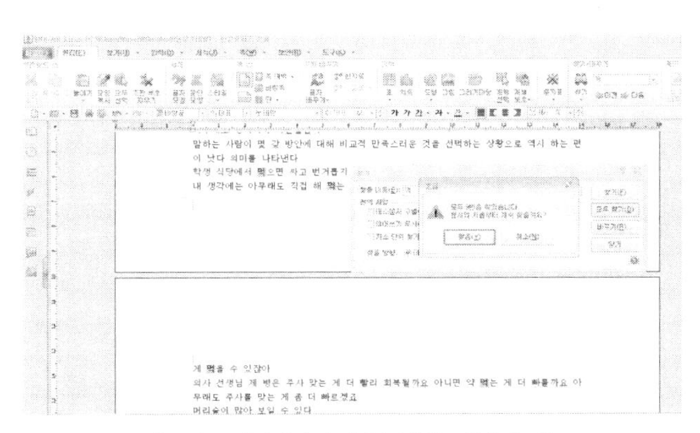

[그림 19] '먹-'의 출현 양상 검색의 예

'먹-'의 출현 양상을 확인하면 '먹다'의 『한어구어 3』에서 빈도수는 19번이고 위와 일치한다. 이와 같이 본 연구에서는 빈도를 통계낼 때 주로 3가지 프로그램을 사용하였다.

2.1.2. 전문가들의 의견 수렴

본 연구에서 빈도를 측정하는 방법 이외에 전문가의 의견도 중요한 선정 방법으로 삼았다. 기계를 통하여 빈도를 측정하는 방법이 객관적이지만 전문가처럼 지혜롭지 않다. 객관적 방법의 단점을 보완하기 위해 전문가의 경험적 전문적 의견을 참고해야 한다. 여기서 말하는 전문가는 두 가지 의미가 있다. 첫째, 중국어교육 분야에서의 전문가이다. 둘째, 한국어교육 분야에서의 전문가이다. 이것은 본 연구의 특수성을 충분히 고려하여 택하는 적합한 방법이다. 어휘를 선정할 때 먼저 중국어교육 분야에서의 전문가의 의견을 들어보고 1차적으로 어휘를 선정한 다음에 한국어교육 분야에서의 전문가는 이 어휘 목록이 적절한지 재검토하였다.

본 연구에서 어휘를 선정하기 위해 한국어에 능숙한 2년 이상의 중국어 강의 경력자 5명이 모였고, 어휘 목록을 어떻게 선정하는지에 대하여 의견을 나누고 어휘의 빈도를 참고하여 1차적으로 어휘 목록을 정하였다. 이의가 생길 때에는 최소한 3명의 동의를 받아야 어휘를 선정할 수 있도록 했다.

다음으로 중국어 강사의 인적 상황을 제시하면 〈표 18〉과 같다.

〈표 18〉 중국어 강사 인적 상황

나이	국적	강사 경력	체류 기간
30	중국	2년	5년
32	중국	2년	2년
35	중국	7년	10년
33	중국	4년	5년
30	중국	4년	5년

5명의 중국어 강사는 모두 중국 국적이며 나이는 30대이다. 강사 경력이 2년 이상이고 한국에서 체류 기간은 2년 이상이다. 그 중 한 명은 한국에서 체류한 지 이미 10년이 되었다. 5명의 중국어 강사는 중국어 실력은 물론이고 한국어 실력도 좋은 편이다. 그러나 5명의 중국어 강사는 아무리 한국어를 잘해도 한국어교육 분야에서의 전문가라고 할 수는 없다. 그래서 2차적으로 3명의 국어교육을 전공한 한국어교육 강사들에게 의뢰하여 중국어 강사들이 선정한 어휘 목록을 재검토하였다. 3명의 한국어교육 강사는 모두 한국인이며 나이는 30대 중후반에서 40대 초반까지이고, 한국어 강의 경력은 2년 이상이다.

〈표 19〉 한국어 강사 인적 상황

나이	국적	전공	강사 경력
41	한국	국어교육	5년
38	한국	국어교육	4년
35	한국	국어교육	2년

2.2. 2차 선정 방법

본 연구에서는 1차적으로 어휘를 선정한 다음에 기존 연구의 어휘 목록을 참고하여 초급 단계에서 사용하는 기초 어휘를 제외한다. 직업문식성을 중심으로 다루는 입장에서, 본 연구의 학습 대상은 중급 한국어 해당자에 한하였기 때문이다. 본 연구에서 참고하는 기존 연구의 어휘 목록은 주로 강현화 외(2012)의 연구보고서와 박성심(2009)의 연구 목록이다. 강현화(2012)에서는 모든 한국어 학습자를 적응할 수 있는 기초 어휘 목록을 제시하였으며 박성심(2009)에서는 결혼이민자를 대상으로 하여 어휘 목록을 연구하였다. 2차 선정에서 1차적으로 선정한 어휘 목록은 강현화와 박성심의 어휘 목록을 참조하여 기초 어휘를 제외하는 작업을 할 것이다.

03

직업문식성 관련 어휘 선정의 실제

3.1. 직업문식성 관련 어휘 선정 텍스트

본 연구를 위해 실제 교육현장에서 자료를 수집하였으며, 수도권의 5개 외국어학원을 조사대상으로 삼아 중국어 전문 강사를 선별하여 그들의 의견을 취합하였다. 중국어 강사로서의 역할을 수행하기 위해서는 읽어야 할 텍스트로서 주로 사용되고 있는 한국어 교재 11권, 그리고 중국어 문법에 관한 책 3권[17]을 선정하였다. 또한 쓰기 텍스트로서 업무 관련 문서인 수업 지도안, 강의 계획서, 수업 진도표와 출석부, 학습평가서 등 총 100부를 수집했다. 이를 바탕으로 일차적으로 선정된 텍스트는 〈표 20〉과 같다.

---

17 중국어 문법에 관한 책을 3권만 선정한 이유는 대부분 강사들이 모국어인 중국어로 되어 있는 문법서를 읽는 것이 더 효율적이기 때문이다. 따라서 한국어로 되어 있는 문법서는 많이 추가할 필요가 없다.

〈표 20〉 어휘 텍스트 분류

<table>
<tr><th colspan="5">종류</th><th>수량</th><th>합계</th></tr>
<tr><td rowspan="18">텍스트</td><td rowspan="14">읽기</td><td rowspan="11">교재</td><td rowspan="4">초급</td><td>한어구어 1</td><td>1권</td><td rowspan="11">11권</td></tr>
<tr><td>한어구어 2</td><td>1권</td></tr>
<tr><td>신공략 중국어[18] 기초편</td><td>1권</td></tr>
<tr><td>신공략 중국어 초급편</td><td>1권</td></tr>
<tr><td rowspan="3">중급</td><td>한어구어 3</td><td>1권</td></tr>
<tr><td>한어구어 4</td><td>1권</td></tr>
<tr><td>신공략 중국어 실력향상편</td><td>1권</td></tr>
<tr><td rowspan="4">고급</td><td>한어구어 5</td><td>1권</td></tr>
<tr><td>한어구어 6</td><td>1권</td></tr>
<tr><td>신공략 중국어 프리토킹편</td><td>1권</td></tr>
<tr><td>신공략 중국어 완성편</td><td>1권</td></tr>
<tr><td colspan="2" rowspan="3">중국어 문법 책</td><td>기초 중국어 문법</td><td>1권</td><td rowspan="3">3권</td></tr>
<tr><td>회화가 강해지는 중국어 문법</td><td>1권</td></tr>
<tr><td>표준 중국어 문법</td><td>1권</td></tr>
<tr><td rowspan="4">쓰기</td><td colspan="2" rowspan="4">문서</td><td>수업 지도안</td><td>50부</td><td rowspan="4">100부</td></tr>
<tr><td>강의 계획서</td><td>17부</td></tr>
<tr><td>수업 진도표와 출석부</td><td>11부</td></tr>
<tr><td>학생 평가서</td><td>22부</td></tr>
</table>

18 『신공략 중국어』는 외국인에 대한 중국어 교수법을 다년간 연구해 온 교수진에 의해 공동 집필된 북경어언대학의 시리즈 교재이다.

3.2. 직업문식성 관련 어휘 선정 과정

3.2.1. 1차 어휘 선정

3.2.1.1. 사용 빈도가 높은 어휘

본 연구의 초점은 중국어강사로서 업무를 수행할 때에 필요한 글말인데, 한국어를 선정할 때 몇 가지 기준이 필요하다. 우선 어휘 통계 프로그램을 통해서 사용 빈도가 높은 어휘를 선별하였다. 또한 중국어 강사 5명에게 자문하였고, 전문지식이 있는 한국인 3명의 의견을 수렴하여 빈도가 높지만 생활 속에서 많이 접할 수 있는 어휘는 제외하고, 빈도는 상대적으로 낮으나 강사 업무 수행 시 필요하다고 판단되는 어휘는 보충하였다.

빈도가 높은 어휘의 선정 과정은 다음과 같다. 먼저, 모든 텍스트를 모아서 한글 파일을 만들어 한마루직접검색기에 입력하여 어절 통계 결과에 따라 총 620,342개의 어절을 추출하였다. 어절의 종류는 14,230가지로 정리되었다. 어절의 종류는 1만 건 이상으로 출력이 불가능하기 때문에 검색결과를 한컴오피스에서 저장하여 Excel 파일로 정리하였다.

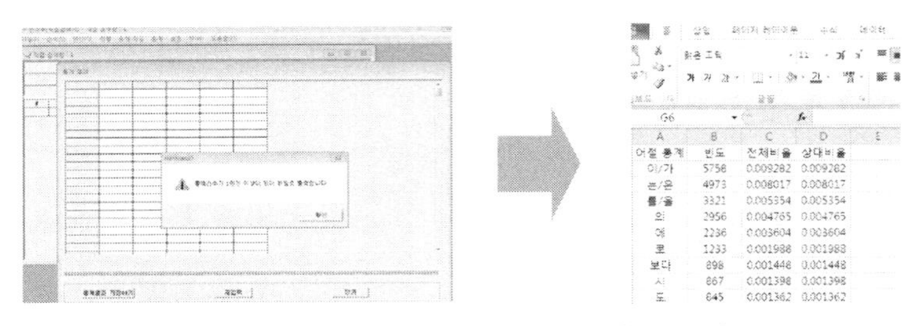

A	B	C	D
어절 통계	빈도	전체비율	상대비율
이/가	5758	0.009282	0.009282
는/은	4973	0.008017	0.008017
를/을	3321	0.005354	0.005354
의	2956	0.004765	0.004765
에	2236	0.003604	0.003604
로	1233	0.001988	0.001988
보다	898	0.001448	0.001448
시	867	0.001398	0.001398
도	845	0.001362	0.001362

[그림 20] 어절 출력 도표 [그림 21] 어절 통계 파일

그런데 이런 방법의 어절 통계결과에는 한계점이 있다. 띄어쓰기 기준으로 어절을 통계내기 때문에 실제 어휘와의 개념 차이가 있다. 예를 들면, '했다, 해요, 하다' 등이 모두 별개의 어절로 처리되었는데 이를 정리하여 기본형인 '하다'로 선정한다. '하다'의 빈도는 각 어절인 '했다, 해요, 하다' 등의 빈도를 모두 합쳐서 계산한다. 이런 방법으로 최종적으로 선출한 어휘는 5,217개이고 각 어휘의 빈도를 통계한 다음에 빈도표를 만들었다.

	A	B	C
1	어절 통계	빈도	
2	이/가	5758	
3	는/은	4973	
4	를/을	3321	
5	의	2956	
6	에	2236	
7	로	1233	
8	보다	898	
9	시	867	
10	도	845	

	A	B	C	D
5211	격분	1		
5212	기괴	1		
5213	조육	1		
5214	죄목	1		
5215	진열	1		
5216	차바퀴	1		
5217	한턱	1		
5218	후손	1		
5219				
5220				

[그림 22] 어휘 정리와 빈도 통계

오류를 줄이기 위해서 빈도표를 참고하여 한글로 만들어진 텍스트 전체에서 다시 여러 어절을 찾아보고 어휘 원형의 활용과 곡용 등 다른 형태인지 아닌지를 몇 차례 반복 확인하였다. 결과적으로 어휘의 빈도 분포 상황을 제시하면 〈표 21〉과 같다.

〈표 21〉 전체 어휘 빈도 분포

빈도수	500~5758	100~499	50~99	20~49	10~19	1~9
수량	26	230	572	484	821	3084
전체 비율	0.004983	0.044078	0.109620	0.092755	0.156441	0.591223

모든 텍스트에서 5,217개의 어휘를 추출하였는데, 최고 빈도는 5,758번이다. 사용 빈도가 50번 이상 나타난 어휘는 828개이다. 또한 과반 이상의 어휘는 그 빈도가 10번을 넘지 않았다. 본 연구의 목적은 직업문식성의 신장에 있으므로 일상용어를 제외하였다. 이에 빈도수는 높지만 일상에서 흔히 접할 수 있는 용어를 제외하고 1,147개의 어휘를 추출하였다. 그 중 빈도수가 15번 이상인 어휘를 최종적으로 발췌하여 235개의 빈도 높은 어휘를 선정하였다. 선정된 235개의 사용빈도가 높은 어휘를 다시 영역별로 분류하였다. 그 중 중국어 전문 용어는 32개, 문서와 관련된 어휘는 99개, 교재 이해에 필요한 어휘는 104개로 분류하였다. 문화 어휘와 문서 관련 어휘를 다시 세부적으로 분류하면 한국문화와 관련된 어휘는 12개, 중국문화와 관련된 어휘는 14개, 강의 계획서와 관련된 어휘는 21개, 수업 진도표와 출석부와 관련된 어휘는 24개, 수업 지도안과

관련된 어휘는 41개[19], 학생 평가서와 관련된 어휘는 25개로 분류하였다.

3.2.1.2. 업무 수행의 문서 작성과 관련된 어휘

강사는 개강하기 전에 강의 계획서를 먼저 작성해야 한다. 그리고 수업을 진행하는 과정에서 강의진도표를 작성하고, 강의 종료 때에 강의평가서를 작성해야 한다. 또한 매 수업마다 미리 수업 지도안을 작성해야 한다. 이런 문서를 작성하는 것은 강사의 업무를 제대로 수행하기 위해 필요한 사항이다.

① 강의 계획서와 관련된 어휘

강의 계획서와 관련된 어휘를 선정할 때 먼저 전체 텍스트에서 일차적으로 선출된 빈도 높은 21개의 강의 계획서와 관련된 어휘를 두었다. 그리고 수집한 강의 계획서 17부를 한글 파일로 만든 다음에 한마루직접검색기를 이용하여 어절과 빈도를 검색하고 통계결과를 출력하였다. 이번 통계결과와 전체 텍스트에서 선출된 어휘를 종합하여 어휘 빈도표를 작성하였다.

19 각 문서와 관련된 어휘를 선정할 때 종류별로 중복된 어휘가 있다.

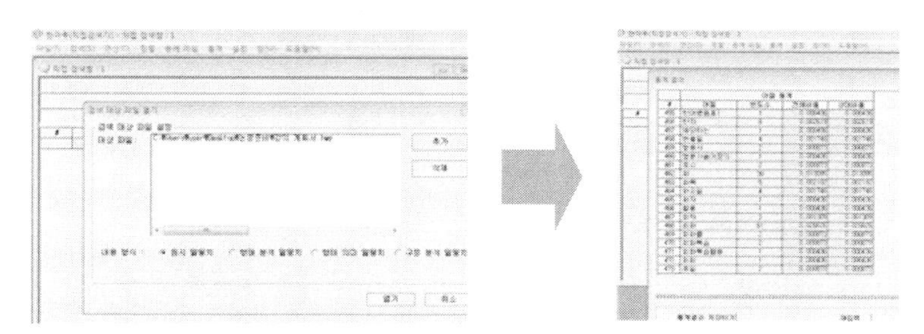

[그림 23] 강의 계획서 어절 통계 과정

강의 계획서를 한마루직접검색기에 입력하여 총 473 종류의 어절을 추출하였다. 그리고 기존 어절 통계결과를 참조·종합하여 총 216개의 어휘를 선정한 다음, 그 중 일부 일상어와 중국어 전문 용어를 제외하고 총 120개의 어휘를 일차적으로 추출하였다. 그리고 전문가의 의견에 따라 빈도가 높지만 강의 계획서를 작성할 때 일반화되지 못한 '노래', '그림' 등의 어휘는 제외하여 최종적으로 42개의 어휘를 선정하였다.

〈표 22〉 강의 계획서 관련 어휘(42)

어휘	빈도	어휘	빈도	어휘	빈도	어휘	빈도
강의	13	당월	7	속성반	5	중급	12
개강	8	매월	10	시험	19	지도	76
계획서	15	목표	11	업무	8	초급	15
과목	40	문법	25	요일	109	추가	26
과정	31	문서	6	월	270	테스트	11
교육	21	반	122	일	366	특강	11
구성	25	발표	26	입문	12	표현	680
기말고사	5	방식	8	작성	10	학습	136

년	53	서면	13	제출	14	회화	184
휴강	6	설명	35	준비	49	중간고사	11
단원	7	설정	12				

② 수업 진도표 및 출석부와 관련된 어휘

수업 진도표와 출석부를 작성할 때 자주 쓰는 어휘를 선정하기 위해 우선 전체 텍스트에서 일차적으로 선출된 빈도 높은 22개 수업 진도표 및 출석부와 관련된 어휘를 두었다. 그리고 수집한 수업 진도표와 출석부 11부를 한글 파일로 만들었고, 그 다음에 한마루직접 검색기를 이용하여 어절을 검색하고 빈도수를 측정하였다. 총 461 종류의 어절이 추출되었고, 이번 통계결과와 기존 통계된 결과를 종합하여 어휘 목록을 작성하였다[20]. 그 중 일부 일상어와 중국어 전문용어를 제외하고 총 44개의 어휘를 추출하였는데 〈표 23〉과 같다.

〈표 23〉 수업 진도표와 출석부 관련 어휘(32)

어휘	빈도	어휘	빈도	어휘	빈도	어휘	빈도
과정	31	년	53	요일	109	진도	36
출석	11	맞추다	44	월	270	출석	11
단어	351	명단	13	일	366	표시	88
복습	79	부	47	제출	14	확률	9
결석	5	사항	29	종료	18	휴일	5
과	123	성명	56	주	33	부분	18
과목	40	어휘	29	까지	651	부터	458
내용	145	연습	230	지각	5	시작	595

20 전체 텍스트에서 선정된 빈도가 높은 어휘는 개별 텍스트에서 모두 노출되었다. 하지만 빈도수는 줄어든다.

③ 학생 평가서와 관련된 어휘

학생 평가서를 작성할 때 자주 쓰는 어휘를 선정하기 위해 우선 수집한 학생 평가서 22부를 한글 파일로 만들었고, 그 다음에 한마루직접검색기를 이용하여 어절을 검색하고 빈도수를 측정하였다. 총 504 종류의 어절이 추출되었고, 이번 통계결과와 기존 통계된 결과를 종합하여 어휘 빈도표를 작성하였다. 그 중 일부 일상어와 중국어 전문 용어를 제외하고 또한 전문가의 의견을 수렴하여 총 48개의 어휘를 추출하였는데 다음과 같다.

〈표 24〉 학생 평가서와 관련된 어휘

어휘	빈도	어휘	빈도	어휘	빈도	어휘	빈도
객관적	14	미흡	11	양호	15	주관적	13
고급	8	보통	53	열심히	29	참석	6
적당하다	12	성격	14	우수	20	창의적	5
기초	17	소극적	5	이해력	6	충분	21
년	53	수강	35	일반적	112	평가	36
노력	31	수준	19	자체	7	학생	159
높다	99	실력	25	적극적	6	학점	13
능력	64	약간	30	전반적	5	합격	14
당월	7	약하다	12	전체	32	회화	184
마치다	9	엄격하다	11	정도	154	부족하다	11
여전히	46	재주	10	여유롭다	8	필요하다	9
똑똑하다	13	만족	23	희망	25	다양하다	58

전문가의 의견에 따라 학생 평가서와 관련된 어휘를 선정할 때 학생에 대한 평가하는 데에 필요한 어휘를 중심으로 선정하였다. 학생에 대한 평가하는 것은 학생의 학습 태도뿐만 아니라 학생의 성격,

장단점, 학생에 대한 기대 등을 모두 포함되었다.

④ 수업 지도안 작성에 자주 쓰는 어휘

수업 지도안과 관련된 어휘를 추출하기 위해 수집한 수업 지도안 50부를 한글파일로 만든 다음 한마루직접검색기를 이용해 어절을 검색하고 빈도를 측정하였다. 그 결과 추출된 어절의 종류는 총 2637가지이며, 이를 542개의 어휘로 정리하여 기존 선정된 어휘와 종합하여 빈도표를 작성하였다. 여기에서 다시 일부 일상어와 중국어 전문 용어를 제외하여 총 368개의 어휘를 선정하였다. 전문가의 의견을 반영하여 빈도는 높지만 수업지도와는 밀접한 관계가 없는 어휘들을 다시 제외하여 최종적으로 98개의 어휘를 선정하였다. 이에 일부만 제시하면 다음과 같다.

〈표 25〉 수업 지도안 관련 어휘(일부)

어휘	빈도	어휘	빈도	어휘	빈도	어휘	빈도
가르치다	28	쓰기	307	도입	39	발표	25
과	123	기타	23	매체	7	방식	23
과정	31	나타내다	364	목표	48	번	166
과제	12	내용	145	문법	25	복습	73
관련	58	카드	13	문제	134	본문	252
교사	85	단계	41	반	122	부교재	10
교육	137	단어	479	발음	171	부분	92
흥미	20	대하다	198	사항	29	사용	383

3.3.1.3. 교재를 이해하는 데에 필요한 어휘

교재를 이해하는 데에 필요한 어휘를 선정하기 위해서 먼저 수집한 11권의 교재를 한글 텍스트로 만들어 한마루직접검색기에 입력하여 어절의 종류를 추출한 결과 총 52,750개의 어절이 나타났으나 이를 다시 앞에서 선별한 동일한 방법으로 정리한 결과 총 1736개의 어휘목록을 만들었다. 이와 기존에 선정된 빈도가 높은 어휘를 합쳐서 빈도표를 만들었다. 여러 전문가의 의견을 반영하여 정리된 어휘표에서 다시 일상어와 중국어 전문 용어를 제외하고 빈도순 5번 이상의 어휘 221개를 선정하였다. 그 중 일부를 제시하면 다음과 같다.

〈표 26〉 교재 이해 어휘(일부)

어휘	빈도	어휘	빈도	어휘	빈도	어휘	빈도
각각	33	문장	49	알맞다	45	차례	15
교체	60	발표	31	어조	20	차이	15
나타내다	364	방점	52	역할극	21	통하다	26
낱말	58	번째	17	완성하다	38	반대말	7
단음절	29	본문	32	용법	47	표현	51
대화	67	비교적	16	유의하다	47	해석하다	11
동작	18	빈칸	13	익히다	13	핵심	63
만들다	55	상식	23	중첩	18	형식	25
맞추다	44	상황	56	찍히다	49	회화	184

교재 이해에 필요한 어휘는 구체적으로 교재에서 노출된 한글로 쓰이는 문법 설명과 연습 문제의 항목 설명, 그리고 본문의 해석 등 텍스트에서 사용 빈도가 높은 어휘를 가리킨다.

3.3.1.4. 중국어 지식과 관련된 전문 용어

중국어 강사의 중요한 업무는 중국어 전문지식을 교육하는 것이다. 중국어 지식과 관련된 전문 용어를 선정할 때 먼저 전체 텍스트에서 32개의 빈도가 높은 어휘를 추출하였다. 그리고 중국어 문법책과 교재에 노출된 한국어를 한글 파일로 만들어 어휘의 빈도를 측정하고 빈도가 5번 이상인 어휘를 선출하였다. 전문가의 의견에 따라 빈도와 상관없이 중국어 전문지식은 중국어 강사로서 반드시 갖춰야 할 소양인데, 이에 여러 전문가의 의견을 반영하여 어휘의 빈도를 보조적 참고 기준으로 삼아 최종적으로 중국어 전문 용어 93개를 선정하였고 그 일부는 다음과 같다.

〈표 27〉 중국어 지식과 관련된 전문 용어 (일부)

가능보어	과거형	동사	반어문	성	어기조사
간체자	관용어	동사구	방향사	성모	어법
감탄사	관형어	동태조사	병음	성분	어순
강세	구문	명령문	보어	성조	어조
개사	구어체	명사	복문	수량사	어투
개사구	구절	명사구	복운모	수사	완곡어
격음부호	구조조사	모음	부사	술어	운모
결과보어	권설음	목적어	부사어	시간부사	음성기호
겸양어	긍정문	문구	부정문	시량보어	음운
겸어문	단운모	문장	부정부사	양사	음절
경성	단음절	문형	비교문	어감	의문문
고정구문	대명사	반삼성	비운모	어기	의문사

3.2.2. 2차 어휘 선정

본 연구의 초점은 직업문식성 관련 어휘를 선정하는 데에 두었기 때문에 2차 선정을 통해서 직업문식성과 연관성이 긴밀하지 않은 기초 어휘를 제외하였다. 본 연구에서 참고하는 기존의 어휘 목록은 주로 강현화(2012)와 박성심(2009)의 연구 목록이다. 강현화(2012)에서는 모든 한국어 학습자를 적응할 수 있는 기초 어휘 목록을 제시하였으며 박성심(2009)에서는 결혼이민자를 대상으로 하여 등급별 어휘 목록을 연구하였다. 본 연구에서 1차적으로 선정한 어휘 목록은 강현화(2012)와 박성심(2009)의 기초 어휘 목록을 참조하여 초급에 해당하는 어휘를 제외하였다. 다음에서 영역별로 기초 어휘를 제외한 어휘 목록을 제시할 것이다.

3.2.2.1. 업무 수행의 문서 작성과 관련된 어휘

① 강의 계획서와 관련된 어휘

본 연구에서 1차적으로 42개의 강의 계획서와 관련된 어휘를 선정하였다. 강현화(2012)의 기초 어휘 목록과 박성심(2009)의 초급 어휘 목록을 참조하여 '시험, 교육, 년, 월, 일' 등 기초 어휘를 제외하였다. 최종적으로 37개의 강의 계획서와 관련된 어휘를 선정하였다.

〈표 28〉 강의 계획서와 관련된 어휘

강사	과정(課程)	담당	서면	중간고사	특강
강의	교수06-1	목표	설정	중급반	표현
개강	교재	문법	세부	지도(指導)	학습
계획서	구성	문서	속성반(速成班)	초급반	학습자
고급반	기말고사	발표	자료	추가	회화
과목	단원	방식	준비물	테스트	횟수
휴강					

② **수업 진도표 및 출석부와 관련된 어휘**

본 연구에서 1차적으로 44개의 강의 계획서와 관련된 어휘를 선정하였다. 강현화(2012)의 기초 어휘 목록과 박성심(2009)의 초급 어휘 목록을 참조하여 '주, 단어, 년, 월, 일, 연습, 시작' 등 12개 기초 어휘를 제외하였다. 최종적으로 32개의 수업 진도표와 출석부와 관련된 어휘를 선정하였다.

〈표 29〉 수업 진도표 및 출석부와 관련된 어휘

강사	교재	명단	의견	체크	과정(課程)
개강	기말고사	부15	제출	출석	맞추다
결석	기타	비고(備考)	종료	출석률	수강생
과(課)	담당	사항	중간고사	출석부	진도표
과목	당월	성명	진도	특이	페이지
표시	휴일				

③ 학생 평가서와 관련된 어휘

본 연구에서 1차적으로 48개의 강의 계획서와 관련된 어휘를 선정하였다. 강현화(2012)의 기초 어휘 목록과 박성심(2009)의 초급 어휘 목록을 참조하여 '년, 노력, 능력, 열심히, 보통, 전체, 정도, 학생, 부족하다' 등 10개 기초 어휘를 제외하였다. 최종적으로 38개의 학생 평가서와 관련된 어휘를 선정하였다.

〈표 30〉 학생 평가서와 관련된 어휘

객관적	미흡	양호	자연스럽다	창의적	일수
결석	발음	어휘력	자체	청취(聽取)	실력
기초	사항	억양	적극적	추가	합격
다소	소극적	우수	전반적	출석률	항목
당월	수강	이해력	정도	충분	회화
문법	수준	일반적	정확성	평가	횟수
주관적	평가서				

④ 수업 지도안 작성에 자주 쓰는 어휘

본 연구에서 1차적으로 98개의 수업 지도안과 관련된 어휘를 선정하였다. 강현화(2012)의 기초 어휘 목록과 박성심(2009)의 초급 어휘 목록을 참조하여 '가르치다, 만들다, 교사, 교육, 내용, 단어, 문제, 사용, 수업, 숙제, 연습, 요일, 질문, 카드, 학생' 등 28개 기초 어휘를 제외하였다. 최종적으로 70개의 수업 지도안과 관련된 어휘를 선정하였다.

〈표 31〉 수업 지도안 작성에 자주 쓰는 어휘

강사	단계	발음	워크북	전개	진행	편(篇)
과(課)	단원	발표	유의점	제시(提示)	쪽02	표현
과정(課程)	담당	방식	이상(以上)	제안	처리	프로그램
과제	대하다	본문	익히다	주요	초급	프린트
관련	도입	부교재	인하다	주제	총(總)	학습
교수06-1	마무리	사항	일반적	준비물	추가	화자
교재	매체	상황	일시(日時)	중급	테스트	화제
기기(機器)	멀티미디어	설정	입문	중시(重視)	토론	확인
기능	목표	영역	자료	지도(指導)	통하다07	활용
기타	문법	예문	작성	지식	페이지	흥미

업무 수행의 문서 작성과 관련된 어휘를 2차적으로 선정한 결과는 다음과 같다. 강의 계획서와 관련된 어휘는 37개, 수업 진도표 및 출석부와 관련된 어휘는 32개, 학생 평가서와 관련된 어휘는 38개, 수업 지도안 작성에 자주 쓰는 어휘는 70개를 선정하였다. 각 문서별로 일부 중복되는 어휘가 있는데 이러한 어휘를 하나로 처리하여 문서와 관련된 어휘 총 138개를 선정하였다.

3.2.2.3. 교재를 이해하는 데에 필요한 어휘

본 연구에서 1차적으로 221개의 교재를 이해하는 데에 필요한 어휘를 선정하였다. 강현화(2012)의 기초 어휘 목록과 박성심(2009)의 초급 어휘 목록을 참조하여 '공부, 기억, 단어, 대답, 도시, 동시, 동의, 뜻, 못하다, 방법, 복습, 생활, 소개, 숙제, 습관, 실례, 연습, 연락, 장소, 정도, 준비, 직업, 직장, 축하' 등 80개 기초 어휘를 제외하였다. 최종적으로 141개의 교재를 이해하는 데에 필요한 어휘를 선정하였다.

〈표 32〉 교재를 이해하는 데에 필요한 어휘

가능	규칙	민족	사투리	역할극	적당하다	특정
강약	근거	밑줄	사회	열거	적합하다	판단
강조	글자	반대말	삽입	영향	전환	포함
견해	긍정	반복	상식	예(例)	정하다	표기
결과	기본	발생	상태	예절	정확하다	풍습
결합	기준	방면	생략	완성	조건	피하다
경어	낱말	방점(傍點)	서술	요구(要求)	종합	한도
경우	녹음	변화	성질	용법	주요	한족
계속	높임말	병렬	식습관	용어	주의(注意)	항목
고려	답하다	보기	실제	원인	주제	해당
공개	대본	보충	암기	위하다	준수	해석
관계	대조(對照)	본보기	앞부분	유의(留意)	줄02	핵심
관심	독서	부정	약칭	의견	중첩	행위
관하다	마디	부호	어림수	의문	지명	허락
괄호	만족	분별하다	어휘	의심	지칭하다	형식
구별하다	말투	분야	언급	익히다	차이	형용
구분	명승지	빈칸	언어	인명(人名)	참고	형태
구어	명확하다	사건	엄격하다	인식	채우다	호응
구조(構造)	목적	사물	여전히	일상	토론	호칭
구체적	묘사(描寫)	사상(思想)	역할	잡담	특수	확실하다
활동						

교재를 잘 이해하고 학생들에게 교수 내용을 쉽고 정확하게 전달하는 것은 강사로서의 핵심적인 업무이다. 교재 이해는 중요한 만큼 필요한 어휘가 비교적 많은데 최종적으로 141개 어휘를 선정하였다.

3.2.2.4. 중국어 지식과 관련된 전문 용어

본 연구에서 선정된 중국어 지식과 관련된 전문 용어는 기초 어휘가 없으므로 최종적으로 93개 어휘를 그대로 선정하였다.

〈표 33〉 중국어 지식과 관련된 전문 용어

가능보어(可能補語)	관형어	동태조사(動態助詞)	병음(併音)	성조(聲調)	어투	접속사
간체자	구문(句文)	명령문	보어	수량사(數量詞)	완곡어	정도보어(程度補語)
감탄사	구어체	명사	복문	수사(修辭)	운모(韻母)	정도부사
강세	구절(句節)	명사구	복운모(复韵母)	술어(述語)	음성기호	조동사
개사(介詞)	구조조사(構造助詞)	모음(母音)	부사(副詞)	시간부사	음운	조사(助詞)
격음부호(隔音符號)	권설음(捲舌音)	목적어	부사어	시량보어(時量補語)	음절	주술문
결과보어(結果補語)	긍정문	문구(文句)	부정문	양사(量詞)	의문문	주어
겸양어	단운모(单韵母)	문장	부정부사	어감	의문사	파자문(把字文)
겸어문(兼語文)	단음절	문형	비교문	어기(語氣)	의성어	표준어
경성(輕聲)	대명사	반삼성(半三聲)	비운모(鼻韵母)	어기조사(語氣助詞)	이중모음	피동문
고정구문(固定句文)	동량보어(動量補語)	반어문(反語文)	성(聲)	어법(語法)	이합사(离合词)	피자문(被字文)
과거형	동사	방향보어(方向補語)	성모(聲母)	어순(語順)	절(節)	헐후어(歇后語)
관용어	동사구	방향사(方向詞)	성분	어조(語調)	접미사	형용사
금기어	번체자					

중국어를 가르치는 사람은 중국어 분야의 전문가이므로 전문지식과 관련된 어휘를 아는 것은 필수적인 조건이다. 언어 행위의 측면에서 보면 전문지식을 쌓는 것은 주로 읽기로 이루어진다. 읽기는 한국어 읽기와 중국어 읽기를 포함한다. 중국어로 되어 있는 자료를 읽는 행위는 초급에서 고급까지 모두 매우 필요하다. 한국어로 되어 있는 자료를 읽는 행위는 초급에서의 필요성이 매우 높고 중급에서의 필요성 또한 비교적 높다. 고급에서의 필요성은 보통이다. 그래서 본 연구에서는 주로 초·중급에서 기본적으로 알아야 하는 한국어로 되어 있는 중국어 전문지식 관련 어휘 93개를 선정하였다.

3.3. 직업문식성 관련 어휘 선정 결과

지금까지 제시한 어휘 선정 결과를 종합하여 최종적인 어휘의 분류와 비율을 제시하면 〈표 34〉와 같다.

〈표 34〉 어휘 분류와 비율

<table>
<tr><th colspan="2">어휘 분류</th><th colspan="2">수량</th><th>전체 비율</th></tr>
<tr><td rowspan="4">문서 관련 어휘</td><td>강의 계획서</td><td>37</td><td rowspan="4">138[21]</td><td rowspan="4">37.1%</td></tr>
<tr><td>수업 진도표와 출석부</td><td>32</td></tr>
<tr><td>학생 평가서</td><td>38</td></tr>
<tr><td>수업 지도안</td><td>70</td></tr>
<tr><td colspan="2">교재 이해 어휘</td><td colspan="2">141</td><td>37.9%</td></tr>
<tr><td colspan="2">중국어 전문 용어</td><td colspan="2">93</td><td>25.0%</td></tr>
</table>

21 각 문서마다 사용 빈도가 높은 중복된 어휘가 조금씩 있다.

본 연구에서는 주로 세 가지 영역으로 어휘를 선정하였는데 각 영역 간에 일부 중복되는 어휘들이 있었기 때문에 이러한 어휘를 하나로 처리하여 최종적으로 366개 기본 어휘를 선정하였다. 영역별로 살펴보면 중국어 강사 업무 수행 시 필요한 문서 작성과 관련된 어휘, 교재 이해에 필요한 어휘, 중국어 전문지식에 관한 어휘로 분류하여 선정하였다. 먼저 중국어 강사 업무 수행 시 필요한 문서 작성과 관련된 어휘는 총 138개를 선정하였는데 이는 전체의 37.1%에 해당된다. 그리고 교재 이해에 필요한 어휘는 총 141개를 선정하였는데 이는 전체의 37.9%에 해당된다. 마지막으로 중국어 전문지식에 관한 어휘는 총 93개를 선정하였는데 이는 전체의 25.0%에 해당된다.

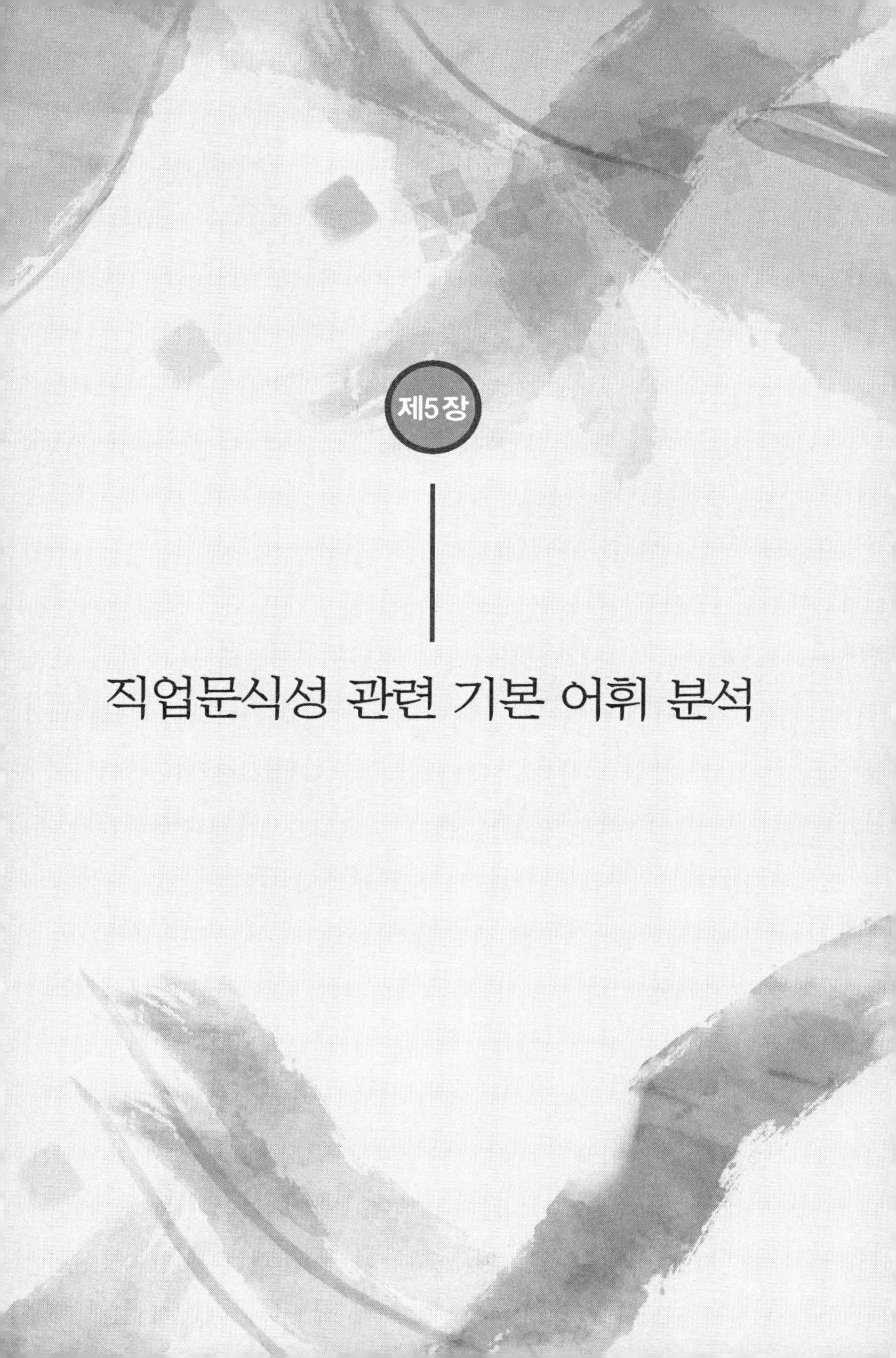

제5장

직업문식성 관련 기본 어휘 분석

본 연구에서 선정된 어휘는 총 372개다. 영역별로 분석하면 주로 업무 수행의 문서 작성과 관련된 어휘, 교재를 이해하는 데에 필요한 어휘, 중국어 전문지식에 관한 어휘이다. 영역별에 따라 어휘 양은 차이가 난다. 중국어 강사 업무 수행 시 필요한 문서 작성과 관련된 어휘는 총 139개, 교재 이해에 필요한 어휘는 총 140개로 비슷하게 나타났지만 , 중국어 전문지식에 관한 어휘 양은 좀 적은 편인데 총 93개로 앞의 두 어휘보다 적게 선정되었다.[22] 이 장에서는 선정된 어휘를 먼저 영역별로 분류한 뒤 각 영역 어휘의 특징을 분석하고 그에 따라 다시 세부적으로 분류할 것이다.

22 중국어 전문지식 관련 어휘는 중요하지만, 본 연구에서는 어휘 선정 텍스트의 제한으로 인하여 더 많은 전문지식 관련 어휘를 선정하지 못한 아쉬움이 있다.

01

문서 작성 관련 어휘 분석

1.1. 서식적 특징에 따른 분석

본 연구에서 선정된 문서 작성과 관련된 어휘의 가장 뚜렷한 특징은 바로 일정한 서식 양식을 드러낸 어휘이다. 강사로서의 업무 관련 문서는 강의 계획서든 수업 지도안이든 모두 일정한 형식을 갖춘다. 따라서 관련된 어휘는 모두 일정한 형식을 갖춘 서식과 관련된 어휘이다. 예컨대 수업 지도안에서 '학습 목표', '단계', '순서', '도입', '활용', '마무리', '기타 사항' 등의 어휘가 있다.

1.1.1. 강의 계획서 형식을 드러낸 어휘

본 연구에서 선정된 강의 계획서와 관련된 어휘는 강의 계획서의 형식을 드러낸다. 왜냐하면 중국어 강사로서의 업무를 수행할 때는 강의 계획서를 작성하는 것이 반드시 요구기 때문이다. 강의 계획서를 작성하려면 먼저 강의 계획서의 형식부터 알아야 한다. 강의 계획서의 구성은 어떤 것이 있는지 각 항목의 내용은 어떻게 작성하는지 등과 관련된 것을 학습해야 한다. 강의 계획서 형식의 예시를 제시하면 〈표 35〉와 같다.

〈표 35〉 강의 계획서 형식[23]

강의 계획서

______반 담당 강사 :

교육 과정	
강의 시간	
학습 목표	
교수 - 학습 방법	
교재	

횟수	세 부 강 의 내 용	교수 학습 자료	학습자 준비물

23 본 연구에서 제시한 서식 양식은 모두 니호오 중국어 전문 학원의 인천 체인점인 명문 중국어 전문 학원으로부터 샘플을 받았다.

강의 계획서와 관련된 어휘는 우선 강의 계획서의 구성을 이해하는 데에 도움이 된다. 강의 계획서의 형식과 밀접한 관계가 있는 어휘의 목록을 제시하면 〈표 36〉과 같다.

〈표 36〉 강의 계획서의 형식을 드러낸 어휘[24]

강사	고급반	문법	준비물	세부	중급반	교재	횟수
강의	과정	단원	학습	속성반	지도(指導)	학습자	목표
계획서	교수06-1	담당	방식	자료	초급반		

1.1.2. 수업 진도표와 출석부 형식을 드러낸 어휘

일부 학원 강사들은 그들의 직업을 장기적인 직업으로 하지 않거나 자신에게 시간적인 여유가 있을 때만 강의하기 때문에, 학원에서는 보통 하나의 교육 과정을 두 명 이상의 강사들에게 맡기는 경우가 많다. 그러므로 정상적인 강의 수행을 위해 학원에서는 수업이 끝날 때와 교육 과정 전체를 끝날 때에 수업 진도표를 작성하는 것을 요구한다. 수업 진도표를 작성하려면 적어도 수업 진도표의 서식에서 노출된 어휘를 알아야 한다. 〈표 37〉에서 수업 진도표 형식의 예시를 제시한다.

---

24 본 연구의 학습 대상은 중급 이상의 한국어 수준 해당자에 한정하므로 강의 계획서 형식과 관련된 어휘를 선정할 때 기초 어휘를 제외하였다.

〈표 37〉 수업 진도표 양식 예시

수업 진도표

______반　담당 강사 :

교육 과정	
수업 시간	
교재	
월 일	교육 내용 (종료 페이지 표시)
수강생 명단 (성명)	
기타 의견	
특이 사항	

또한 수업할 때마다 학생들의 출석 상황을 체크하는 출석부를 작성해야 한다. 출석부를 작성하는 데에 도움이 되기 위해서는 먼저 출석부의 형식을 드러낸 어휘를 학습해야 한다. 이를 위해 출석부 서식의 예시를 〈표 38〉과 같다.

〈표 38〉 출석부 양식 예시

월 출석부

_______반 담당 강사 :

출석 O 결석 x 지각 △

번호	성명	연락처	일	1	2	3	4	5	6	7	8	9	10	비고
			요일											

수업 진도표 형식과 출석부 형식을 참조하여 본 연구에서 선정된 이 두 가지 서식과 밀접한 관계가 있는 어휘는 〈표 39〉과 같다.

〈표 39〉 수업 진도표와 출석부 형식을 드러낸 어휘[25]

강사	과정(課程)	명단	수강생	진도표	페이지	종료	출석부
개강	교재	비고	의견	출석	표시	진도	특이
결석	기타	사항	제출	출석률	성명	과정	당월
과(課)	담당	과목					

1.1.3. 학생 평가서 형식을 드러낸 어휘

수강생의 학습 태도, 학습 효과 등을 평가하기 위해서는 학생 평가서를 작성해야 된다. 본 연구에서 선정된 학생 평가서와 관련된

25 본 연구의 학습 대상은 중급 한국어 수준 해당자인 것을 고려하여 기초 어휘는 목록에서 제외하였다.

어휘는 학생 평가서의 형식을 드러낸 어휘가 많다. 학생 평가서를 작성하는 데에 도움이 될 만한 어휘를 알아내기 위해 먼저 학생 평가서 형식을 제시하면 〈표 40〉과 같다.

〈표 40〉 학생 평가서 양식 예시[26]

학생 평가서

______반 담당 강사 :

교육 과정			
학생 이름			
시작일		완료일	
수업 시간			

출석률		
출석 일수 / 전체 수업 횟수	결석	지각

평가					
항목	매우 잘함	잘함	보통	다소 부족	부족
청취 이해력					
스피킹[27] / 유창성 (말하기의 속도와 자연스러움)					
발음					
억양					
문법의 정확성					
어휘력					
추가 사항					

26 학생 평가서는 주로 두 가지 유형이 있는데 하나는 〈표 40〉과 같이 평가 항목에 따라 등급으로 나누는 것과 평가 항목을 따로 제시하지 않고 종합적으로 하나로 묶어서 평가하는 것이 있다.

기초 어휘와 국립국어원 표준국어대사전에 수록되어 있지 않은 어휘를 제외하고, 학생 평가서와 밀접한 관계가 있는 어휘를 정리하면 〈표 41〉과 같다.

〈표 41〉 학생 평가서 형식을 드러낸 어휘

결석	문법	실력	이해력	억양	추가
다소	미흡	횟수	일수	정도	출석률
항목	발음	어휘력	자연스럽다	정확성	평가
수강	사항	억양	청취	회화	평가서

1.1.4. 수업 지도안 형식을 드러낸 어휘

본 연구에서 선정된 수업 지도안과 관련된 어휘는 그 형식을 드러낸다는 특징이 있다. 이를 살펴보기 위해 먼저 수업 지도안의 예시를 보이면 〈표 42〉과 같다.

27 '스피킹'과 '유창성'과 같이 실제로 많이 사용하고 있지만 국립국어원 표준국어대사전에 수록되어 있지 않는 어휘는 선정할 때 제외하였다.

〈표 42〉 수업 지도안 양식 예시

수 업 지 도 안

수업 일시:　　년　월　일　　　　______반　담당 강사:

교육 과정		학습 대상	
학습 교재		부교재	
학습 단원		멀티미디어 기기 및 매체	
주제			
학습 목표			
문법 및 표현			
주요 어휘			
단원 계획			

본시[28] 학습 지도 계획			
영역		학습 페이지	
기능		준비물	
학습 목표			
문법 및 표현			
본시 어휘			

단계	제시 순서	시간	교수 - 학습 활동	학습 자료	지도시 유의점
도입					
전개					
연습					
활용					
마무리					

28 국립국어원 표준국어대사전에서 '본시'의 해석에서 본문과 같은 용법으로 수록되어 있지 않음으로 어휘를 선정할 때 제외하였다.

본 연구에서 선정된 수업 지도안과 관련된 어휘는 다양하지만 그 중 수업 지도안의 형식과 직접적인 관계가 있는 어휘를 제시하면 〈표 43〉과 같다.

〈표 43〉 수업 지도안 형식을 드러낸 어휘

강사	담당	부교재	일시	지도(指導)	페이지	교재	목표
과(課)	도입	사항	자료	지식	표현	기기(機器)	문법
과정	마무리	영역	기타	진행	학습	기능	추가
관련	매체	유의점	전개	초급	활용	방식	주제
교수06-1	멀티미디어	주요	제시	확인	단원	준비물	단계

1.2. 어종적 특징에 따른 분석

본 연구의 학습자는 중국인이므로 중국인의 입장에서 한국어를 접할 때 중국어와 연관 짓는 경향이 있다. 따라서 중국인 학습자에게 있어서 한국어를 학습할 때 어종별에 따라 한자어와 한자어가 아닌 어휘로 분류하는 것은 학습자의 인지적 특징에 적합하다.

1.2.1. 한자어

업무 수행의 문서 작성과 관련된 한자어에는 중국어와 대조하여 형태와 의미 모두 동일한 동형동의어, 중국어와 대조하여 형태가 같지만 의미가 다른 동형이의어, 서로 다른 형태의 한자로 같은 의미를 표현하는 이형동의어, 중국어와 대조하여 형태와 의미에서 모두 같지만 순서만 바뀐 도치어 등이 있다. 업무 수행의 문서 작성과 관련된 어휘에서 한자어의 학습은 매우 중요하다. 특히 문식성을 신장시키는 데에 그 필요성은 더욱 중요하다.

① 동형동의어

본 연구에서 선정된 업무 수행의 문서 작성과 관련된 한자어는 대부분 현재 중국에서 사용하고 있는 한자의 의미와 동일하다. 따라서 이 한자어는 한자와 병기하면 중국인이 무슨 의미인지 추측할 수 있을 것이다. 이처럼 한자어와 중국어가 형태와 의미에서 모두 같은 어휘를 동형동의어라고 할 수 있다. 업무 수행의 문서 작성과 관련된 한자어에서 동형동의어는 91개이고 전체 한자어의 66.2%를 차지한다. 이를 정리하여 제시하면 〈표 44〉와 같다.

〈표 44〉 문서와 관련된 동형동의어

객관적	기초	발표	수준	정도	처리	표시
결석	기타	방식	실력	제안	초급	표현
계획서	단원	보통	양호	주관적	초급반	학습
고급	당월	본문	우수	중급	총	합격
고급반	대화	사항	이상	중급반	추가	화제
과	도입	상황	이해력	중시	출석	확인
과목	매월	서면	일반적	지도	충분	회화
과정	명단	설정	입문	지식	토론	휴강
관련	목표	설명	자료	진도	특강	매체
학습자	문제	소극적	적극적	진행	편	종료

구성	발음	속성반	강사	창의적	평가	교수
교재	기기	기능	영역	의견	전개	정확성
주요	주제	진도표	청취	특이	항목	

② **이형동의어**

본 연구에서 선정된 문서 관련 한자어에서 중국어와 전혀 다른 한자 형태로 구성된 어휘는 27개가 있다. 중국인 학습자들은 이런 어휘를 학습할 때 어려움을 겪게 된다. 문서 관련 이형동의 한자어 목록을 정리하면 〈표 45〉와 같다.

〈표 45〉 문서와 관련된 이형동의어

기말고사	화자	수강	예문	전반적	출석률	활용
문법	미흡	세부	자체	중간고사	수강생	어휘력
문서	부교재	흥미	작성	유의점	휴일	일수
일시	준비물	출석부	평가서	담	횟수	

이형동의어는 주로 한국에서만 사용되는 어휘이다. 이는 중국 현대 백화문에서 쓰이지 않은 어휘이다. 예를 들면 '수강(受講)'은 강의나 강습을 받는 것을 뜻하고 중국인 학생들은 한자를 보면 어느 정도 의미를 추측할 수 있겠지만 현대 중국에서는 쓰이지 않은 어휘이다. 중국어에서는 '수강'이 아니고 '听講'이라고 한다. 즉, 강연이나 수업을 듣는다는 뜻인데 '수강'과 같이 의미로 쓰인다. 이형동의어를 학습할 때 이처럼 모국어의 긍정적인 전이로 한국어 어휘의 의미를 추측 가능한 어휘가 있으며 한자만 보면 무슨 의미인지 전혀 알

수 없는 어휘도 있다. 예를 들면 '미흡'이 바로 이런 경우에 해당한다. '미흡(未洽)'은 아직 흡족하지 못하거나 만족스럽지 않음[29]을 뜻한다. '미(未)'는 중국어에서 '아직 ~하지 못하다'는 의미가 있지만 '흡(洽)'은 현대 백화문에서 만족하다는 의미가 없으므로 '미흡'의 의미를 추측하기 어렵다.

이러한 이형동의어에 해당하는 중국어를 제시하면 〈표 46〉와 같다.

〈표 46〉 문서 관련 이형동의어 한·중 대조

한국어	중국어	한국어	중국어	한국어	중국어
기말고사(期末考査)	期末考试	세부(細部)	细节	수강생(受講生)	听讲人
문법(文法)	语法	흥미(興味)	兴趣	출석률(出席率)	出勤率
문서(文書)	文件	예문(例文)	例句	횟수(回數)	次数
중간고사(中間考査)	期中考试	자체(自體)	自身	화자(話者)	讲述者
미흡(未洽)	不足	작성(作成)	写作	활용(活用)	运用
부교재(副教材)	辅助教材	전반적(全般的)	整个的	휴일(休日)	假日
수강(受講)	听讲	어휘력(語彙力)	用词能力	유의점(留意点)	注意事项
일수(日數)	天数	일시(日時)	日期和时间	준비물(準備物)	准备的东西
출석부(出席簿)	点名册	평가서(評價書)	鉴定	비고(備考)	备注
담당(擔當)	担任				

29 출처: 국립국어원 표준국어대사전

③ **동형이의어**

동형이의어는 중국어와 비교했을 때 형태는 같지만 의미가 다른 것이므로, 중국인 학습자는 동형이의어를 학습할 때 큰 어려움을 겪게 된다. 따라서 동형이의어로 구성된 한자 형태를 보면 의미를 추측할 때에는 쉽게 오류를 범하게 되므로 이런 종류의 한자어를 학습할 때 중국어와 의미 대조가 반드시 필요하다. 문서와 관련된 동형이의 한자어는 6개이고 구체적으로 중국어와 대조하여 제시하면 〈표 47〉과 같다.

〈표 47〉 문서 관련 동형이의어 한·중 대조

한국어	중국어	한국어	중국어	한국어	중국어
강의(講義)	上课	과제(課題)	作业	부(部)	份
제시(提示)	揭示	제출(提出)	提交	억양(抑揚)[30]	语调

동형이의어에서 형태가 같지만 의미가 완전 달라지는 어휘는 '강의, 과제'이다. 그리고 형태는 같은데 부분 의미가 다른 어휘로는 '제출, 부, 제시, 억양'이다.

④ **도치어**

도치어는 중국어와 대조 했을 때 어휘의 형태소와 의미는 모두 같지만 순서만 다르다. 본 연구의 문서와 관련된 한자어에서 도치어는

30 '억양'은 언어학에서 중국어 '語調'와 뜻이 같다. '억양'은 중국어 해석에서 '억양(抑揚)'의 뜻이 있지만 본 연구에서 주로 언어학에서 사용하므로 '語調'를 뜻한다. 그러므로 '억양'과 중국어 '抑揚'은 동형이의어이다.

'단계' 하나만 있다. '단계(段階)'는 중국어에서 '階段'로 쓰인다.

1.2.2. 한자어가 아닌 어휘

본 연구에서 선정된 문서와 관련된 어휘에서 한자어가 아닌 어휘는 총 14개가 있다. 그 중 혼종어는 4개, 고유어는 4개, 외래어가 6개가 있다. 한자어가 아닌 어휘를 정리하여 제시하면 〈표 48〉과 같다.

〈표 48〉 문서 관련 한자어가 아닌 어휘

혼종어	대하다, 인하다, 통하다, 자연스럽다
고유어	마무리, 맞추다, 익히다, 쪽
외래어	워크북, 체크, 테스트, 프린트, 페이지, 프로그램

① 혼종어

혼종어는 두 개 이상의 언어에서 기원한 서로 다른 언어요소 간의 결합으로 이루어진 어휘이다(육태화, 1989:16). 김다예(2015)에 의하면 단어 형성법에 따라 국어 혼종어는 합성으로 설명되는 혼종어와 파생으로 설명되는 혼종어, 그리고 합성과 파생의 섞임으로 설명되는 혼종어, 기타 형성 방식이 설명되지 않은 혼종어로 나눌 수 있다. 본 연구에서 문서와 관련된 혼종어는 3개인데 모두 파생으로 설명되는 혼종어이다. 세부적으로 분석해 보면 모두 한자어 어근과 파생적 접미사의 결합이고 더 세부 분류하면 '한자어 어근+하다'와 '한자어 어근+스럽다' 두 가지 유형이 있다[31]. 문서 관련 혼종어는 중국어와 대조하여 제시하면 〈표 49〉와 같다.

〈표 49〉 문서 관련 혼종어와 중국어 대조

한국어	중국어	한국어	중국어
대하다(對--)	对于	인하다(因--)	因为
통하다(通--)	通过	자연스럽다(自然--)	自然

파생적 혼종어를 구성된 한자어 어근은 현대 중국어와 대조하여 형태와 의미가 비슷하다. 다만 중국어에서 2음절 어휘를 사용하는 습관이 있어서 단음절 한자어 어근에 대응되는 중국어는 모두 2음절이다.

② **고유어**

고유어는 예로부터 써 오던 순수 한국말이다. 단어 구성에 따라 고유어를 분석해 보면 주로 단일어와 복합어로 나눌 수 있는데 복합어는 다시 파생어와 합성어로 나눌 수 있다. 본 연구에서 선정된 문서와 관련된 고유어는 4개인데 각각 '마무리, 맞추다, 익히다, 쪽'이다. 그 중 '쪽'은 단일어이며 '마무리, 맞추다, 익히다'는 모두 복합어의 파생어이다. 이를 정리하여 제시하면 〈표 50〉과 같다.

31 국어에서는 일반적으로'강하다, 관하다, 열심히' 등 어휘를 완전히 동화한 경우로 보고 혼종어로 판단하지 않지만 한국어에서 특히 중국인 학습자에게 혼종어로 보는 것이 어휘를 학습할 때 더 쉬워진다. 왜냐하면 이와 같은 혼종어는 중국어 학습자가 인식할 때 한자어와 고유어 접사의 결합으로 분석하면 모국어와 연관 지어 더 친근감이 생기고 장기적인 기억 저장에 도움이 될 수 있다.

〈표 50〉 문서 작성과 관련된 고유어 분류

유형			목록
고유어	단일어		쪽
	복합어	파생어	마무리[32], 맞추다, 익히다[33].
		합성어	--

박덕유(2006)에 따르면 파생어는 어근의 앞이나 뒤에 접사가 붙어서 만들어진 단어이다. 파생어는 접사의 위치에 따라 접두사에 의한 파생어와 접미사에 의한 파생어로 나눌 수 있다. 접두사에 의한 파생어는 접두사의 유형에 따라 한정적 접두사와 관형적 접두사로 분류할 수 있고 접미사에 의한 파생어는 세부 분류하면 명사 파생, 동사 파생, 형용사 파생, 그리고 부사 파생으로 나눌 수 있다. 본 연구에서 선정된 문서와 관련된 파생어는 모두 접미사에 의한 파생어이다. 접미사에 의한 파생어를 다시 세부적으로 분석하면 주로 사동과 피동의 뜻을 더하는 접미사 '-히-, -추-'로 만들어진 파생어, 그리고 명사를 만드는 접미사 '-이'로 구성된 파생어로 분류할 수 있다.

③ **외래어**

원래 외국어였던 것이 국어의 언어 체계에 동화되어 사회적으로 사용이 허용된 어휘를 외래어라고 한다. 민현식(1985)의 분류법에

32 '마무리'는 어종적으로 '마무르−+−이'로 형태소가 분석된다. (국립국어 대사전을 참조하였다.)

33 '표준국어대사전'에서는 '맞추다'를 단일어로 제시하고 있지만, 학교문법에서는 '맞다'의 사동사(파생어)로 보는 듯하다. 아울러, '익히다'는 '익다'의 사동사(파생어)이다.(국립국어원 온라인가나다에 참고함) 본서에서는 학교문법에 따른다.

따라 음역 외래어와 의역 외래어, 혼용 외래어로 나눌 수 있다. 한국어 외래어의 주요 차용방식은 음역이다. 음역이란 외국어 본래의 음과 비슷한 음을 가지고 있는 자국어로 표기해서 자기나라 언어의 특성과 규칙에 맞게 만드는 방법이다(정소, 2012:26). 본 연구에서 선정된 문서와 관련된 외래어는 7개이다. 다음 〈표 51〉에서 원어와 같이 제시하여 차용 방식을 분석해 본다.

〈표 51〉 문서와 관련된 외래어 차용 방식

한국어	원어	발음	차용 방식
워크북	work-book	['wɜ:kbʊk]	음역
체크	check	[tʃek]	음역
테스트	test	[test]	음역
프린트	print	[prɪnt]	음역
페이지	page	[peɪdʒ]	음역
프로그램	program	['prəʊgræm]	음역
멀티미디어	multimedia	[|mʌlti|mi:diə]	음역

위 표와 같이 본 연구에서 선정된 문서와 관련된 외래어는 원어와 발음을 대조해보면 모두 원래의 발음과 비슷하므로 모두 음역 외래어이다.

문서 작성과 관련된 어휘는 중국인의 입장에서 어종별에 따라 분석하면 한자어와 한자어 아닌 어휘로 분류할 수 있다. 한자어와 중국어를 대조하여 동형동의어, 동형이의어, 이형동의어, 도치어로 세부 분류할 수 있다. 한자어는 전체 어휘의 89.9%를 차지한다. 따라서 문서 작성과 관련된 대부분 어휘는 한자어라고 할 수 있다. 한자어가 아닌 어휘는 혼종어, 고유어, 외래어로 나눌 수 있다. 혼종어는 모두 파생으로 설명되는 혼종어인데 세부 분석해 보면 모두 한자어 어근과 파생적 접미사의 결합이고 더 세부 분석하면 모두 '한자어 어근+ -하다'의 결합이다. 문서 작성과 관련된 고유어를 분석해 보면 주로 단일어와 파생어로 나눌 수 있다. 파생어는 다시 접미사에 의한 파생어로 분석되고 다시 세부적으로 분석하면 주로 사동과 피동의 뜻을 더하는 접미사 '-히-, -추-'로 만들어진 파생어, 그리고 명사를 만드는 접미사 '-이'로 구성된 파생어로 분류할 수 있다. 이를 정리하여 제시하면 〈표 52〉와 같다.

〈표 52〉 문서 작성과 관련된 어휘 분석 결과

<table>
<tr><th colspan="4">유형</th><th>수량</th><th>비율(%)</th></tr>
<tr><td colspan="2" rowspan="4">한자어</td><td colspan="2">동형동의어</td><td rowspan="4">102</td><td rowspan="4">90.3%</td></tr>
<tr><td colspan="2">동형이의어</td></tr>
<tr><td colspan="2">이형동의어</td></tr>
<tr><td colspan="2">도치어</td></tr>
<tr><td rowspan="5">한자어가 아닌 어휘</td><td>혼종어</td><td>파생적 혼종어</td><td>한자어 어근 + -하다</td><td>3</td><td>2.7%</td></tr>
<tr><td rowspan="3">고유어</td><td>단일어</td><td>실체 명사</td><td>1</td><td rowspan="3">3.5%</td></tr>
<tr><td rowspan="2">파생어</td><td>사동과 피동의 뜻을 더하는 접미사 '-히-, -추-'로 만들어진 파생어</td><td rowspan="2">3</td></tr>
<tr><td>명사를 만드는 접미사 '-이'로 구성된 파생어</td></tr>
<tr><td>외래어</td><td colspan="2">음역 외래어</td><td>4</td><td>3.5%</td></tr>
</table>

1.3. 종합적 어휘 분석

1차적으로 문서 작성과 관련된 어휘는 문서의 종류별로 구분하지 않고 어종별에 따라 분석하였는데 2차적으로 문서의 종류별에 따라 세부 분석하고자 한다. 문서별에 따라 강의 계획서, 수업 진도표와 출석부, 학생 평가서, 수업 지도안이 있는데 이에 따라 어종에 따른 강의 계획서와 관련된 어휘, 어종에 따른 수업 진도표와 출석부와 관련된 어휘, 어종에 따른 학생 평가서와 관련된 어휘, 어종에 따른 수업 지도안과 관련된 어휘로 나누어서 분석한다. 각 문서별과 관련된 어휘의 어종에 따른 유형과 분포는 아래에서 구체적으로 제시한다.

1.3.1. 강의 계획서와 관련된 어휘

강의 계획서와 관련된 어휘는 먼저 한자와의 관계에 따라 한자어와 한자어가 아닌 어휘로 분류할 수 있다. 본 연구에서 선정된 강의 계획서와 관련된 어휘는 하나의 외래어를 제외하면 모두 한자어이다. 한자어는 주로 동형동의어, 이형동의어, 동형이의어로 세부 분류할 수 있다. 동형동의어는 가장 많은데 전체 어휘의 73.0%를 차지한다. 한자어가 아닌 어휘에서 고유어와 혼종어는 없고 외래어 한 개만 있다. 이를 정리하여 제시하면 〈표 53〉과 같다.

〈표 53〉 어종에 따른 강의 계획서 관련 어휘 분류 및 분포

항목		목록	수량	비율(%)
한자어	동형동의어	강사 과정 단원 서면 중급반 특강 계획서 교수 목표 설정 지도 표현 고급반 교재 발표 속성반 초급반 학습 과목 구성 방식 자료 추가 회화 횟수 휴강 개강	27	73.0%
	이형동의어	기말고사 문법 세부 중간고사 담당 문서 준비물 학습자	8	21.6%
	동형이의어	강의	1	2.7%
한자어가 아닌 어휘	외래어	테스트	1	2.7%

1.3.2. 수업 진도표와 출석부와 관련된 어휘

수업 진도표와 출석부와 관련된 어휘는 먼저 한자와의 관계에 따라 한자어와 한자어가 아닌 어휘로 분류할 수 있다. 한자어가 아닌 어휘에서 고유어 하나와 외래어 두 개를 제외하면 모두 한자어이다. 한자어를 세부 분류하면 동형동의어, 이형동의어, 동형이의어가 있다. 그 중 동형동의어가 가장 많고 전체 어휘의 59.4%를 차지한다. 그리고 이형동의어도 비교적 많은데 전체 어휘의 25.0%이다. 동형이의어는 상대적으로 적어 6.2%를 차지한다. 이를 정리하여 제시하면 〈표 54〉와 같다.

〈표 54〉 어종에 따른 수업 진도표와 출석부 관련 어휘 분류 및 분포

항목		목록	수량	비율(%)
한자어	동형동의어	강사 과목 기타 사항 종료 결석 과정 당월 성명 진도 과 교재 명단 의견 진도표 출석 특이 표시 개강	19	59.4%
	이형동의어	중간고사 출석률 기말고사 담당 비고 수강생 출석부 휴일	8	25.0%
	동형이의어	부 제출	2	6.2%
한자어가 아닌 어휘	고유어	맞추다	1	3.1%
	외래어	체크 페이지	2	6.2%

1.3.3. 학생 평가서와 관련된 어휘

학생 평가서도 마찬가지로 어종에 따라 먼저 한자어와 한자어가 아닌 어휘로 분류한다. 한자어가 아닌 어휘에서는 혼종어 1개를 제외하면 모두 한자어이다. 한자어는 다시 세분하면 동형동의어, 이형동의어, 동형이의어로 나눌 수 있다. 동형동의어는 전체 어휘의 71.8%를 차지한다. 이형동의어는 전체 어휘의 23.1%로 비교적 많다. 이를 정리하여 제시하면 〈표 55〉와 같다.

〈표 55〉 어종에 따른 학생 평가서 관련 어휘 분류 및 분포

항목		목록	수량	비율 (%)
한자어	동형 동의어	객관적 다소 소극적 우수 정도 결석 당월 수준 이해력 정확성 평가 발음 실력 일반적 주관적 기초 사항 양호 적극적 창의적 합격 항목 회화 횟수 청취 추가 충분	27	71.8%
	이형 동의어	미흡 수강 출석률 문법 평가서 어휘력 일수 자체 전반적	9	23.1%
	동형 이의어	억양	1	2.6%
한자어가 아닌 어휘	혼종어	자연스럽다	1	2.6%

1.3.4. 수업 지도안과 관련된 어휘

수업 지도안과 관련된 어휘는 어종에 따라 먼저 한자어와 한자어가 아닌 어휘로 분류할 수 있다. 한자어는 세분하면 동형동의어, 이형동의어, 동형이의어, 도치어로 나눌 수 있다. 그 중 동형동의어는 전체 어휘의 62.9%로 가장 많고 이형동의어는 11개로 전체 어휘의 15.7%를 차지한다. 동형이의어는 2개로 전체 어휘의 2.9%를 차지한다. 한자어에 비해 한자어가 아닌 어휘의 양이 훨씬 적지만 다른 문서별의 어휘와 비교하면 수업 지도안 관련 한자어가 아닌 어휘는 많고 종류가 다양하다. 한자어가 아닌 어휘는 혼종어, 고유어, 외래어로 나눌 수 있다. 혼종어와 고유어는 각각 3개씩인데 각각 전체 어휘의 4.3%를 차지한다. 외래어는 비교적 많은데 6개로 전체 어휘의

8.6%를 차지한다. 이를 정리하여 제시하면 〈표 56〉과 같다.

〈표 56〉 어종에 따른 수업 지도안 관련 어휘 분류 및 분포

항목		목록	수량	비율(%)
한자어	동형 동의어	강사 단원 상황 주요 추가 과 도입 설정 주제 토론 과정 매체 영역 중급 편 관련 목표 이상 지도 표현 교수 발음 일반적 지식 학습 교재 발표 입문 진행 화제 기기 방식 자료 처리 확인 기능 본문 전개 초급 중시 기타 사항 제안 총	44	62.9%
	이형 동의어	예문 화자 흥미 부교재 일시 작성 활용 문법 유의점 담당 준비물	11	15.7%
	동형 이의어	과제 제시	2	2.9%
	도치어	단계	1	1.4%
한자어가 아닌 어휘	혼종어	대하다 인하다 통하다	3	4.3%
	고유어	마무리 익히다 쪽	3	4.3%
	외래어	테스트 워크북 프린트 페이지 멀티미디어 프로그램	6	8.6%

지금까지 문서 작성과 관련된 어휘에 대해 분석하여 두 가지 특징을 제시할 수 있다. 첫째, 문서 작성과 관련된 어휘는 문서의 형식과 밀접한 관계가 있다. 둘째, 문서 작성과 관련된 대부분 어휘는 한자어이다. 다만 수업 지도안과 관련된 어휘에서는 혼종어, 고유어, 외래어가 조금 포함되어 있다.

교재 이해에 필요한 어휘 분석

2.1. 교재 구성적 특징에 따른 분석

2.1.1. 본문과 관련된 어휘의 다양성

교재를 이해하는 데에 필요한 어휘는 다른 영역의 어휘와 비교하면 전문성을 강하게 띠지 않고 다양성을 지닌 편이다. 이것은 교재에서 노출된 한국어의 특성과 관련이 있다. 예를 들면 「신공략 중국어 초급편」 에서 한국어가 노출된 부분은 주로 책의 구성인 '새로나온 단어 - 본문 해석 - 주석 - 문법 설명 - 연습 문제 설명 - '등의 부분이다. 각 구성 부분의 내용을 분석해 보면, '새로나온 단어'는 주로 교재에서 다루는 다양한 주제의 회화와 관련된 단어인데 다양한 주제에 따라 쓰이는 중국어 어휘의 한국어 해석도 지니고 있다. '본문 해석'부분은 마찬가지로 다양한 주제의 회화이기 때문에 한국어 해석에 필요한 어휘도 다양성을 지닌다. '주석'은 주로 본문에서 나오는 특정한 어휘나 표현의 용법에 대한 한국어 설명이다. '문법 설명' 부분은 주로 문법에 대한 한국어 설명인데 이 부분은 중국어 전문지식과 관련된 내용이 많이 노출된다. 그러나 본 연구에서 중국어 전문지식의 중요성을 강조하기 위해 어휘를 선정할 때 중국어 전문지식과 관련된 어휘를 따로 분류하여 선정하였다. 즉 교재에서 노출된 많은 중국어 전문지식과 관련된 어휘는 교재를 이해하는 데에 필요한 어휘에서 제외하여 따로 분류하였다. 그래서 본 연구에서 선정된 교재를 이해하는 데에 필요한 어휘는 문법적 특성이 약해진다. 이를 정리하여 교재 구성의 일부인 '연습 문제 설명'을 제외하면 '새로나온 단어 - 본문 해석 - 주석'과 관련된 어휘는 모두 하나의 주제를 중심으로 이루어지는 회화 내용이며 주제의 다양성으로 인하여 이와 관련된 어휘도 다양하게 나타났다. 이 부분은 모두 본문 내용과 관련된 어휘라고 할 수 있다. 교재를 이해하는 데에 필요한 어휘에서 본문과 관련된 어휘는 정리하여 제시하면 〈표 57〉과 같다.

〈표 57〉 교재의 본문 내용과 관련된 어휘

가능	구체적	목적	사상	언어	일상	풍습
강약	규칙	묘사	사투리	엄격하다	잡담	피하다
강조	근거	민족	사회	여전히	적당하다	한도
견해	글자	반대말	삽입	역할	정하다	한족
결과	긍정	반복	상식	영향	조건	해당
결합	기본	발생	상태	예절	주요	해석
경어	기준	방면	생략	요구	주의	핵심
경우	낱말	변화	서술	용법	준수	행위
계속	높임말	병렬	성질	용어	중첩	허락

고려	대본	보충	식습관	원인	지명	형식
공개	대조	본보기	실제	위하다	지칭하다	형용
관계	독서	부정	암기	의견	차이	형태
관심	마디	부호	앞부분	의문	참고	호응
관하다	만족	분별하다	약칭	의심	특수	호칭
교재	말투	분야	어림수	익히다	특정	확실하다
구어	명승지	사건	어휘	인명	판단	활동
구조	명확하다	사물	언급	인식	포함	

2.1.2. 연습 문제 설명과의 연관성

교재 구성 요소의 중요한 부분 중 하나는 '연습 문제'이다. '연습 문제 설명'부분에서 노출된 한국어는 많은데 주로 문제의 유형에 따른 설명으로써 몇 가지 고정구문이 있다. 예를 들면 '그림을 보고 XXX를 이용하여 문장을 완성하시오.', 'XXX를 이용하여 밑줄친 부분을 XXX로 바꿔 보세요.', '주어진 화제로 대화를 나누시오.', '그림의 상황을 연결하여 이야기를 만들어 보시오.', '녹음을 듣고 질문에 답하시오.', '괄호안의 단어가 들어갈 적당한 위치를 고르시오', '발음 구별하기 ', '제시된 주제와 방점 찍힌 단어의 용법에 유의하며 대화를 완성해 보세요.', ' 다음 보기에서 알맞은 단어를 골라 빈칸을 채우세요.', '다음 단어를 참고해 제시된 상황에 따라 역할극을 해 보세요.'등이 있다. 이와 관련하여 많이 사용하는 어휘는 '완성, 밑줄, 부분, 화제, 상황, 연결, 녹음, 채우다, 괄호, 보기, 역할극, 빈칸' 등이 있다. 이 또한 본 연구에서 선정된 교재를 이해하는 데에 필요한 어휘의 특징이라고 할 수 있다. 연습 문제 관련 어휘를 정리하여 제시하면 〈표 58〉과 같다.

〈표 58〉 연습 문제 설명과 관련된 어휘

괄호	답하다	보기	열거	적합하다	주제
구별하다	밑줄	보충	예	전환	채우다
구분	줄	빈칸	완성	정확하다	표기
녹음	방점	역할극	유의	종합	항목

2.2. 어종적 특징에 따른 분석

2.2.1. 한자어

교재를 이해하는 데에 필요한 어휘는 총 141개인데 그 중 한자어는 110개이고 한자어가 아닌 어휘는 총 31개이다. 한자어는 78.0%를 차지하고 있다. 한자어와 중국어를 대조하여 동형동의어, 이형동의어, 동형이의어, 도치어로 분류할 수 있다. 다음에서 구체적으로 서술할 것이다.

① 동형동의어

본 연구에서 선정된 교재를 이해하는 데에 필요한 한자어는 대부분 현재 중국에서 사용하고 있는 한자의 의미와 동일하다. 교재 이해에 필요한 동형동의어는 93개인데 전체 한자어의 83.8%를 차지한다. 이를 정리하여 다음 〈표 59〉와 같다.

〈표 59〉 교재 이해에 필요한 동형동의어

가능	구어	묘사	삽입	용어	준수	핵심
강약	구조	민족	상식	원인	중첩	행위
강조	구체적	반복	상태	유의	지명	형식
견해	규칙	발생	생략	의견	차이	형용
결합	근거	방면	서술	의문	참고	형태
경어	긍정	변화	성질	인명	특수	호응
계속	기본	병렬	실제	인식	특정	활동
고려	기준	보충	어휘	일상	판단	결과
공개	녹음	부정	열거	전환	포함	구분
관계	대조	부호	영향	조건	표기	목적
관심	독서	사건	예절	종합	한도	사회
괄호	만족	사물	완성	주요	한족	용법
교재	명승지	사상	요구	주의	항목	주제
해석						

② **이형동의어**

본 연구에서 선정된 교재를 이해하는 데에 필요한 한자어에서 중국어와 전혀 다른 한자 형태로 구성된 어휘는 14개가 있다. 교재를 이해하는 데에 필요한 이형동의 한자어 목록을 정리하면 〈표 60〉과 같다.

〈표 60〉 교재를 이해하는 데에 필요한 이형동의어

대본	분야	암기	언급	역할극	해당	풍습
방점	식습관	약칭	역할	예	잡담	의심

이형동의어에 해당하는 중국어를 제시하면 〈표 61〉와 같다.

〈표 61〉 교재 이해에 필요한 이형동의어 한·중 대조

한국어	중국어	한국어	중국어	한국어	중국어
대본(臺本)	台词	암기(暗記)	默记	예(例)	例子
방점(傍點)	重点符号	약칭(略稱)	简称	잡담(雜談)	闲谈
분야(分野)	领域	언급(言及)	谈及	풍습(風習)	习俗
의심(疑心)	怀疑	역할(役割)	作用	해당(該當)	属于
식습관(食習慣)	饮食习惯	역할극(役割劇)	角色扮演		

③ **동형이의어**

본 연구에서 선정된 교재를 이해하는 데에 필요한 동형이의어는 2개인데 각각 '경우, 허락'이다. '경우(境遇)'에 해당하는 중국어는 '情況'이고 '허락(許諾)'에 해당하는 중국어는 '許可'이다. 동형이의어의 의미 차이를 자세히 설명하면 〈표 62〉와 같다.

〈표 62〉 교재 이해에 필요한 동형이의어 한·중 의미 대조

한자어	한국어 의미	중국어 의미	대응된 중국어
境遇	경우(境遇): 놓여 있는 조건이나 놓이게 된 형편이나 사정. (출처: 국립국어원 표준국어대사전)	境遇: 境況和遭遇. 처지, 조우(遭遇). [주로 부정적인 것에 쓰임] (출처: 중국新華사전)	情況
許諾	허락(許諾): 청하는 일을 하도록 들어줌. (출처: 국립국어원 표준국어대사전)	許諾: 应允,允诺. (승낙한 말. 약속.) (출처: 중국新華사전)	許可

④ **도치어**

도치어는 중국어와 대조하면 어휘의 형태소와 의미는 모두 같지만 순서가 다르다. 본 연구에서 교재를 이해하는 데에 필요한 도치어는 '언어'와 '호칭'이 있다. '언어(言語)'에 대응되는 중국어는 '语言'이고 '호칭(呼稱)'에 대응되는 중국어는 '稱呼'이다.

2.2.2. 한자어가 아닌 어휘

본 연구에서 선정된 교재를 이해하는 데에 필요한 어휘에서 한자어가 아닌 어휘는 총 32개가 있다. 그 중 혼종어는 21개, 고유어는 10개, 외래어도 1개가 있다.

2.2.2.1. 혼종어

본 연구에서 선정된 교재를 이해하는 데에 필요한 혼종어는 주로 파생으로 설명되는 혼종어와 합성으로 설명되는 혼종어로 나눌 수 있다. 서술의 편의를 위해 다음에서 파생적 혼종어와 합성적 혼종어로 부른다. 파생적 혼종어가 가장 많은데 15개이고, 합성적 혼종어는 6개가 있다.

① **파생적 혼종어**

파생적 혼종어의 유형을 분석해 보면 주로 '한자어 어근+하다'와 '한자어 어근+히' 두 가지 유형이 있다. 그 중 '한자어 어근+하다' 유형은 14개이며 '한자어 어근+히' 유형은 하나만 있다. 파생적 혼종어를 정리하면 〈표 63〉과 같다.

〈표 63〉 파생적 혼종어

관하다(關--)	분별하다(分別--)	위하다(爲--)	지칭하다(指稱--)
구별하다(區別--)	엄격하다(嚴格--)	적당하다(適當--)	피하다(避--)
답하다(答--)	적합하다(適合--)	정하다(定--)	확실하다(確實--)
명확하다(明確--)	정확하다(正確--)	여전히(如前--)	

교재를 이해하는 데에 필요한 파생적 혼종어로 구성된 한자어 어근은 현대 중국어와 대조하여 '관(關)-, 여전(如前)-'을 제외하고 한자의 형태와 의미는 모두 같다. '관하다'에 대응되는 중국어는 '關于'이고 '여전히'에 대응되는 중국어는 '依旧'이다.

② **합성적 혼종어**

〈표 64〉 교재 이해에 필요한 합성적 혼종어

글자 (글字)	말투 (말套)	앞부분 (앞部分)	어림수 (어림數)	본보기 (本보기)	반대말 (反對말)

본 연구에서 선정된 교재를 이해하는 데에 필요한 합성적 혼종어는 6개인데 각각 '글자, 말투, 앞부분, 어림수, 반대말, 본보기'이다. 합성적 혼종어는 구성된 요소의 의미관계에 따라 주로 두 가지 유형이 있다. 첫 번째 유형은, 구성 요소인 한자어와 고유어의 의미가 중복된 어휘이다. 예를 들면 '글자', '글'과 '자'는 모두 글자를 의미하며 이 어휘의 구성 요소인 고유어와 한자의 의미가 중복된다. 두 번

째는, 구성 요소인 고유어와 한자어의 의미가 합쳐진 어휘이다. 예를 들면 '앞부분'에서 '앞'은 고유어인데 '부분'은 한자이며 두 부분이 결합하여 의미도 합쳐진다. 구성된 한자 형태소를 분석하면 현대 중국어와 의미적으로 일치하는 어휘와 의미적으로 일치하지 않은 어휘로 분류할 수 있다. 의미적으로 일치하는 어휘는 ' 앞부분, 어림수'이고 일치하지 않은 어휘는 '말투, 본보기, 반대말'이다. 교재를 이해하는 데에 필요한 혼종어의 유형 및 분포는 〈표 65〉와 같다.

〈표 65〉 교재 이해에 필요한 혼종어 유형 분석

유형			수량	비율(%)
혼종어	파생적 혼종어	한자어 어근+-하다	14	66.6%
		한자어 어근+-히	1	4.8%
	합성적 혼종어	구성 요소의 의미가 중복된 합성적 혼종어	1	4.8%
		구성 요소의 의미가 합쳐진 합성적 혼종어	5	23.8%

2.2.2.2. 고유어

본 연구에서 선정된 교재를 이해하는 데에 필요한 고유어는 10개인데 그 중 단일어는 3개, 파생어는 3개, 합성어는 4개가 있다. 각 유형별로 고유어의 목록을 제시하면 〈표 66〉과 같다.

〈표 66〉 교재 이해에 필요한 고유어 유형 분석

유형			목록
고유어	단일어		마디, 사투리, 줄
	복합어	파생어	보기, 익히다, 채우다
		합성어	낱말, 높임말, 밑줄, 빈칸

본 연구에서 선정된 교재를 이해하는 데에 필요한 고유어에서 단일어는 '마디, 사투리, 줄'이 있다. 이병모(2001)에 따라 명사는 실체명사와 추상 명사로 나눌 수 있다. 실체명사는 "시간의 어느 지점에 위치하고, 물리적으로 3차원의 공간에 위치하며, 관찰이 가능한"성격을 지닌다(E.Gilson 1992:93). 차준경(2009:156)을 참조하면 추상명사는 구체물을 전제하지 않은 추상적 개념이다. 이에 따라 본 연구에서 선정된 '마디, 줄'은 실체 명사이고 '사투리'는 추상 명사이다.

교재를 이해하는 데에 필요한 고유어에서 파생어는 '보기, 익히다, 채우다'가 있는데 모두 접미사에 의한 파생어이다. 세부적으로 분석하면 '보기'는 명사를 만드는 접미사 '-기'로 구성된 파생어이고 '익히다, 채우다'는 사동과 피동의 뜻을 더하는 접미사 '-히-, -우-'로 만들어진 파생어이다.

교재를 이해하는 데에 필요한 고유어에서 합성어는 '낱말, 높임말, 밑줄, 빈칸'이 있다. 박덕유(2006)에 의하여 합성어의 갈래에 따라 통사적 합성어와 비통사적 합성어로 분류할 수 있다. 본서에서 선정된 합성어는 모두 통사적 합성어이다. '낱말, 밑줄'은 명사와 명사의 결합이며, '높임말'은 파생명사와 명사의 결합이다. '빈칸'은 관형사형과 명사가 결합된 합성어이다.

교재를 이해하는 데에 필요한 어휘는 총 141개인데 마찬가지로 한자어와 한자어 아닌 어휘로 분류할 수 있다. 한자어는 110개가 있고 한자어가 아닌 어휘는 총 32개이다. 한자어의 하위 분류로 동형동의어, 동형이의어, 이형동의어, 도치어가 있다. 그 중 동형동의어는 92개로 전체 한자어의 83.8%를 차지한다.

한자어가 아닌 어휘는 혼종어, 고유어, 외래어로 나눌 수 있다. 그 중 혼종어는 가장 많은데 21개가 있다. 혼종어는 주로 파생적 혼종어와 합성적 혼종어로 나눌 수 있다. 파생적 혼종어는 15개인데 그 중 14개 어휘는'한자어 어근+하다' 유형이며 하나는'한자어 어근+히' 유형이다. 합성적 혼종어는 6개가 있는데 구성된 요소의 의미관계에 따라 주로 구성 요소인 한자어와 고유어의 의미가 중복된 어휘와 구성 요소인 고유어와 한자어의 의미가 합쳐진 어휘로 분류할 수 있다. 고유어는 10개인데 그 중 단일어는 3개, 파생어도 3개, 합성어는 4개이다. 단일어는 실체 명사와 추상 명사로 분류할 수 있고, 파생어는 모두 접미사에 의한 파생어이다. 다시 세분하면 명사를 만드는 접미사 '-기'로 구성된 파생어와 사동과 피동의 뜻을 더하는 접미사 '-히-, -우-'로 만들어진 파생어로 분류할 수 있다. 본 연구에서 선정된 교재 이해에 필요한 합성어는 갈래에 따라 모두 통사적 합성어이다. 다시 세분하면 명사와 명사의 결합, 파생 명사와 명사의 결합, 관형사형과 명사의 결합으로 분류할 수 있다. 이는 모두 체언(명사)의 합성어이다. 외래어는 4개인데 차용 방식에 따라 모두 음역 외래어이다. 이를 정리하여 제시하면 〈표 67〉과 같다.

〈표 67〉 교재 이해에 필요한 어휘 분석 결과

<table>
<tr><th colspan="5">유형</th><th>수량</th><th>비율(%)</th></tr>
<tr><td rowspan="4" colspan="2">한자어</td><td colspan="3">동형동의어</td><td>92</td><td>65.8%</td></tr>
<tr><td colspan="3">이형동의어</td><td>14</td><td>10.1%</td></tr>
<tr><td colspan="3">동형이의어</td><td>2</td><td>1.3%</td></tr>
<tr><td colspan="3">도치어</td><td>2</td><td>1.3%</td></tr>
<tr><td rowspan="12">한자어가 아닌 어휘</td><td rowspan="4">혼종어</td><td rowspan="2">파생적 혼종어</td><td colspan="2">한자어 어근+하다</td><td>14</td><td>9.4%</td></tr>
<tr><td colspan="2">한자어 어근+히</td><td>1</td><td>0.7%</td></tr>
<tr><td rowspan="2">합성적 혼종어</td><td colspan="2">한자어 어근과 고유어 어근의 의미가 중복된 합성적 혼종어</td><td>1</td><td>0.7%</td></tr>
<tr><td colspan="2">고유어 어근과 한자어 어근의 의미가 합쳐진 합성적 혼종어</td><td>5</td><td>3.4%</td></tr>
<tr><td rowspan="7">고유어</td><td rowspan="2">단일어</td><td colspan="2">실체 명사</td><td>2</td><td>1.3%</td></tr>
<tr><td colspan="2">추상 명사</td><td>1</td><td>0.7%</td></tr>
<tr><td rowspan="2">파생어</td><td rowspan="2">접미사에 의한 파생어</td><td>명사를 만드는 접미사 '-기'로 구성된 파생어</td><td>1</td><td>0.7%</td></tr>
<tr><td>사동과 피동의 뜻을 더하는 접미사 '-히-, -우-'로 만들어진 파생어</td><td>2</td><td>1.3%</td></tr>
<tr><td rowspan="3">합성어</td><td rowspan="3">체언의 합성어</td><td>명사+명사</td><td>2</td><td>1.3%</td></tr>
<tr><td>파생 명사+명사</td><td>1</td><td>0.7%</td></tr>
<tr><td>관형사형+명사</td><td>1</td><td>0.7%</td></tr>
<tr><td>외래어</td><td colspan="3">음역 외래어</td><td>1</td><td>0.7%</td></tr>
</table>

2.3. 종합적 어휘 분석

2.3.1. 본문 내용과 관련된 어휘 세부 분석

본 연구에서 선정된 교재 본문 내용과 관련된 어휘는 총 118개이다. 그 중 한자어는 96개인데 전체 어휘의 81.4%를 차지한다. 한자어를 세분하면 동형동의어, 이형동의어, 동형이의어, 도치어로 분류할 수 있다. 한자어에서 동형동의어는 81개로 가장 많다. 한자어가 아닌 어휘는 혼종어와 고유어가 있다. 혼종어는 비교적 많은데 17개가 있는데 이는 전체 어휘의 14.4%를 차지한다.

〈표 68〉 어종에 따른 본문 내용 관련 어휘 분류 및 분포

항목		목록	수량	비율(%)
한자어	동형동의어	가능 구조 반복 상태 인명 포함 강약 구체적 발생 생략 인식 한도 강조 규칙 방면 서술 일상 한족 견해 근거 변화 성질 조건 해석 결과 긍정 병렬 실제 주요 핵심 결합 기본 보충 어휘 주의 행위 경어 기준 부정 영향 준수 형식 계속 대조 부호 예절 중첩 형용 고려 독서 사건 요구 지명 형태 공개 만족 사물 용법 차이 호응 관계 명승지 사상 용어 참고 활동 관심 목적 사회 원인 특수 교재 묘사 삽입 의견 특정 구어 민족 상식 의문 판단	81	68.6%
	이형동의어	대본 식습관 약칭 역할 잡담 해당 분야 암기 언급 의심 풍습	11	9.3%
	동형이의어	경우 허락	2	1.7%
	도치어	언어 호칭	2	1.7%
한자어가 아닌 어휘	혼종어	관하다 명확하다 글자 어림수 반대말 분별하다 말투 정하다 본보기 엄격하다 여전히 피하다 앞부분 적당하다 위하다 지칭하다 확실하다	17	14.4%
	고유어	낱말 높임말 마디 사투리 익히다	5	4.2%

교재 본문과 관련된 어휘에서는 혼종어는 상대적으로 많아 그 유형을 세부 분석할 필요가 있다. 본 연구에서 선정된 본문 관련 혼종어는 파생적 혼종어와 합성적 혼종어로 분류할 수 있다. 파생적 혼종어는 주로 '한자어 어근 + -하다'의 유형과 '한자어 어근 + -히' 두 가지 유형이 있다. 9개 파생적 혼종어 중 8개가 '한자어 어근 + -하다' 유형에 속한다. 합성적 혼종어는 주로 한자어 어근과 고유어 어근의 의미가 중복된 어휘, 고유어 어근과 한자어 어근의 의미가 합쳐진 어휘로 분류할 수 있다. 이를 정리하여 제시하면 〈표 69〉와 같다.

〈표 69〉 본문 내용 관련 혼종어 분류 및 분포

<table>
<tr><th colspan="3">분류</th><th>목록</th><th>수량</th><th>비율(%)</th></tr>
<tr><td rowspan="4">혼종어</td><td rowspan="2">파생적 혼종어</td><td>한자어 어근+-하다</td><td>관하다 명확하다
분별하다 정하다
엄격하다 피하다
적당하다 위하다
지칭하다 확실하다</td><td>10</td><td>58.8%</td></tr>
<tr><td>한자어 어근+-히</td><td>여전히</td><td>1</td><td>5.9%</td></tr>
<tr><td rowspan="2">합성적 혼종어</td><td>한자어 어근과 고유어 어근의 의미가 중복된 합성적 혼종어</td><td>글자</td><td>1</td><td>5.9%</td></tr>
<tr><td>고유어 어근과 한자어 어근의 의미가 합쳐진 합성적 혼종어</td><td>어림수 반대말 말투
본보기 앞부분</td><td>5</td><td>29.4%</td></tr>
</table>

본 연구에서 선정된 본문 내용 관련 고유어는 5개가 있다. 고유어는 구성에 따라 단일어 2개, 파생어 1개, 합성어 2개가 있다. 파생어는 분석하면 접미사에 의한 파생어인데 더 세부 분석하면 사동과 피

동의 뜻을 더하는 접미사 '-히-'로 만들어진 파생어이다. 합성어는 모두 체언의 합성어인데 세부 분석하면 '명사 + 명사'와 '파생 명사 + 명사' 두 가지 결합 방식이 있다.

〈표 70〉 본문 내용 관련 고유어 분류 및 분포

<table>
<tr><th colspan="4">분류</th><th>목록</th><th>수량</th></tr>
<tr><td rowspan="4">고유어</td><td>단일어</td><td colspan="2"></td><td>마디 사투리</td><td>2</td></tr>
<tr><td>파생어</td><td>접미사에 의한 파생어</td><td>사동과 피동의 뜻을 더하는 접미사 '-히-'로 만들어진 파생어</td><td>익히다</td><td>1</td></tr>
<tr><td rowspan="2">합성어</td><td rowspan="2">체언의 합성어</td><td>명사+명사</td><td>낱말</td><td>1</td></tr>
<tr><td>파생 명사+명사</td><td>높임말</td><td>1</td></tr>
</table>

2.3.2. 연습 문제 설명과 관련된 어휘 분석

본 연구에서 선정된 연습 문제 설명 관련 어휘는 총 24개가 있다. 그 중 한자어는 총 15개이다. 한자어는 세부 분석하면 동형동의어와 이형동의어 두 가지 종류가 있다. 동형동의어의 수는 비교적 많은데 12개가 있고 이형동의어는 3개가 있다. 한자어가 아닌 어휘는 총 9개가 있다. 한자어는 전체 어휘의 62.5%를 차지한다. 한자어가 아닌 어휘에서 혼종어는 4개인데 전체 어휘의 18.2%를 차지한다. 혼종어는 모두 '한자어 어근 + -하다' 유형이다. 고유어는 5개인데 전체 어휘의 20.8%를 차지한다. 고유어는 구성에 따라 단일어와 파생어, 합성어로 나눌 수 있다. 그 중 단일어는 하나가 있으며 접미사에 의한 파생어는 두 개가 있다. 합성어는 '명사 + 명사'의 결합은 한 개가 있고 '관형사형 + 명사'의 결합은 한 개가 있다. 이를 정리하여 제시하면 〈표 71〉과 같다.

〈표 71〉 어종에 따른 연습 문제 설명 관련 어휘 분류 및 분포

<table>
<tr><th colspan="2">항목</th><th>목록</th><th>수량</th><th>비율(%)</th></tr>
<tr><td rowspan="2">한자어</td><td>동형 동의어</td><td>괄호 녹음 완성 전환 주제 구분 열거 유의 종합 표기 항목 토론</td><td>12</td><td>50.0%</td></tr>
<tr><td>이형 동의어</td><td>방점 역할극 예</td><td>3</td><td>12.5%</td></tr>
<tr><td rowspan="2">한자어가 아닌 어휘</td><td>혼종어</td><td>구별하다 답하다 적합하다 정확하다</td><td>4</td><td>18.2%</td></tr>
<tr><td>고유어</td><td>밑줄 줄 보기 빈칸 채우다</td><td>5</td><td>20.8%</td></tr>
</table>

지금까지 교재를 이해하는 데에 필요한 어휘를 분석하였는데 크게 두 가지 특징이 있다. 첫 번째 특징은 교재 구성적 특징이다. 교재 구성의 특징에 따라 본문 내용 관련 어휘는 다양성을 지니고 있다. 연습 문제 설명 관련 어휘는 몇 가지 관용적인 문형이 있는데 이와 관련하여 자주 쓰는 어휘가 있다. 두 번째 특징은 어종에 따른 특징인데 교재를 이해 관련 어휘에서는 한자어가 78.0%를 차지하고 있다. 한자어와 중국어를 대조하여 동형동의어, 이형동의어, 동형이의어, 도치어로 분류할 수 있다. 한자어가 아닌 어휘는 총 31개이고 전체 어휘의 22.0%를 차지한다. 한자어가 아닌 어휘의 량은 다른 영역의 어휘와 비교하면 상대적으로 많다.

03

중국어 전문지식과 관련된 어휘

본 연구에서 선정된 중국어 지식과 관련된 전문 용어는 모두 한자어인데 이것이 바로 중국어 전문지식과 관련된 어휘의 특징이다. 중국어 강사로서의 직업문식성을 신장하려면 한자어의 학습이 상당히 중요하다. 한자어의 유형을 세분하면 동형동의어, 이형동의어, 동형이의어, 한자 신조어로 나눌 수 있다. 그 중 동형동의어는 33개, 이형동의어는 32개, 동형이의어는 2개, 한자 신조어는 26개가 있다. 이는 각각 동형동의어가 35.5%, 이형동의어는 34.4%, 동형이의어는 2.2%, 한자 신조어는 27.9%로 나타났다. 중국어 전문지식과 관련된 한자어는 문서 작성과 관련된 한자어와 교재를 이해하는 데에 필요한 한자어와 비교하면 한자 신조어가 있는 점이 가장 큰 특징이다. 한자 신조어는 중국어 문법을 설명하기 위해 만들어진 어휘가 많고 중국식으로 번역을 하는 특색이 있다. 예컨대 '헐후어, 피자문, 파자문'이다.

① 동형동의어

본 연구에서 선정된 중국어 전문지식과 관련된 동형동의어를 정리하여 제시하면 〈표 72〉와 같다.

〈표 72〉 중국어 전문지식과 관련된 동형동의어

간체자	부정부사	보어	수사	어순	의문사	형용사
구어체	권설음	부사	시간부사	어조	정도부사	금기어
감탄사	단음절	성모	어감	운모	조동사	번체자
관용어	동사	성분	어기	음운	조사	주어
음절	명사	성조	어법			

② 이형동의어

본 연구에서 선정된 중국어 전문지식과 관련된 이형동의어를 정리하여 제시하면 〈표 73〉과 같다.

〈표 73〉 중국어 전문지식과 관련된 이형동의어

겸양어	구절	명사구	의성어	어투	이중모음	표준어
과거형	긍정문	모음	복문	완곡어	절(節)	피동문
관형어	대명사	부정문	부사어	음성기호	접미사	술어
구문	동사구	문구	비교문	의문문	접속사	문형
목적어	명령문					

이형동의어는 중국어와 대조하여 같은 의미를 나타내는 것으로 어휘의 형태가 다르다. 그 중 형태가 완전히 다른 어휘가 있고 형태가 부분적으로 다른 어휘가 있다. 형태가 완전히 다른 어휘는 3개이

고 각각 '절', '표준어', '접미사'이다. '절(節)'에 대응된 중국어는 '段' 이고 '표준어(標準語)'에 대응된 중국어는 '普通話'이며 '접미사'에 대응된 중국어는 '后缀'이다. 이를 정리하여 제시하면 〈표 74〉와 같다.

〈표 74〉 중국어 전문지식 관련 형태소가 완전 다른 이형동의어 한·중 대조

한국어	중국어	한국어	중국어	한국어	중국어
절(節)	段	표준어 (標準語)	普通话	접미사 (接尾辭)	后缀

다음으로 형태가 부분적으로 다른 어휘를 살펴보면 본 연구에서 선정된 중국어 전문지식과 관련된 이형동의어는 대부분 중국어와 대조하여 부분적으로 다른 어휘에 속한다. 구체적인 어휘 목록을 정리하여 제시하면 〈표 75〉와 같다.

〈표 75〉 중국어 전문지식 관련 일부 형태소가 다른 이형동의어 한·중 대조

한국어	중국어	한국어	중국어	한국어	중국어
겸양어(謙讓語)	谦让词	모음(母音)	元音	어투(語套)	语气
과거형(過去形)	过去式	목적어(目的語)	宾语	완곡어(婉曲語)	委婉语
관형어(冠形語)	定语	부정문(否定文)	否定句	음성기호 (音聲記號)	音标
구문(句文)	语句	문구(文句)	语句	의문문(疑問文)	疑问句
구절(句節)	短语	문형(文型)	句型	의성어(擬聲語)	拟声词
긍정문(肯定文)	肯定句	피동문(被動文)	被动句	이중모음 (二重母音)	复元音
대명사(代名詞)	代词	복문(複文)	复句	명사구(名詞句)	名词短 语
동사구(動詞句)	动词短语	부사어(副詞語)	状语	접속사(接續詞)	关联词
명령문(命令文)	命令句	비교문(比較文)	对比句	술어(述語)	谓语

③ **동형이의어**

본 연구에서 선정된 중국어 전문지식과 관련된 이형동의어는 2개이며 각각 '강세'와 '문장'이다. '강세(强勢)'에 대응된 중국어는 '重音'이고 '문장(文章)'에 대응된 중국어는 '句子'이다. 동형이의 한자어와 중국어의 의미를 대조하면 〈표 76〉과 같다.

〈표 76〉 중국어 전문지식 관련 동형이의어 한·중 의미 대조

한자어	한국어 의미	중국어 의미	대응된 중국어
强勢	강세(强勢): 연속된 음성에서 어떤 부분을 강하게 발음하는 일. (출처: 국립국어원 표준국어대사전)	强勢: 势力或力量强大的. (세력이나 힘이) 강력하다. (출처: 중국新華사전)	重音
文章	문장(文章): 생각이나 감정을 말과 글로 표현할 때 완결된 내용을 나타내는 최소의 단위. (출처: 국립국어원 표준국어대사전)	文章: 单独成篇的文字作品. (독립된 한 편의 글.) (출처: 중국新華사전)	句子

④ **한자 신조어**

한국인을 대상으로 중국어를 가르칠 때에 기존의 어휘가 부족한 것을 알 수 있다. 특히 문법을 설명할 때 압축적인 의미를 지닌 새로운 개념적인 명사가 필요하게 된다. 때문에 중국어 전문지식의 특성을 지닌 한자 신조어는 한자어의 세분화 특징의 하나로 생각한다. 한자 신조어는 몇 가지의 특성을 지니고 있다. 첫째, 모두 명사이다. 둘째, 모두 중국어 전문지식에 관한 어휘이다. 셋째, 다른 어휘로 대

신 쓸 수 없다. 구체적으로 제시하면 중국어의 전문지식을 설명할 때 이런 어휘를 쓰지 않으면 무엇이라고 표현하기 어렵다. 만약에 쉬운 말로 풀어서 말하면 말이 길어져 몹시 비경제적이다.

본 연구에서 선정된 중국어 전문지식과 관련된 한자어를 국립국어원 표준국어대사전을 통해 검토하여 수록되어 있지 않은 한자어는 한자 신조어로 판정하였다. 한자 신조어는 주로 문법을 설명하는 데에 필요한 어휘와 개념과 관련된 어휘이다. 구체적인 목록은 〈표 77〉과 같다.

〈표 77〉 중국어 전문지식과 관련된 한자 신조어

개사 (介詞)	경성 (輕聲)	단운모 (单韵母)	방향보어 (方向補語)	비운모 (鼻韵母)	어기조사 (語氣助詞)	피자문 (被字文)
격음부호 (隔音符號)	고정구문 (固定句文)	동량보어 (動量補語)	방향사 (方向詞)	수량사 (數量詞)	이합사 (離合詞)	헐후어 (歇后語)
결과보어 (結果補語)	성 (聲)	동태조사 (動態助詞)	병음 (併音)	시량보어 (時量補語)	정도보어 (程度補語)	주술문 (主述文)
겸어문 (兼語文)	구조조사 (構造助詞)	반삼성 (半三聲)	복운모 (复韵母)	양사 (量詞)	파자문 (把字文)	반어문 (反語文)

한자 신조어에는 중국어와 동일하게 쓰는 어휘가 있으며 중국어와 대조하여 일부 형태소가 차이 나는 어휘도 있다. 중국어와 동일하게 쓰는 어휘는 동형동의 한자 신조어라 할 수 있으며 중국어와 일부 형태는 차이가 있는 어휘는 이형동의 한자 신조어이다. 먼저 동형동의 한자 신조어를 정리하여 제시하면 〈표 78〉과 같다.

〈표 78〉 중국어 전문지식과 관련된 동형동의 한자 신조어

개사 (介詞)	경성 (輕聲)	동량보어 (動量補語)	방향보어 (方向補語)	비운모 (鼻韵母)	양사 (量詞)	정도보어 (程度補語)
격음부호 (隔音符號)	성 (聲)	동태조사 (動態助詞)	병음 (併音)	수량사 (數量詞)	어기조사 (語氣助詞)	헐후어 (歇后語)
결과보어 (結果補語)	단운모 (单韵母)	반삼성 (半三聲)	복운모 (复韵母)	시량보어 (時量補語)	이합사 (離合詞)	

한자 신조어에서 중국어와 대조하여 일부 형태적 차이가 있는 어휘를 정리하면 〈표 79〉와 같다.

〈표 79〉 중국어 전문지식과 관련된 이형동의 한자 신조어 한·중 대조

한국어	중국어	한국어	중국어	한국어	중국어
겸어문 (兼語文)	兼语句	구조조사 (構造助詞)	结r构助词	파자문 (把字文)	把字句
고정구문 (固定句文)	固定短语	방향사 (方向詞)	方位词	피자문 (被字文)	被字句
반어문 (反語文)	反问句	주술문 (主述文)	主谓句		

본 연구에서 선정된 중국어 전문지식과 관련된 어휘는 모두 한자어이다. 한자어의 세부 유형을 분석해 보면 주로 동형동의어, 이형동의어, 동형이의어, 한자 신조어로 분류할 수 있다. 한자 신조어에서 다시 세부 분석하면 동형동의 신조어와 이형동의 신조어로 나눌 수 있다. 중국어 전문지식과 관련된 어휘의 유형과 분포는 〈표 80〉과 같다.

〈표 80〉 중국어 전문지식과 관련된 어휘 분석 결과

유형			수량	비율(%)
한자어	동형동의어		32	34.4%
	이형동의어		30	32.3%
	동형이의어		2	2.1%
	신조어	동형동의 신조어	21	31.2%
		이형동의 신조어	8	

중국어 전문지식과 관련된 한자어는 모두 93개이다. 그 중 동형동의어는 32개이며 전체 한자어의 34.4%를 차지한다. 이형동의어는 30개인데 전체 한자어의 32.3%를 차지한다. 동형동의어와 이형동의어는 수량이 비슷하다. 그리고 한자 신조어는 총 26개로 전체 한자어의 31.2%를 차지한다. 신조어에서 다시 세분하여 동형동의 신조어는 21개이고 이형동의 신조어는 8개이다. 그리고 동형이의어는 2개로 가장 적다.

지금까지 선정된 어휘의 특징을 분석해 보았다. 문서 작성 관련 어휘는 서식적 특징과 어종에 따른 특징이 있다. 그리고 교재 이해에 필요한 어휘는 구성적 특징과 어종적 특징으로 나누어진다. 또한 중국어 전문지식 관련 어휘를 어종에 따라 분석하면 모두 한자어이다. 구체적으로 문서 작성 관련 어휘는 서식적 특징을 분석해 보면 강의 계획서 형식을 드러낸 어휘, 강의 진도표와 출석부 형식을 드러낸 어휘, 학생 평가서 형식을 드러낸 어휘, 수업 지도안 형식을 드러낸 어휘가 많다. 어종에 따라 한자어와 한자어가 아닌 어휘로 분류할 수 있다. 문서 작성 과련 어휘를 서식적 특징과 어종적 특징을 종합하여 분석하면 우선 한자어의 비중은 강의 계획서 관련 어휘 97.3%를, 수업 진도표와 출석부 관련 어휘 90.7%를, 학생 평가서 관련 어휘 97.4%를, 수업 지도안 관련 어휘가 82.8%를 차지한다. 교재 이해 관련 어휘는 교재 구성적 특징에 따라 내용 관련 어휘와 연습 문제 설명 관련 어휘로 분류된다. 교재 이해 관련 어휘를 구성적 특징과 어종적 특징을 종합하여 분석하면 교재 본문 내용 관련 어휘 중 한자어는 81.4%를 차지하며 한자어가 아닌 어휘는 18.6%를 차지한다. 연습 문제 설명 관련 어휘 중 한자어는 62.5%를 차지하며 한자어가 아닌 어휘는 비교적 큰 비중인 37.5%로 차지한다. 중국어 전문지식 관련 어휘는 전부 한자어이며 문서 작성과 교재 이해 관련 한자어와 비교하면 한자 신조어가 포함되어 있는 특징이 있다.

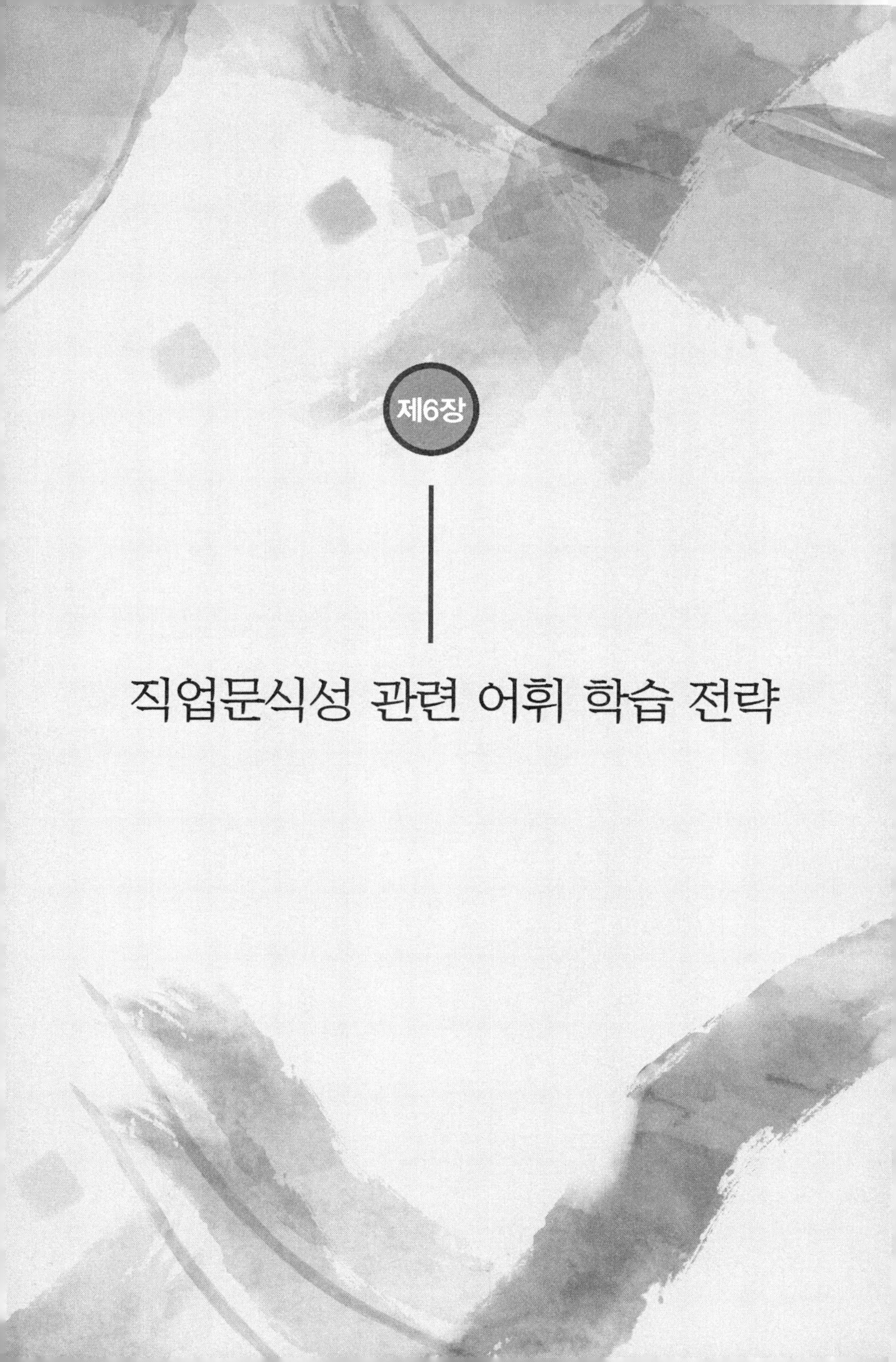

제6장

직업문식성 관련 어휘 학습 전략

01

직업문식성 관련 어휘 학습 전략의 유형과 모형

본 장에서는 먼저 중국어 강사로서의 직업문식성 관련 어휘 학습 전략의 유형과 모형을 살펴본 다음에 이에 따라 어휘 학습 전략의 실제를 연구할 것이다. 중국어 강사로서의 직업문식성 관련 어휘 학습 전략에는 내용 중심 어휘 학습 전략과 기능 중심 어휘 학습 전략이 있다. 본 연구에서는 내용과 기능을 종합하여 학습 전략을 고찰할 것이다.

1.1. 직업문식성 관련 어휘 학습 전략의 유형

1.1.1. 내용 중심 어휘 학습 전략

본 연구에서 직업문식성 관련 어휘 학습 전략은 내용 중심 어휘 학습 전략과 기능 중심 어휘 학습 전략으로 구성된다. 내용 중심 어휘 학습 전략은 주로 어떤 내용 범주를 중심으로 서로 연관 짓는 어휘를 하나로 묶어서 그의 특성에 맞추는 학습 전략이다. 본 연구에서 선정된 어휘는 크게 세 가지 내용 범주와 관련된다. 이 세 가지 내용 범주는 문서 작성, 교재 이해, 중국어 전문지식이다. 각 내용 범주를 중심으로 문서 작성과 관련된 어휘, 교재 이해와 관련된 어휘, 중국어 전문지식과 관련된 어휘로 묶을 수 있다. 문서 작성의 내용 범주를 세부 분석하면 강의 계획서, 수업 진도표와 출석부, 학생 평가서, 수업 지도안 네 가지 내용 요소가 있다. 각 내용 요소를 중심으로 강의 계획서와 관련된 어휘, 수업 진도표와 출석부와 관련된 어휘, 학생 평가서와 관련된 어휘, 수업 지도안과 관련된 어휘는 각각 하나로 묶을 수 있다. 교재 이해 관련 내용 범주는 세분하면 교재 본문 내용과 관련된 어휘와 연습 문제 설명과 관련된 어휘 두 가지의 내용 요소가 있다. 각 내용 범주와 관련된 어휘는 강사로서의 직무 수행과 밀접한 관계가 있기 때문에 이에 따라 어휘 학습 전략을 연구할 필요가 있다. 문서를 작성할 때 문서 관련 어휘가 필요할 것이고, 수업 준비 과정에서 교재 이해 관련 어휘가 또한 필요하며 강의를 할 때 중국어 문법 관련 등 지식이 있어야 한다.

각 내용 범주에 따라 직업문식성 관련 어휘 학습 전략은 크게 문서 작성과 관련된 어휘 학습 전략, 교재를 이해하는 데에 필요한 어휘 학습 전략, 중국어 전문지식과 관련된 어휘 학습 전략으로 분류할 수 있다. 문서 작성과 관련된 어휘 학습 전략은 다시 강의 계획서와 관련된 어휘의 학습 전략, 수업 진도표와 출석부와 관련된 어휘의 학습 전략, 그리고 학생 평가서와 관련된 어휘의 학습 전략, 수업 지도안과 관련된 어휘의 학습 전략으로 나눌 수 있다. 교재를 이해하는 데에 필요한 어휘 학습 전략은 다시 본문 내용과 관련된 어휘 학습 전략, 연습 문제 설명과 관련된 어휘 학습 전략으로 나눌 수 있다. 그러므로 본 연구에서 내용 중심 어휘 학습 전략의 내용적 측면에서의 유형을 정리하면 〈표 81〉과 같다.

〈표 81〉 내용 중심 어휘 학습 전략

<table>
<tr><td rowspan="7">내용 중심 어휘 학습 전략</td><td rowspan="4">1. 문서 작성과 관련된 어휘의 학습 전략</td><td>① 강의 계획서 관련 어휘 학습 전략</td></tr>
<tr><td>② 수업 진도표와 출석부 관련 어휘 학습 전략</td></tr>
<tr><td>③ 학생 평가서 관련 어휘 학습 전략</td></tr>
<tr><td>④ 수업 지도안 관련 어휘 학습 전략</td></tr>
<tr><td rowspan="2">2. 교재를 이해하는 데에 필요한 어휘의 학습 전략</td><td>① 본문 내용과 관련된 어휘 학습 전략</td></tr>
<tr><td>② 연습 문제 설명과 관련된 어휘 학습 전략</td></tr>
<tr><td colspan="2">3. 중국어 전문지식과 관련된 어휘의 학습 전략</td></tr>
</table>

1.1.2. 기능 중심 어휘 학습 전략

직업문식성은 언어 기능적 측면에서 읽기와 쓰기로 나눌 수 있다. 따라서 직업문식성과 관련된 어휘를 학습할 때 마찬가지로 읽기 전략과 쓰기 전략 두 가지 방면으로 연구한다. 여기서 말하는 '읽기'와 '쓰기'는 일반적인 '읽기'와 '쓰기'의 의미와는 거리가 있다. 여기서 '읽기'는 어휘를 보고 거기에 담긴 뜻을 헤아려 아는 법이고 '쓰기'는 일정한 글자의 모양이 이루어지게 하는 일을 가리킨다. 어휘의 읽기 전략은 어휘의 형태를 통하여 어휘의 의미를 추론하는 전략인데 이것은 Schmitt의 의미 발견 전략의 하위 전략인 의미 결정 전략에 해당한다. 어휘의 쓰기 전략은 어휘의 의미를 형태(문자)로 재현하는 전략인데 이것은 Schmitt의 기억 강화 전략의 하위 전략인 기억 전략, 인지 전략, 상위인지 전략과 비슷한 면이 있다. 그러나 인지 전략은 반복이나 기계적인 방법을 통해 어휘를 학습하는 전략이기 때문에 이미 널리 쓰이고 있는 전략이라 본 연구에서 더 이상 다루지 않겠다. 상위인지 전략은 실질적으로 언어를 사용하는 직접적 전략이 아니고 의식적으로 자신의 전반적인 학습을 계획, 통제, 평가하는 것을 말하며 목표어에 대한 노출의 기회를 많이 갖기 위해 쓰이는 전략인데 이는 또한 본서의 연구 내용에서 제외한다. 그러므로 본서에서 직업문식성 관련 어휘의 읽기 전략은 의미 결정 전략에 해당되고, 어휘 쓰기 전략은 기억 전략과 유사한 부분이 많다. 따라서 본 연구에서 기능 중심으로서의 직업문식성과 관련된 어휘 학습 전략의 구성은 〈표 82〉와 같다.

〈표 82〉 기능 중심으로서의 직업문식성 관련 어휘 학습 전략의 구성

직업문식성	
읽기	쓰기

⇩

상술한 바를 종합하면 직업문식성과 관련된 어휘 학습 전략은 언어의 기능적 측면에서 읽기 전략과 쓰기 전략으로 분류할 수 있다. 읽기 전략은 어휘를 이해하는 전략이고 쓰기 전략은 어휘를 표현하는 전략이라 할 수 있다. Schmitt의 의미 발견 전략의 하위 전략인 의미 결정 전략은 읽기 전략에 적용할 수 있으며 기억 강화 전략의 하위 전략인 기억 전략은 쓰기 전략에 적용할 수 있다.

〈표 83〉 기능 중심 어휘 학습 전략

기능 중심 어휘 학습 전략	읽기 전략
	쓰기 전략

1.2. 직업문식성 관련 어휘 학습 전략의 모형

본 연구에서 어휘 학습 전략은 내용과 기능을 종합하여 연구한다. 내용 중심 어휘 학습 전략과 기능 중심 어휘 학습 전략은 서로 의존하는 관계이다. 읽기와 쓰기는 내용 중심 어휘 학습 전략을 나타내는 형식이고 내용 중심 어휘 학습 전략은 일정한 내용 범주를 중심으로 서로 연관 짓는 어휘의 읽기와 쓰기 전략의 집합이다. 내용 중심 어휘 학습 전략을 하나의 굵은 선처럼 생각하면 읽기와 쓰기 전략은 그 선을 이루어지는 양면이다.

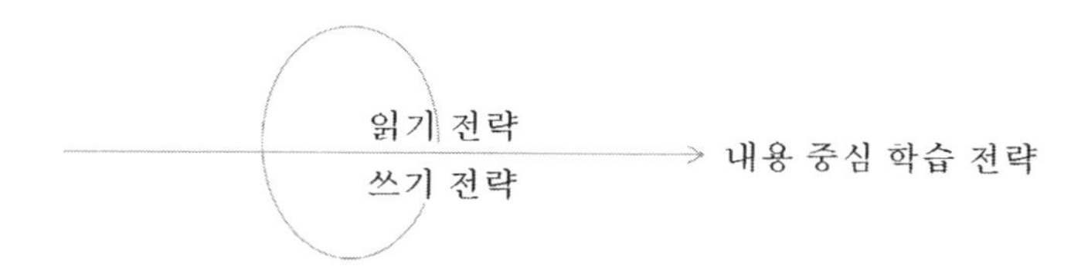

[그림 24] 내용 중심 학습 전략과 기능 중심 학습 전략의 관계

직업문식성 관련 어휘 학습 전략을 내용 중심과 기능 중심으로 함께 고려하여 연구할 때 먼저 문서 작성 관련 어휘의 학습 전략, 교재 이해 관련 어휘의 학습 전략, 중국어 전문지식 관련 어휘의 학습 전략으로 1차 분류를 한다. 그리고 각 유형에 따라 읽기 전략과 쓰기 전략의 두 가지 방면으로 연구한다. 즉 문서 작성 관련 어휘의 학습 전략은 문서 작성 관련 어휘의 읽기 전략과 쓰기 전략으로 구분할 수 있다. 교재 이해 관련 어휘의 학습 전략도 교재 이해 관련 어휘의

읽기 전략과 쓰기 전략으로 구분할 수 있다. 각 유형의 세분함에 따라 읽기 전략과 쓰기 전략도 세분할 수 있다. 예컨대 문서 작성 관련 어휘의 읽기 전략은 문서 세부 유형에 따라 강의 계획서 관련 어휘의 읽기 전략, 수업 진도표와 출석부 관련 어휘의 읽기 전략, 학생 평가서 관련 어휘의 읽기 전략, 수업 지도안 관련 어휘의 읽기 전략으로 나눌 수 있다. 문서 작성 관련 어휘의 쓰기 전략도 마찬가지로 강의 계획서 관련 어휘의 쓰기 전략, 수업 진도표와 출석부 관련 어휘의 쓰기 전략, 학생 평가서 관련 어휘의 쓰기 전략, 수업 지도안 관련 어휘의 쓰기 전략으로 나눌 수 있다. 교재 이해 관련 어휘의 읽기 학습 전략은 본문 내용 관련 어휘의 읽기 전략과 연습 문제 설명 관련 어휘의 읽기 전략으로 나눌 수 있으며 교재 이해 관련 어휘의 쓰기 전략은 본문 내용 관련 어휘의 쓰기 전략과 연습 문제 설명 관련 어휘의 쓰기 전략으로 나눌 수 있다. 마지막으로 중국어 전문지식 관련 어휘의 학습 전략은 중국어 전문지식 관련 어휘의 읽기 전략과 쓰기 전략으로 나눌 수 있다. 직업문식성 관련 어휘 학습 전략을 정리하여 제시하면 〈표 84〉와 같다.

〈표 84〉 중국어 강사로서의 직업문식성 관련 어휘 학습 전략의 모형

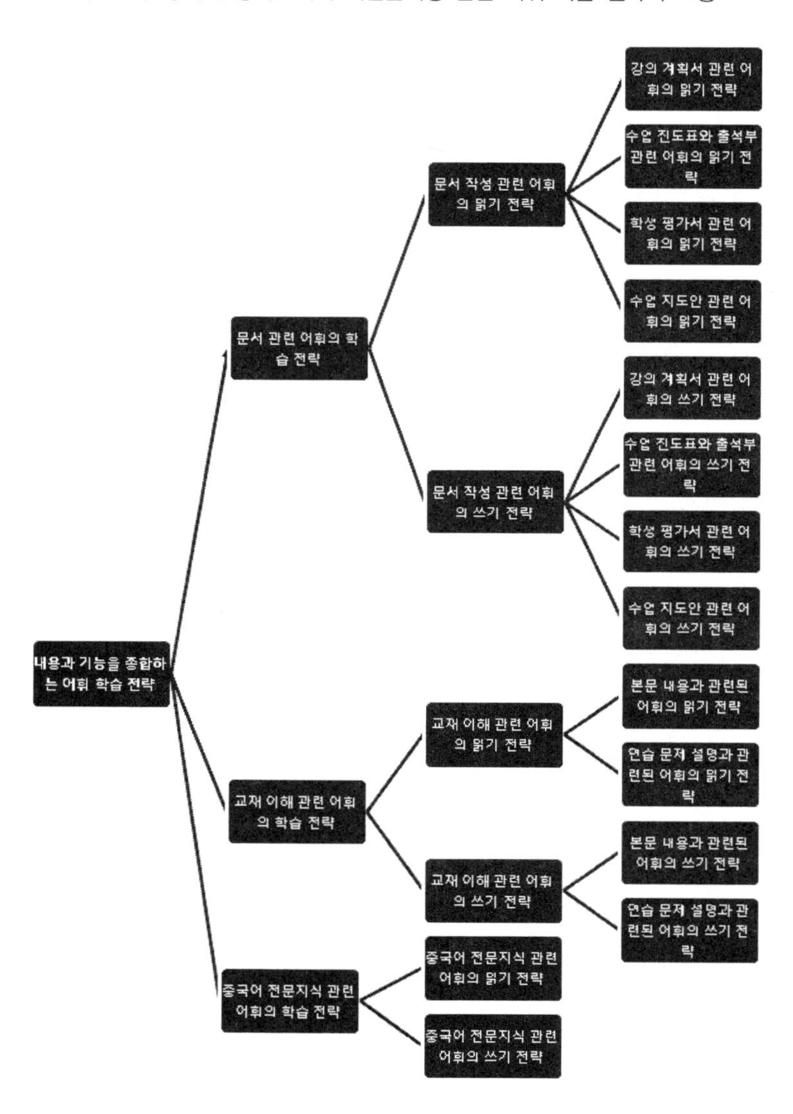

읽기 전략은 Schmitt(1997)의 의미 결정 전략으로 학습자가 새로운 단어를 접했을 때 의미를 알아내기 위해 사용하는 전략이다(김은정, 2004:10). 주로 단어 자체를 분석하는 전략이고, 추측을 통해 그 의미를 찾아내는 전략, 또는 참고가 될 만한 자료를 이용하는 전략이다. 쓰기 전략은 Schmitt(1997)의 기억 전략으로 주로 이전에 학습한 지식과 연결시키며 기존 지식과의 통합에서 처리 수준 이론에서 장기 기억을 위해서 필수적이라고 제안하는 정교화 처리 과정을 어느 정도 수반한다(김성은, 2011:10). Schmitt(1997)의 이론에 따라 의미 결정 전략으로서 단어 자체를 분석하는 것이 중요하며 기억 전략으로서 학습자가 학습한 지식과 연결시키는 것이 중요하다. 본 연구의 학습자가 중국인 결혼이민자이며 한자에 대한 지식이 있다는 전제하에 관련된 어휘의 학습 전략을 한자어와 한자어가 아닌 어휘의 학습 전략으로 분류한다. 각 영역에서 한자어는 가장 많은 비중을 차지하며 이를 중국어와 대조하여 세분하면 동형동의어, 이형동의어, 동형이의어, 도치어, 한자 신조어로 나눌 수 있다. 한자어가 아닌 어휘는 어종에 따라 혼종어, 고유어, 외래어로 분류한 다음 각 어휘 자체 특징에 따라 분석한다. 혼종어와 고유어는 어휘의 구조적 특징에 따라 혼종어는 파생적 혼종어와 합성적 혼종어로 분류되고 고유어는 단일어, 파생어 그리고 합성어로 분류된다.

한자어의 학습 전략은 먼저 한자어의 읽기 전략과 쓰기 전략으로 나눌 수 있다. 그리고 한자어의 세부 특징에 따라 한자어의 읽기 전략은 동형동의어의 읽기 전략, 이형동의어의 읽기 전략, 동형이의어의 읽기 전략, 도치어의 읽기 전략, 한자 신조어의 읽기 전략으로 분류한다. 한자어의 쓰기 전략은 동형동의어의 쓰기 전략, 이형동의어의 쓰기 전략, 동형이의어의 쓰기 전략, 도치어의 쓰기 전략, 한자 신조어의 쓰기 전략으로 분류한다. 한자어가 아닌 어휘의 학습 전략은 마찬가지로 먼저 한자어가 아닌 어휘의 읽기 전략과 한자어가 아닌 어휘의 쓰기 전략으로 나눌 수 있다. 그리고 한자어가 아닌 어휘의 분류에 따라 혼종어의 읽기 전략과 쓰기 전략, 고유어의 읽기 전략과 쓰기 전략, 외래어의 읽기 전략과 쓰기 전략으로 분류한다. 각 어휘의 세분함에 따라 혼종어는 파생적 혼종어의 읽기 전략과 쓰기 전략, 합성적 혼종어의 읽기 전략과 쓰기 전략으로 분류한다. 고유어는 단일어의 읽기 전략과 쓰기 전략, 파생어의 읽기 전략과 쓰기 전략, 합성어의 읽기 전략과 쓰기 전략으로 분류한다. 외래어는 읽기 전략과 쓰기 전략으로 나눌 수 있다.

직업문식성 관련 어휘 학습 전략의 실제

본 연구에서 중국어 강사로서의 직업문식성과 관련된 어휘를 선정하였다. 중국어 강사로서의 직업문식성은 내용적 측면에서 주로 업무와 관련된 문서 작성, 교재를 이해하기, 또한 전문지식 학습하기 등을 포함한다. 그리고 언어 행위의 측면에서 읽기와 쓰기로 나눌 수 있다. 그러므로 관련된 어휘의 학습 전략을 연구할 때 마찬가지로 문서 작성과 관련된 어휘의 학습 전략, 교재를 이해하는 데에 필요한 어휘의 학습 전략, 그리고 중국어 전문지식과 관련된 어휘의 학습 전략으로 나누어서 기술한다. 다음으로 각 영역에서 관련된 어휘의 학습 전략은 읽기 전략과 쓰기 전략의 두 가지 방면에서 고찰할 것이다.

2.1. 문서 작성 관련 어휘의 학습 전략

2.1.1. 문서 작성 관련 어휘의 읽기 전략

문서 작성 관련 어휘의 학습 전략은 읽기 전략과 쓰기 전략으로 나눌 수 있다. 문서의 세부 분류에 따라 강의 계획서 관련 어휘의 읽기 전략, 수업 진도표와 출석부 관련 어휘의 읽기 전략, 학생 평가서 관련 어휘의 읽기 전략, 수업 지도안 관련 어휘의 읽기 전략으로 세부 분류할 수 있다. 먼저 강의 계획서 관련 어휘의 읽기 전략을 연구해 보고자 한다.

2.1.1.1. 강의 계획서 관련 어휘의 읽기 전략

강의 계획서 관련 어휘의 읽기 전략을 연구하기 위해 강의 계획서의 형식을 드러낸 어휘의 특징을 분석해 보면 한자어와 한자어가 아닌 어휘로 구분할 수 있다. 선정된 관련 어휘는 하나만 제외하면 모두 한자어이기 때문에 한자어의 읽기 전략이 매우 중요한 의미가 될 수 있다. 강의 계획서 관련 어휘를 읽을 때 강의 계획서 견본을 이용하면 직관적으로 효율적인 학습이 이루어질 수 있다.

① 강의 계획서 견본을 사용하기

강의 계획서 관련 어휘를 읽을 때는 강의 계획서 견본을 사용하면 효율적인 학습이 될 수 있다. 강의 계획서 관련 어휘의 특징은 계획서 형식을 드러낸 어휘가 많다. 이 점을 고려하여 강의 계획서 견본을 통하여 형식을 드러낸 어휘와 내용 작성에 필요한 어휘를 함께 접할 수 있다. 강의 계획서 관련 어휘는 견본을 통하여 조화롭게 하나의 그물망처럼 형성된다.

강의 계획서 견본을 사용해서 관련 어휘를 읽을 때, 먼저 강의 계획서에서 노출된 관련 어휘를 표시한다. 그리고 표시된 개별 어휘의 의미를 문맥을 통해 추측해 본다. 만약 강의 계획서 견본에서 어휘의 의미를 추론할 수 있을 만큼 글이 많이 노출되어 있지 않으면 의미 추론이 어려울 수 있다. 그러면 해당 어휘의 어종적 특징을 파악해야 한다. 어종에 따라 적절한 읽기 전략을 사용할 수 있다. 강의 계획서 견본을 사용하는 전략을 예를 들어 설명해 본다.

먼저 OO학원의 중국어 회화 속성반의 강의 계획서를 〈표 85〉와 같이 제시하도록 한다. 그리고 계획서에서 노출된 관련 어휘를 표시한다.

〈표 85〉 강의 계획서 견본

강의 계획서

속성반 담당 강사 : OOO

교육 과정	중국어 회화 (입문)		
강의 시간	매주 월 수 금 10:00~12:00		
학습 목표	일상생활에서 필요한 간단한 중국말을 구사할 수 있도록 한다.		
교수-학습 방법	담화 방식으로 다양한 상황에서 적절한 중국어 표현을 익히기.		
교재	한어구어 1		
횟수	세부 강의 내용	교수 학습 자료	학습자 준비물
1	중국어의 개괄적인 설명 및 중국어 발음의 구성요소인 기본 단운모 발음 연습하기.	ppT	교재
2	상조와 한어병음에 대한 이해하기. 단운모 및 성모 발음 연습하기.	ppT	교재
3	단운모의 결합을 통한 복운모의 발음 연습하기. 성모 및 성모와 운모의 결합을 통한 발음 연습하기.	ppT	교재
4	성모와 운모 결합 발음과 성조의 결합을 통한 발음연습하기. 간단한 회화를 통한 발음 연습하기.	ppT	교재
5	일상생활과 관련된 기본적인 회화 연습하기. 사물의 그림을 통한 발음 연습하기.	ppT	교재
6	고마움이나 감사함의 표현을 익히기. 나라 이름과 가족 관계 관련 단어 익히기.	ppT	교재
7	처음 만나는 사람과의 대화 및 자기 소개하는 표현을 익히기	ppT	교재
8	식구의 수, 돈의 계산 등 여러 상황의 회화를 통하여 숫자 익히기.	ppT	교재
9	중국어의 대표적인 주술문의 순서 익히기. 인칭대명사와 지시대명사 익히기	ppT	교재
10...	생략		

이 강의 계획서 견본에서 노출된 관련 어휘는 '강의, 계획서, 속성반, 담당, 강사, 과정, 회화, 학습, 목표, 교수, 방식, 교재, 횟수, 자료, 학습자, 준비물, 세부' 등이 있다. 표시된 어휘의 의미를 파악하기 위해 먼저 강의 계획서 전체 내용을 참고하고 개별 어휘의 의미는 문맥을 통해 추측해 본다. 예를 들면 '목표'란의 구체적인 내용을 살펴봄으로써 '목표'라는 단어의 의미 파악에 도움이 될 것이다. 만약에 뜻을 파악하기 어려운 단어가 있으면 그 단어가 한자어인지 아닌지를 먼저 판단하고 단어의 어종적 특징에 따라 적절한 읽기 전략을 사용할 수 있다.

② 한자음 익히기

중국인 결혼이민자는 한자에 대한 지식을 이미 습득하였기 때문에 한자어를 이해하는 데 영향을 미친다. 한자어는 중국어와 동일한 면도 있지만 이질적인 면도 있다. 이런 점을 충분히 고려하여 한자어를 학습할 때 적극적인 전이를 형성하도록 학습 전략을 선정할 필요가 있다. 본 연구에서 선정된 강의 계획서와 관련된 어휘는 하나의 외래어를 제외하고 모두 한자어이다. 본 연구에서 선정된 강의 계획서 관련 한자어는 주로 동형동의어, 이형동의어, 동형이의어로 세부 분류할 수 있다. 각 유형의 특징에 따라 읽기 전략도 달라진다.

한자음을 익히는 전략은 주로 동형동의어[34]를 읽을 때 사용한다.

34 본서에서 어휘 종류 별로 학습 전략을 다루었지만 그 종류의 어휘 학습에 단일한 학습 전략을 적용할 수 있는 뜻이 아니라 그 종류의 어휘를 학습할 때 특정한 학습 전략은 크게 도움이 된다는 뜻이다.

동형동의 한자어는 선정된 어휘의 73.0%를 차지하고 있다. 따라서 동형동의 한자어의 학습은 매우 중요하다. 한자어와 대응되는 중국어 어휘는 일대일의 동일한 의미를 가지고 있지 않지만 본 연구에서 선정된 동형동의어는 대다수가 명사이기 때문에 의미가 거의 비슷하다고 볼 수 있다. 중국인 학습자는 이미 한자의 의미를 습득하였기에 한자음을 알면 대응되는 한자를 알게 될 것이고 그 어휘의 의미를 추측할 수 있다. 따라서 한자음에 대응되는 한자를 통하여 그 어휘의 의미를 효율적으로 파악할 수 있을 것이다. 동형동의어를 읽을 때 먼저 한자어의 각 형태소를 한자음을 통하여 대응되는 한자로 전환한다. 그러므로 해당 한자어는 중국어 어휘의 형태로 나타나게 된다. 학습자가 모국어 문자인 한자에 대한 지식을 활용하여 한자어의 의미를 쉽게 추측할 수 있을 것이다. 이를 예를 들어 설명하면 〈표 86〉과 같다.

〈표 86〉 강의 계획서 관련 동형동의어 읽기 예시

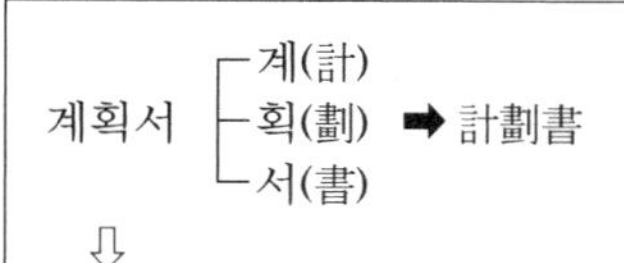

계획서(計劃書): 計劃書是党政机, 企事业单位, 社会团体对今后一段时间的工作, 活动作出预想和安排的一 种事务性文书. (계획서는 정부 기관, 기업이나 사업 기관, 사회단체 등은 앞으로 한 동안의 업무, 활동 등에 대한 예측과 안배하는 사무적 문서이다.[35])

---

35 본 연구에서의 중국어 해석은 新华字典을 참조하였다, 한국어 해석은 국립국어원 표준국어대사전을 참조하였다.

'계획서'를 읽을 때 먼저 각 형태소를 한자음을 통하여 대응되는 한자로 전환한다. '계'에 대응된 한자는 '計'이고, '획'에 대응된 한자는 '劃'이며, '서'에 대응된 한자는 '書'이다. 그래서 '계획서'에 대응된 중국어는 '計劃書'이다. 학습자가 중국어 '計劃書'의 의미를 이미 알고 있으므로 '계획서'의 의미를 추측할 수 있을 것이다. 계획서에 대응되는 중국어 해석은 한국어 해석과 약간의 차이가 있지만 의미는 거의 비슷하다. 단 해석의 정도에 약간의 차이가 있을 뿐이다. 그러므로 동형동의어는 읽을 때 한자음에 대응되는 한자를 알면 그 어휘의 의미를 추측하는 데 별문제 없을 것으로 본다.

③ 한자음 익히기와 한·중 어휘 대조 목록 참조하기

이 학습 전략은 주로 이형동의어를 읽을 때 사용한다. 이형동의어의 특징은 중국어와 대조하여 어휘를 구성하는 한자 형태소가 다르다. 한국 한자어와 중국어는 서로 다른 한자로 같은 의미를 표현한다. 이 유형은 어휘를 구성하는 한자가 완전 다른 경우가 있고 부분 다른 경우가 있는데 본 연구에서 선정된 강의 계획서 관련 이형동의어는 모두 부분적인 한자 형태소가 다르다. 따라서 이형동의어는 중국어와 약간의 차이가 있지만 대체로 한자의 형태를 보면 그 어휘의 의미를 추측할 수 있을 것이다. 예를 들면 '기말고사'에 해당하는 중국어는 '期末考试'인데 한자어에서 '고사'를 사용하는 것을 대신해 중국어에서 '考試'로 사용한다. 이런 차이점을 알면 대체로 이형동의어의 의미를 추측할 수 있을 것이다. 그러나 한·중 어휘 목록을 대조하지 않으면 오류를 범하기 쉬우므로 한·중 이형동의어 목록을 대조하여 제시하면 〈표 87〉과 같다.

〈표 87〉 강의 계획서 관련 이형동의어 한·중 대조 목록

한국 한자어	중국어
기말고사(期末考査)	期末考试
문법(文法)	语法
세부(細部)	细节
중간고사(中間考査)	期中考试
담당(擔當)	担任
문서(文書)	文件
준비물(準備物)	准备的东西
학습자(學習者)	学习的人

강의 계획서 관련 이형동의어의 읽기 전략을 정리하면 먼저 한자음을 익힘으로써 한자음에 대응되는 한자를 밝힌다. 그리고 강의 계획서 관련 이형동의어 한·중 대조 목록을 사용하여 한자어를 구성하는 형태소와 중국어를 구성하는 형태소의 차이점을 알아낸다. 이로써 이형동의어에 대응되는 중국어를 알게 되고 해당 이형동의어의 의미를 이해하게 될 것이다. 이를 정리하여 〈표 88〉과 같이 예를 들어 설명한다.

〈표 88〉 강의 계획서 관련 이형동의어(부분 이형) 읽기 예시

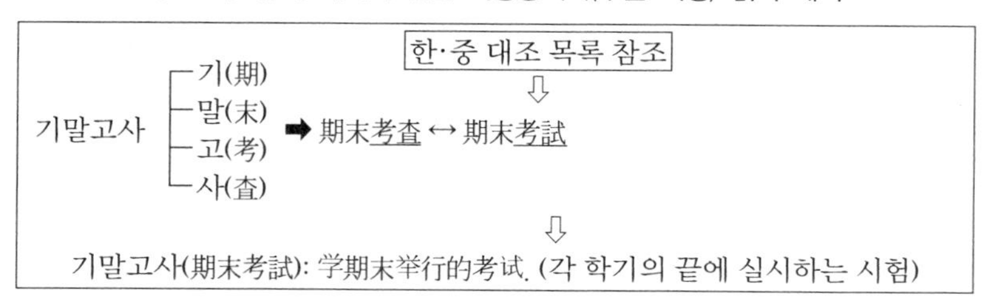

'기말고사'를 읽을 때 먼저 각 형태소를 한자음을 통하여 대응된 한자로 전환한다. '기말'에 대응된 한자는 '期末'이고, '고사'에 대응된 한자는 '考査'이다. 그러면 '기말고사'에 대응된 한자는 '期末考査'이다. 그러나 '期末考査'는 한국에서만 쓰이는 어휘이고 현대 중국어로 쓰이지 않는다. '기말고사'에 해당된 현대 중국어를 알아내기 위해 강의 계획서 관련 이형동의어 한·중 대조 목록을 참조한다. 목록을 통하여 '기말고사'에 해당한 중국어는 '期末考試'인 것을 알 수 있다. 한자어와 중국어를 구성하는 형태소를 분석해 보면 '考査'와 '考試'의 차이가 있다. 학습자가 '期末考試'의 의미를 이미 알고 있으므로 대응된 한자어 '기말고사'의 의미를 알게 될 것이다.

④ 어휘 목록 참조하기와 의미 변별하기

이 학습 전략은 주로 동형이의어를 읽을 때 사용한다. 동형이의어는 중국어와 형태가 같지만 의미가 다르다. 역사적·문화적인 원인 등으로 인하여 한국에서 사용하는 한자어와 현대 중국에서 사용하는 어휘는 형태가 같지만 의미와 용법 등 면에서 다르다. 중국인들은 이런 어휘의 이해와 사용에 크게 어려움을 겪는다. 이런 모국어 간섭을 줄이기 위해서는 먼저 동형이의어 목록을 제시하고 그 다음에 의미를 변별하는 것이 좋다. 강의 계획서 관련 동형이의어 목록을 제시하면 다음과 같다.

〈표 89〉 강의 계획서 관련 동형이의어 한·중 대조 목록

한자어	중국어
강의(講義)	上课

동형이의어를 학습할 때는 먼저 어휘 목록을 참고하고, 다음으로 한·중 어휘의 의미를 대조함으로써 동형이의어에 해당하는 중국어를 알게 된다.

예시를 들어 동형이의어의 의미 변별 과정을 제시하면 〈표 90〉와 같다.

〈표 90〉 동형이의어 의미 변별 예시

<table>
<tr><th></th><th>한자어</th><th>중국어</th></tr>
<tr><td rowspan="3">강의</td><td rowspan="3">강의: 학문이나 기술의 일정한 내용을 체계적으로 설명하여 가르침.</td><td>讲义:지도안</td></tr>
<tr><td>해당 중국어</td></tr>
<tr><td>上课</td></tr>
<tr><td>예문</td><td>1. 음운론 강의 노트 좀 빌려 줘요.
2. 강의 시간에 자지 마세요.
3. 최선생은 중국어 회화 강의를 하고 있다.</td><td>1. 音韵课的笔记借我一下.
2. 上课时间不要睡觉.
3. 崔老师正在上汉语口语课.</td></tr>
</table>

동형이의어의 읽기 과정을 예를 들어 설명하면 〈표 91〉과 같다.

〈표 91〉 동형이의어 읽기 예시

한·중 대조 목록 참조

⇩

강의-(講義) ⇒ 의미 변별 ⇒ 해당 중국어: 上課

⇩

강의: 학문이나 기술의 일정한 내용을 체계적으로 설명하여 가르침.

동형이의어 '강의(講義)'를 읽을 때 먼저 중국어 '講義'와 다르다는 것을 한·중 대조 목록을 통해서 알 수 있다. 그리고 '강의(講義)'와 중국어 '講義'의 의미를 변별한다. 이어서 한국어 '강의(講義)'의 의미를 더 확실하게 이해하기 위해 예문 몇 개를 제시함으로써 '강의(講義)'에 대한 이해를 심화시켜 동시에 그에 대응되는 중국어를 터득하게 한다.

⑤ 원어와 병기하기

이상으로 강의 계획서 관련 한자어의 읽기 전략을 살펴보았고 다음으로 한자어가 아닌 어휘의 읽기 전략[36]을 살펴보고자 한다. 본 연구에서 선정된 강의 계획서 관련 한자어가 아닌 어휘는 외래어 '테스트'하나만 있다. 외래어 '테스트'의 원어는 'test'이고 발음은 [test]인데 차용 방식은 음역이다. 즉 외국어 본래의 음과 비슷한 음으로 표기해서 한국어의 특성과 규칙에 맞게 만들었다.

본서에서 선정된 강의 계획서 관련 외래어는 음역 외래어이고 음역 외래어는 외국어 본래의 음과 비슷하므로 외래어를 읽을 때 원어와 병기하면 외래어의 의미를 추측할 수 있을 것이다. 외래어를 읽을 때 먼저 외래어의 원어를 밝히고 병기한다. 학습자가 외국어의 의미를 통해 외래어의 의미를 추론할 수 있을 것이다. 외래어의 읽기 과정을 제시하면 〈표 92〉와 같다.

---

36 중국어 강사로서의 직업문식성 관련 어휘는 어종에 따라 분석해 보면 한자어가 많은 것은 가장 뚜렷한 특징이다. 따라서 한자어를 학습하는 것은 매우 중요하다. 그러나 한자어가 아닌 어휘의 양이 많지 않지만 반드시 필요하기 때문에 그와 관련된 학습 전략을 마련하는 것도 중요하다.

〈표 92〉 외래어 읽기 예시

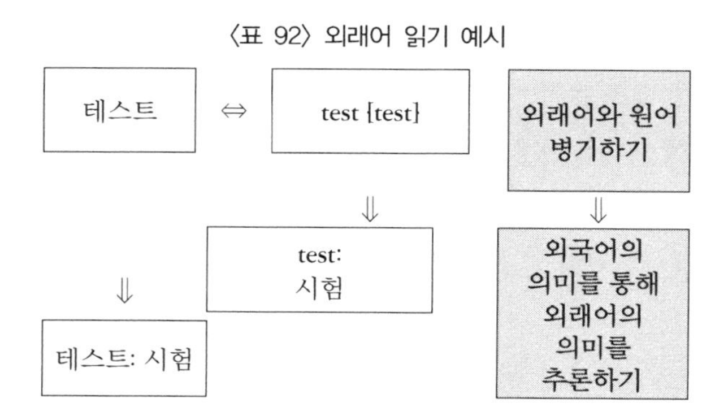

'테스트'를 읽을 때 먼저 '테스트'의 원어를 밝히고 병기한다. 학습자가 원어인'test'의 의미를 이미 알고 있을 것이다. '테스트'의 차용 방식에 따라 원어와 같은 의미를 가짐으로 '테스트'의 의미를 'test'를 통해 추론해서 이해할 수 있다.

2.1.1.2. 수업 진도표와 출석부 관련 어휘의 읽기 전략

① 수업 진도표와 출석부 견본을 사용하기

수업 진도표와 출석부와 관련된 어휘는 견본을 통해 많이 노출할 뿐만 아니라 내용 작성 방법까지 학습할 수 있다. 먼저 수업 진도표와 출석부 형식을 드러낸 어휘를 표시하고, 어휘의 의미를 전체 내용과 연관 지어 추측해 보고자 한다. 예컨대 '교재'란에서 교재명이 적혀 있기 때문에 '교재'의 의미를 추측하는 것이 가능하다. 추측하기 어려운 어휘는 어종적 특징에 따라 적절한 읽기 전략을 사용할 수 있다. 수업 진도표와 출석부 견본을 사용하는 전략은 〈표 93〉과 〈표 94〉를 참조할 수 있다.

〈표 93〉 수업 진도표 견본

수업 진도표

초급반 담당 강사 :

교육 과정	기초 과정
수업 시간	매주 월 수 금 6:00~8:00
교재	한어구어 2
월 일	**교육 내용 (종료 페이지 표시)**
9/3	1과 본문 해석, 문법 설명. P.13.
9/5	1과 연습 문제 풀기. 자유 대화하기. P.20.
9/7	2과 본문 해석, 문법 설명 P.27.
9/10	2과 연습 문제 풀기. 자유 대화하기. P.31.
9/12	3과 본문 해석, 문법 설명. P.35.
9/14	3과 연습 문제 풀기. 자유 대화하기. P.39
9/17	4과 본문 해석, 문법 설명. P.44.
9/21	4과 연습 문제 풀기. 자유 대화하기. P.48.
9/24	5과 본문 해석, 문법 설명. P.53.
9/26	5과 연습 문제 풀기. 자유 대화하기. P.58
9/28	1-5과 내용 정리하고 복습하기.

당월 종료 진도 (종료과만 표시)	한어구어25과
다음 월 개강 시작 진도	한어구어26과
수강생 명단 (성명)	원OO
	최OO
	박OO
	김OO
	이OO
	황OO
	길OO
기타 의견	
특이 사항	

수업 진도표와 관련 어휘를 읽을 때 수업 진도표 견본을 사용할 수 있다. 먼저 수업 진도표에서 노출된 관련 어휘를 밑줄로 표시한다. 수업 진도표와 관련된 어휘는 '진도표, 담당, 당월, 개강, 수강생' 등이 있다. 이런 어휘를 읽을 때 견본의 내용을 참고하여 의미를 추측할 수 있다. 예를 들면 '수강생 명단'란에서 각 수강생의 명단이 올려 있다. 그러므로 이 부분은 '수강생 명단'이라는 것을 알 수 있을 것이다. 이에 '수강생'의 의미 추측이 가능하다.

〈표 94〉 출석부 견본

월 출석부

______반 담당 강사 :
출석 O 결석 x 지각 △

번호	성명	연락처	일	9/3	9/5	9/7	9/10	9/12	비고
			요일	월	수	금	월	수	
1	원OO	xxx							
2	최OO	xxx							
3	박OO	xxx							
4	김OO	xxx							
5	이OO	xxx							
6	황OO	xxx							
7	길OO	xxx							
생략									

출석부 관련 어휘를 읽을 때 출석부 견본을 사용할 수 있다. 먼저 출석부 관련 어휘인 '출석부, 담당, 강사, 출석, 결석, 성명' 등을 밑줄

로 표시한다. 그리고 견본 내용에 근거하여 견본 형식을 드러낸 어휘의 의미를 추측할 수 있을 것이다. 예를 들면 '성명'란에서 학생의 이름이 적혀 있기 때문에 '성명'의 의미를 추측할 수 있을 것이다.

② 한자음 익히기

수업 진도표와 출석부와 관련된 어휘는 총 32개인데 어종에 따라 한자어와 한자어가 아닌 어휘로 분류할 수 있다. 한자어는 29개이고 한자어가 아닌 어휘는 3개이다. 한자어는 세부 분류하면 동형동의어, 이형동의어, 동형이의어가 있다. 그 중 동형동의어가 19개로 가장 많고 그 다음으로 이형동의어는 8개이다. 그리고 동형이의어는 2개로 비교적 적은 편이다.

한자음을 익히기는 주로 동형동의어를 읽을 때 사용한다. 동형동의어를 구성하는 한자 형태소의 한자음을 익히면 대응되는 중국어를 알 수 있을 것이다. 학습자가 이미 중국어에 대한 지식을 갖추기 때문에 한자를 통해서 한자어의 의미를 추론할 수 있다. 동형동의어의 읽기 과정을 예를 들어 설명하면 〈표 95〉와 같다.

〈표 95〉 수업 진도표와 출석부 관련 동형동의어 읽기 예시

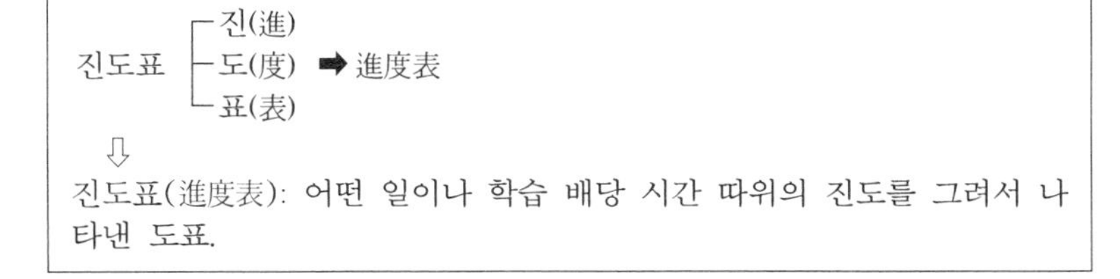

③ 한자음 익히기와 한·중 어휘 대조 목록 참조하기

이 학습 전략은 주로 이형동의어를 읽을 때 사용한다. 본 연구에서 선정된 수업 진도표와 출석부 관련 이형동의어는 '중간고사, 출석률, 수강생' 등 8개 어휘가 있다. 이형동의어는 중국어와 대조하여 부분 한자 형태소가 다른 어휘는 7개가 있고, 한자 형태소가 완전 다른 어휘 하나만 있다. 한자 형태소의 차이점을 알기 위해 한·중 어휘 대조 목록을 참조할 필요가 있다. 수업 진도표와 출석부 관련 이형동의어는 중국어와 대조하여 제시하면 〈표 96〉과 같다.

〈표 96〉 수업 진도표와 출석부 관련 이형동의어 한·중 대조 목록

한국어	중국어	한국어	중국어
중간고사(中間考査)	期中考试	비고(備考)	备注
기말고사(期末考査)	期末考试	수강생(受講生)	听讲人
출석률(出席率)	出勤率	출석부(出席簿)	点名册
담당(擔當)	担任	휴일(休日)	假日

수업 진도표와 출석부 관련 이형동의어의 읽기 전략을 정리하면 먼저 한자음을 익힘으로써 한자 형태소에 대응되는 한자를 밝힌다. 그리고 수업 진도표와 출석부 관련 이형동의어 한·중 대조 목록을 참조하여 한자어와 중국어를 구성하는 형태소의 차이점을 알아낸다. 이로써 이형동의어에 대응되는 중국어를 알게 되고 한자어의 의미를 추론할 수 있을 것이다.

〈표 97〉 수업 진도표와 출석부 관련 이형동의어 읽기 예시

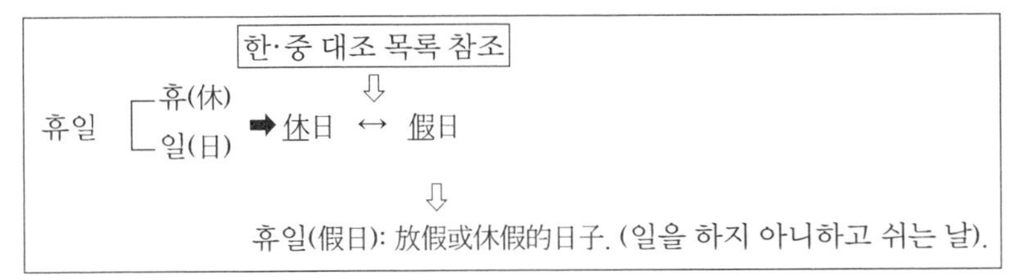

④ 어휘 목록 참조하기와 의미 변별하기

이 학습 전략은 주로 동형이의어를 읽을 때 사용한다. 본 연구에서 선정된 동형이의어는 '부'와 '제출'이 있다. 동형이의어를 읽을 때는 먼저 어휘 목록을 참조하고, 그리고 한·중 어휘의 의미를 대조함으로써 동형이의어에 해당하는 중국어를 알아낸다. 이로써 학습자가 이미 알고 있는 중국어의 의미를 통해 동형이의어의 의미를 추론할 수 있다. 동형이의어의 읽기 과정은 2.1.1.1. ④를 참조할 수 있다. 수업 진도표와 출석부 관련 동형이의어의 한·중 대조 목록을 정리하여 제시하면 〈표 98〉과 같다.

〈표 98〉 수업 진도표와 출석부 관련 동형이의어 한·중 대조

한자어	중국어
부(部)	份
제출(提出)	提交

⑤ 동사와 사동 접미사 분석하기

이상으로 수업 진도표와 출석부 관련 한자어의 읽기 전략을 살펴보았으며 다음으로 한자어가 아닌 어휘의 읽기 전략을 살펴보고자

한다. 수업 진도표와 출석부 관련 한자어가 아닌 어휘는 고유어 '맞추다'와 외래어 '체크'와 '페이지'가 있다. 고유어 '맞추다'의 구성을 분석하면 동사 '맞다'와 사동의 뜻을 더하는 접미사 '-추-'의 결합이다. 이 특징에 따라 동사와 사동 접미사를 분석하는 전략으로 어휘를 이해할 수 있다.

동사와 사동 접미사를 분석하는 전략은 주로 사동사를 읽을 때 사용한다. 사동 동사를 읽을 때 먼저 어휘의 구성 성분을 분석한다. 고유어 '맞추다'동사 '맞다'와 사동 접미사 ' -추-'로 구성된다. 다음으로 동사의 의미를 알아내는 것과 동시에 접미사의 용법을 학습한다. 그러므로 동사의 의미를 파악하게 되며 접미사의 용법을 이해하게 된다. 마지막으로 동사의 의미와 접사의 용법을 종합하여 파생어의 의미를 추론할 수 있다. 다음 〈표 99〉에서 직관적으로 설명한다.

〈표 99〉 사동 동사의 읽기 예시

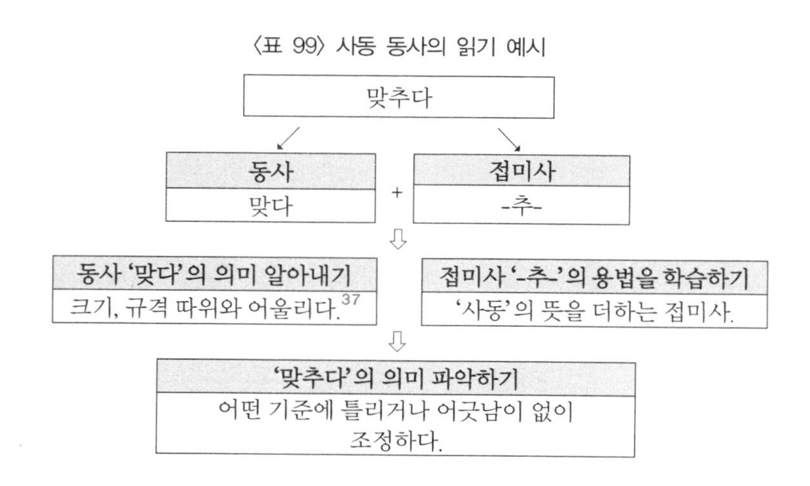

37 문맥을 통해 '맞다'의 의미를 구분할 수 있다. 국립국어원 표준국어대사전을 참고함.

⑥ **원어와 병기하기**

이 학습 전략은 주로 외래어를 읽을 때 사용한다. 외래어를 읽을 때 원어와 병기하면 학습자가 원어에 대한 지식을 활용하여 외래어의 의미를 추론할 수 있을 것이다. 외래어의 읽기 과정은 구체적으로 2.1.1.2. ⑤를 참조할 수 있다. 본 연구에서 선정된 수업 진도표와 출석부 관련 외래어는 '체크'와 '페이지'가 있다. '페이지'로 예를 들어 외래어의 읽기 과정을 제시하면 <표 100>과 같다.

<표 100> 수업 진도표와 출석부 관련 외래어 읽기 예시

페이지 ⇔ page [peɪdʒ]

⇓

page: 쪽

⇓

페이지: 쪽

외래어와 원어 병기하기

⇓

외국어의 의미를 통해 외래어의 의미를 추론하기

2.1.1.3. 학생 평가서 관련 어휘의 읽기 전략

① **학생 평가서 견본을 사용하기**

학생 평가서 관련 어휘를 읽을 때 마찬가지로 먼저 학생 평가서 견본을 사용하는 것이 좋다. 학생 평가서 견본을 통해 서식 양식을 드러낸 어휘와 내용 작성과 관련된 어휘를 많이 노출하게 된다. 노출된 어휘를 문맥에 근거하여 의미 추측이 어느 정도 가능하다. 견본 사용하기 전략은 구체적으로 2.1.1.1. ①을 참고할 수 있다.

② **한자음 익히기**

학생 평가서 관련 한자어의 읽기 전략을 살펴보고자 한다. 본 연구에서 선정된 학생 평가서 관련 어휘는 총 38개이다. 어종에 따라 먼저 한자어와 한자어가 아닌 어휘로 분류한다. 한자어가 아닌 어휘에서는 혼종어 하나를 제외하면 모두 한자어이다. 한자어는 다시 세분하면 동형동의어, 이형동의어, 동형이의어로 나눌 수 있다. 동형동의어는 27개이고 가장 많다. 이형동의어는 9개가 있고 동형이의어는 1개만 있다.

한자음을 익히는 전략은 주로 동형동의어를 읽을 때 사용한다. 동형동의어를 구성된 한자 형태소는 중국어와 같으므로 한자음을 익히면 대응된 중국어를 알 수 있고 한자어의 의미를 추측할 수 있을 것이다. 동형동의어의 읽기 전략은 2.1.1.1. ②를 참조할 수 있다.

③ **한자음 익히기와 한·중 어휘 대조 목록 참조하기**

이 학습 전략은 주로 이형동의어를 읽을 때 사용한다. 이형동의어는 중국어와 대조하면 어휘를 구성하는 한자 형태소가 부분적이거나 완전 다르다. 그 차이점을 밝히기 위해 한·중 대조 목록을 참조할 필요가 있다. 본 연구에서 선정된 학생 평가서와 관련된 이형동의어는 총 9개이고 이와 관련된 한·중 대조 목록을 정리하여 제시하면 〈표 101〉과 같다.

〈표 101〉 학생 평가서 관련 이형동의어 한·중 대조 목록

한자어	중국어	한자어	중국어
미흡(未洽)	不足	문법(文法)	語法
수강(受講)	听講	평가서(評價書)	鉴定
출석률(出席率)	出勤率	어휘력(語彙力)	用词能力
일수(日數)	天数	자체(自體)	自身
전반적(全般的)	整个的		

이형동의어를 읽을 때 먼저 한자어를 구성하는 한자 형태소의 한자음을 익힘으로써 대응되는 한자로 전환한다. 부분 한자 형태소가 다른 어휘가 많기 때문에 어느 정도의 의미 추측은 가능하지만 정확하게 한자어의 의미를 알기 위해서는 학생 평가서와 관련된 이형동의어 한·중 대조 목록을 참조해야 한다. 그러므로 학습자가 한자어에 대응되는 중국어를 알게 되고 한자어의 의미를 추측할 수 있을 것이다. 이형동의어의 읽기 전략은 2.1.1.1. ③을 참조할 수 있다.

④ 어휘 목록 참조하기와 의미 변별하기

이 학습 전략은 주로 동형이의어를 읽을 때 사용한다. 학생 평가서와 관련된 동형이의어는 '억양'하나만 있다. '억양'은 언어학에서 중국어 '語調'와 대응된다. '억양'과 대응되는 중국어의 의미를 변별하여 제시하면 〈표 102〉와 같다.

〈표 102〉 학생 평가서 관련 동형이의어 한·중 의미 변별

<table>
<tr><th></th><th>한자어</th><th>중국어</th></tr>
<tr><td rowspan="3">억양</td><td rowspan="3">억양: 음(音)의 상대적인 높이를 변하게 함. 또는 그런 변화.</td><td>抑扬: (소리 등이) 고저, 기복</td></tr>
<tr><td>해당 중국어</td></tr>
<tr><td>语调</td></tr>
<tr><td>예문</td><td>한국에 온 지 10년이 넘었지만 그의 말에는 중국식 억양이 묻어났다.</td><td>虽然来韩国已经10年了，但是他说话的时候还是带着汉语语调.</td></tr>
</table>

동형이의의 읽기 전략은 2.1.1.1. ④를 참조할 수 있다. 동형이의어를 읽을 때는 먼저 어휘 목록을 참조하고, 다음으로 한·중 어휘의 의미를 대조함으로써 동형이의어에 해당하는 중국어를 파악한다. 그러므로 학습자가 중국어에 대한 지식을 통하여 한자어의 의미를 추측할 수 있을 것이다.

⑤ 어근의 한자음 익히기와 접미사의 용법 학습하기

이상으로 학생 평가서 관련 한자어의 읽기 전략을 살펴보았으며 다음으로 한자어가 아닌 어휘의 읽기 전략을 살펴보고자 한다. 본 연구에서 선정된 학생 평가서와 관련된 한자어가 아닌 어휘는 혼종어 '자연스럽다' 하나밖에 없다. 혼종어 '자연스럽다'를 분석해 보면 '한자어 어근 + 접미사'의 결합이다.

어근의 한자음을 익히기와 접미사의 용법을 학습하는 전략은 주로 파생적 혼종어를 읽을 때 사용한다. 파생적 혼종어를 읽을 때 먼저 혼종어의 구성을 분석한다. 본 연구에서 선정된 파생적 혼종어는 한자어 어근과 접미사의 결합이다. 그리고 한자어 어근의 한자음을

익힘으로써 한자어 어근의 의미를 추측할 수 있을 것이다. 동시에 접미사의 용법은 사전 등을 이용하여 학습할 수 있다. 다음으로 한자어 어근의 의미와 접미사의 용법을 종합하면 해당 파생적 혼종어의 의미를 추측할 수 있을 것이다. 파생적 혼종어의 읽기 과정은 정리하여 제시하면 〈표 103〉과 같다.

〈표 103〉 파생적 혼종어의 읽기 예시

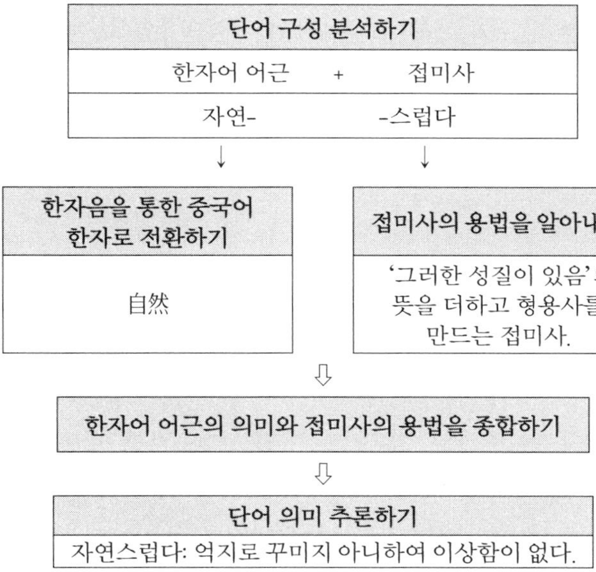

단어 구성 분석하기	
한자어 어근 +	접미사
자연-	-스럽다

↓ ↓

한자음을 통한 중국어 한자로 전환하기	접미사의 용법을 알아내기
自然	'그러한 성질이 있음'의 뜻을 더하고 형용사를 만드는 접미사.

⇩

한자어 어근의 의미와 접미사의 용법을 종합하기

⇩

단어 의미 추론하기
자연스럽다: 억지로 꾸미지 아니하여 이상함이 없다.

구체적인 예를 들면 '자연스럽다'의 어근은 '자연-'이고 접미사는 '-스럽다'이다. '자연-'을 한자음을 익힘으로써 '自然'으로 전환할 수 있다. '自然'의 의미는 중국인 학습자들이 이미 습득하였기 때문에 따로 학습할 필요가 없다. 동시에 접미사 '-스럽다'의 용법을 알아낸

다. 한자어 어근 '自然-'의 의미와 접미사 '-스럽다'의 용법을 종합함으로'자연스럽다'의 의미를 이해할 수 있을 것이다.

2.1.1.4. 수업 지도안 관련 어휘의 읽기 전략

① 수업 지도안 견본을 사용하기

수업 지도안과 관련된 어휘는 견본을 통해 많이 노출된다. 먼저 수업 지도안 형식을 드러낸 어휘를 밑줄로 표시하고, 이런 어휘를 읽을 때 견본 내용의 흐름에 근거하여 어휘의 의미를 어느 정도 추측할 수 있다. 추측하기 어려운 어휘는 어종적 특징에 따라 적절한 읽기 전략을 사용할 수 있다. 견본을 사용하여 어휘를 읽는 과정은 2.1.1.1. ①을 참조할 수 있다.

② 한자음 익히기

수업 지도안 관련 한자어의 읽기 전략을 살펴보도록 한다. 수업 지도안과 관련된 어휘는 총 70개인데 어종에 따라 한자어와 한자어가 아닌 어휘로 분류할 수 있다. 수업 지도안 관련 한자어는 세부 분류하면 동형동의어, 이형동의어, 동형이의어, 도치어로 나눌 수 있다. 그 중 동형동의어가 44개로 가장 많고, 이형동의어는 11개이며, 동형이의어는 2개, 도치어는 1개만 있다.

먼저 동형동의어의 읽기 전략부터 살펴보면 동형동의어를 읽을 때 한자음을 익히는 학습 전략이 효율적이다. 동형동의어의 한자 형태소를 한자음을 익힘으로써 대응되는 중국어를 전환할 수 있다. 그러므로 동형동의어는 한자의 형태로 나타나고 학습자가 이미 한자에 대한 지식이 있기 때문에 어휘의 의미를 추론할 수 있을 것이다. 동형동의어의 읽기 과정은 2.1.1.1. ②를 참조할 수 있다.

③ **한자음 익히기와 한·중 어휘 대조 목록 참조하기**

이 학습 전략은 주로 이형동의어를 읽을 때 사용한다. 수업 지도안 관련 이형동의어는 총 11개인데 중국어와 대조하면 어휘를 구성하는 한자가 부분적으로 다르다. 그 차이점을 알기 위해 한·중 어휘 대조 목록을 참조할 필요가 있다. 수업 지도안 관련 이형동의어는 중국어와 대조하여 제시하면 〈표 104〉와 같다.

〈표 104〉 수업 지도안 관련 이형동의어 한·중 대조

한국어	중국어	한국어	중국어
예문(例文)	例句	문법(文法)	语法
작성(作成)	写作	부교재(副敎材)	辅助教材
준비물(準備物)	准备的东西	유의점(留意点)	注意事项
화자(話者)	讲述者	일시(日時)	日期和时间
활용(活用)	运用	담당(擔當)	担任
흥미(興味)	兴趣		

수업 지도안 관련 이형동의어의 읽기 전략을 정리하면 먼저 한자음을 익힘으로써 한자어 형태소와 대응되는 한자로 전환한다. 그리고 수업 지도안 관련 이형동의어 한·중 대조 목록을 참조하여 한·중 어휘를 구성하는 형태소의 차이점을 밝힌다. 이로써 이형동의어에 대응되는 중국어를 알게 된다. 학습자가 중국어의 의미를 통하여 한자어의 의미를 추론할 수 있을 것이다. 이형동의어의 읽기 전략은

2.1.1.1. ③을 참조할 수 있다.

④ 어휘 목록 참조하기와 의미 변별하기

이 학습 전략은 주로 동형이의어를 읽을 때 사용한다. 동형이의어는 중국어와 대조하면 같은 형태인데 의미가 부분적이거나 완전 다른 경우가 있다. 중국인 학습자가 이 유형의 어휘를 접할 때 쉽게 혼동할 수 있다. 이를 피하기 위해 먼저 한·중 대조 어휘 목록을 참조하는 것이 좋다. 수업 지도안 관련 동형이의어의 한·중 대조 목록을 정리하여 제시하면 〈표 105〉와 같다.

〈표 105〉 수업 지도안 관련 동형이의어 한·중 대조

한자어	중국어
과제(課題)	作业
제시(提示)	揭示

동형이의어를 학습할 때는 먼저 한·중 대조 어휘 목록을 참조하고 한·중 어휘는 서로 다른 형태로 비슷한 의미를 표현한다는 것을 인지한다. 그리고 같은 형태이지만 한·중 어휘로서의 의미를 변별한다. 마지막으로 동형이의어에 해당하는 중국어를 확인한다. 그러므로 학습자가 동형이의어의 의미를 알게 될 것이다. 동형이의의 읽기 과정은 2.1.1.1. ④를 참조할 수 있다.

⑤ 어순 바꾸기

이 학습 전략은 주로 도치어를 읽을 때 사용한다. 도치어의 특징

은 형태와 의미의 측면에서 중국어와 모두 같고 순서만 다르다. 수업 지도안과 관련된 도치어는 '단계'만 있는데, 한국에서 '단계(段階)'라고 하지만 중국에서 '계단(階段)'라고 한다. 도치어의 읽기 과정을 제시하면 〈표 106〉과 같다.

〈표 106〉 도치어 읽기 예시

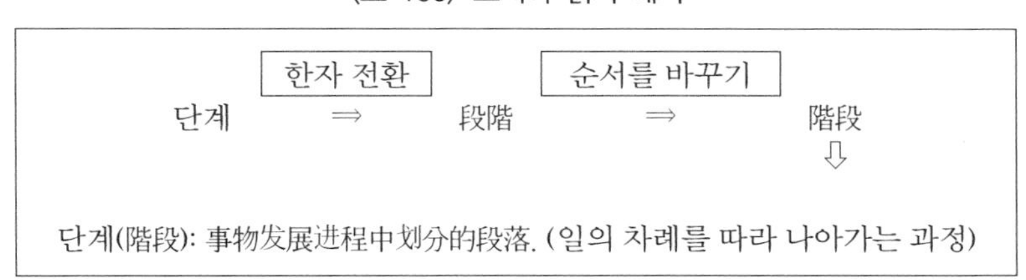

도치어를 읽을 때 먼저 한자어의 각 형태소에 대응되는 한자로 전환한다. 그 다음 한자 형태소의 순서를 바꾼다. 이로써 현대 중국어의 형태로 나타난다. 그러면 중국인 학습자가 이미 습득한 중국어의 의미에 의하여 이 도치어의 의미를 추측할 수 있을 것이다.

⑥ 어근의 한자음 익히기와 접미사의 용법 학습하기

이상으로 수업 지도안 관련 한자어의 읽기 전략을 살펴보았으며 다음으로 한자어가 아닌 어휘의 읽기 전략을 살펴보도록 한다. 수업 지도안과 관련된 한자어가 아닌 어휘는 다른 문서와 비교하면 상대적으로 많은 편이다. 혼종어는 3개, 고유어는 3개, 외래어는 6개이다. 어휘의 어종별에 따라 읽기 전략도 달라진다.

본 연구에서 선정된 수업 지도안과 관련된 혼종어는 모두 파생적 혼종어이다. 파생적 혼종어를 읽을 때 한자어 어근의 한자음을 익히기와 접미사의 용법 학습하기 전략을 사용할 수 있다. 수업 지도안 관련 파생적 혼종어를 분석하면 모두 한자어 어근과 접미사 '-하다'와 의 결합이다. 파생적 혼종어를 읽을 때 먼저 혼종어의 구성을 분석한다. 그리고 한자어 어근의 한자음을 익힘으로써 의미를 추론한다. 동시에 접미사의 용법을 사전 등을 통하여 학습한다. 다음으로 한자어 어근의 의미와 접미사의 용법을 종합한다. 그러므로 해당 파생적 혼종어의 의미를 추측할 수 있을 것이다. 파생적 혼종어의 읽기 과정은 2.1.1.2. ⑤를 참조할 수 있다.

⑦ 어근과 접사 분석하기

수업 지도안과 관련된 고유어는 3개인데 어휘의 구성을 분석하면 파생어는 두 개이고 단일어는 하나이다. 파생어와 단일어의 특징은 다르기 때문에 읽기 전략도 달라진다.

파생어를 읽을 때 접사와 어근을 분석하는 전략을 사용할 수 있다. 수업 지도안과 관련된 파생어는 '익히다'와 '마무리'가 있다. 파생어를 읽을 때 먼저 파생어의 구성 성분을 분석한다. '익히다'는 고유어 어근 '익다'와 사동과 피동의 뜻을 더하는 접미사 '-히-'로 만들어진 파생어이다. '마무리'는 '마무르-'와 명사를 만드는 접미사 '-이'로 구성된 파생어이다. 수업 지도안과 관련된 파생어의 접사와 어근에 대한 분석을 정리하여 제시하면 〈표 107〉과 같다.

〈표 107〉 수업 지도안 관련 파생어 접사와 어근 분석

유형			분석
파생어	어근+접미사	사동과 피동의 뜻을 더하는 접미사 '-히-'로 만들어진 파생어	익히다: 익-히-다
		명사를 만드는 접미사 '-이'로 구성된 파생어	마무리: 마무르-이[38]

다음으로 어근의 의미를 알아내는 것과 동시에 접사의 용법을 학습한다. 마지막으로 어근의 의미와 접사의 용법을 종합하여 파생어의 의미를 추론할 수 있다. 파생어의 읽기 과정을 예를 들어 설명하면 〈표 108〉과 같다.

〈표 108〉 어근과 접미사 분석하기 예시

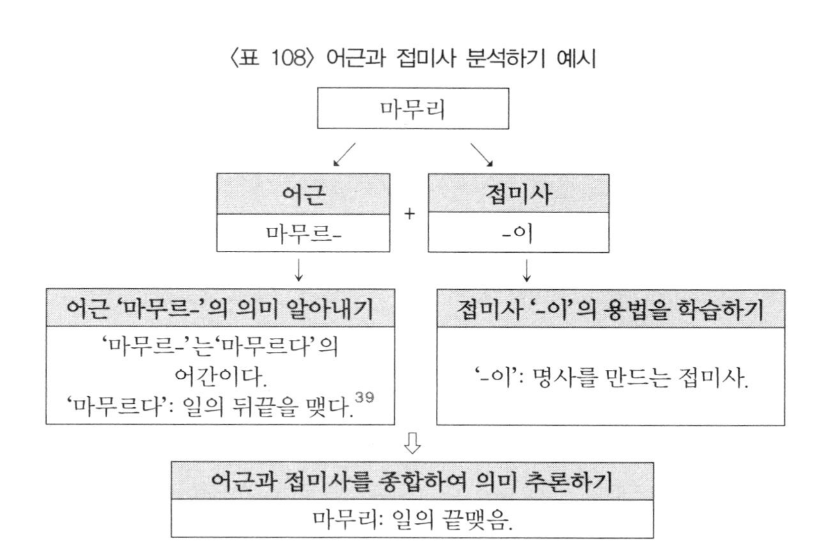

38 국립국어원 온라인 가나다에서 참조.

39 국립국어원 표준국어대사전을 참고함.

'마무리'를 읽을 때 먼저 구성을 분석한다. '마무리'는 어근 '마루르-'와 접사 '-이'로 구성된다. 그리고 어근의 의미를 알나내는 동시에 접미사의 용법을 학습한다. 어근 '마무르-'는 '마무르다'의 어간이고 '마무르다'는 일의 뒤끝을 맺다는 것을 의미한다. 접미사 '-이'는 명사를 만드는 역할을 한다. 마지막으로 어근의 의미와 접미사의 용법을 종합하여 의미를 추론한다. '마무리'의 어근 '마무르-'의 의미와 접미사 '-이'의 용법을 종합하여 '마무리'의 의미를 추론할 수 있다. '마무리'는 일의 끝맺음을 의미한다.

⑧ 사전 이용하기

사전 이용하는 전략은 모든 어휘를 읽을 때나 쓸 때에 두루 쓸 수 있다. 특히 단일어는 구성 성분이 단순하고 학습자의 모국어와 아무 연관이 없기 때문에 사전을 이용하면 효율적으로 학습할 수 있다.

사전을 이용하는 읽기 전략은 주로 두 가지가 있는데 하나는 한중사전을 이용하는 것이고 다른 하나는 국어사전을 이용하는 것이다. 외국어를 학습할 때 사전이 없으면 안 된다. 사전이 얼마나 중요한지 말할 필요도 없다. 그러나 사전을 이용하는 것도 전략이 있다. 언제 어떤 사전을 이용할지에 따라 학습효과에 영향을 미칠 수 있다. 보통 한국어 초급 학습자에게 한중사전을 이용하는 것이 타당하다. 왜냐하면 국어사전에서 단어의 뜻풀이는 모두 한국어로 되어 있어서 이해하기 어렵기 때문이다. 만약 한국어에 대한 어느 정도의 기초 지식을 갖춘다면 국어사전을 이용하는 것이 한국어 능력 향상에 크게 도움이 된다. 다음에서 구체적인 예를 들어 보자.

〈표 109〉 한중사전 이용하기 예시

단어 입력
쪽
⇩
검색하기
⇩
해당 중국어
쪽: 页

현재 사전을 두 가지로 나눌 수 있다. 하나는 종이로 되어 있는 사전 책이고, 다른 하나는 전자로 되어 있는 전자사전이나 온라인 사전이다. 사전 책을 이용할 때 먼저 낱말의 첫 글자의 첫소리가 무엇인지를 본다. 그리고 한국어 자모 '가나다'의 순서에 따라 낱말의 첫소리와 같은 어휘는 사전에서 위치를 확인한 후에 낱말의 가운뎃소리의 순서에 따라 찾으면 해당하는 중국어를 알아볼 수 있다.

다음으로 전자사전이나 온라인 사전 등의 경우를 보자. 한중사전을 이용할 때 먼저 검색창에서 검색할 단어를 입력한다. 그리고 '검색' 버튼을 클릭하고 검색한다. 그러면 한국어 낱말에 해당하는 중국어를 찾을 것이다.

그러나 한중사전을 이용하는 방법이 문제점이 있다. 예를 들면 한중 어휘의 의미 비대칭이다. 의미 비대칭이라는 것은 한국어와 중국어의 의미 범위는 똑같은 것이 아니다. 실체 명사의 경우는 별문제가 없지만 동사의 경우는 여러 문제가 있다. 특히 동사의 연어 관계는 차이가 많다. 때문에 해당하는 중국어의 용법을 그대로 한국어로 적용하면 안 된다. 반드시 많은 예문을 참조하여 그 단어의 연어 관계 등 용법을 터득해야 한다.

만약에 한국어 기초를 어느 정도 갖춘다면 국어사전을 이용하는 것이 좋다. 국어사전을 이용하는 전략은 〈표 110〉와 같이 예를 들어 설명하겠다.

〈표 110〉 국어사전 이용하기 예시

단어 입력
쪽
⇩
검색하기
⇩
뜻풀이
쪽: 책이나 장부 따위의 한 면.

국어사전도 마찬가지로 두 가지가 있다. 하나는 종이로 되어 있는 사전 책이고 다른 하나는 전자사전이나 온라인 사전이다. 먼저 사전 책의 경우를 보자. 국어사전에서 낱말은 첫소리, 가운뎃소리, 끝소리의 순서대로 실려 있기 때문에 낱말의 첫 글자의 첫소리, 가운뎃소리, 끝소리에 따라 사전 책에서 위치를 확인할 수 있으며 낱말의 뜻풀이를 찾을 수 있을 것이다.

다음으로 전자사전이나 온라인 사전 등의 경우를 보자. 국어사전을 이용할 때 먼저 검색창에서 검색할 낱말을 입력한다. 그리고 '검색' 버튼을 클릭하면 낱말의 뜻풀이가 나오게 된다. 보통 낱말의 뜻풀이가 여러 가지 있는 경우가 많기 때문에 낱말이 들어가 있는 문장을 통해서 정확한 뜻을 판단해야 한다.

⑨ 원어와 병기하기

이 학습 전략은 외래어를 읽을 때 사용할 수 있다. 본 연구에서 선정된 수업 지도안과 관련된 어휘는 6개인데 차용 방식은 모두 음역이다. 그러므로 외래어를 읽을 때 원어와 병기하면 학습자가 원어에 대한 지식을 활용하여 외래어의 의미를 추론할 수 있을 것이다. 본 연구에서 선정된 수업 지도안 관련 외래어의 원어를 제시하면 〈표 111〉과 같다.

〈표 111〉 수업 지도안 관련 외래어와 원어

한국어	원어	발음
워크북	work-book	[ˈwɜ:kbʊk]
테스트	test	[test]
프린트	print	[prɪnt]
페이지	page	[peɪdʒ]
프로그램	program	[ˈprəʊgræm]
멀티미디어	multimedia	[|mʌlti|mi:diə]

예를 들면 '페이지'를 읽을 때 먼저 원어 'page'를 밝히고 병기한다. 그러므로 학습자가 '페이지'는 'page'에서 온 말인 것을 알 수 있다. 학습자가 'page'에 대한 지식을 활용하여 같은 의미인 '페이지'의 의미를 추론할 수 있다. 외래어의 읽기 과정은 2.1.1.1. ⑤를 참조할 수 있다.

2.1.2. 문서 작성 관련 어휘의 쓰기 전략

문서 작성과 관련된 어휘의 쓰기 전략은 문서의 세부 유형에 따라 강의 계획서 관련 어휘의 쓰기 전략, 수업 진도표와 출석부 관련 어휘의 쓰기 전략, 그리고 학생 평가서 관련 어휘의 쓰기 전략, 수업 지도안 관련 어휘의 쓰기 전략으로 나눌 수 있다.

2.1.2.1. 강의 계획서 관련 어휘의 쓰기 전략

① 강의 계획서 서식을 구성하기

강의 계획서와 관련된 어휘는 강의 계획서의 형식을 드러낸 어휘가 많다. 따라서 관련 어휘를 기억할 때 강의 계획서의 서식을 구성하는 과정에서 관련 어휘를 유기적으로 조화롭게 연관 지어 하나의 그물망처럼 형성된다. 이런 방법으로 어휘를 기억하는 데에 도움이 될 것이다. 서식 구성할 때 먼저 관련 어휘를 정리한다. 그리고 어휘의 의미에 따라 서식에서의 위치를 확인한다. 다음으로 글자 없는 서식에서 어휘를 채운다. 이런 과정을 통해서 서식 관련 어휘를 기억하게 될 것이다. 서식을 구성하는 과정은 〈표 112〉와 같다.

〈표 112〉 강의 계획서 서식 구성하기 예시

서식 관련 어휘 정리하기							
강의 계획서 관련 어휘 정리하기							
강사	고급반	문법	준비물	세부	중급반	교재	횟수
강의	과정	단원	학습	속성반	지도(指導)	학습자	목표
계획서	교수	담당	방식	자료	초급반		

⇩

관련 어휘 서식에서의 위치를 확인한다.
강의 계획서 관련 어휘 서식에서의 위치를 확인한다.

⇩

글자 없는 서식에서 관련 어휘 채우기
글자 없는 강의 계획서에서 관련 어휘를 제자리에 채우기

② 한자음 익히기

본 연구의 학습자가 중국인이라는 점을 고려하여 쓰기 전략은 마찬가지로 한자와의 관계에 따라 한자어와 한자어가 아닌 어휘의 쓰기 전략으로 분류할 수 있다. 선정된 강의 계획서 관련 한자어의 세부 유형에 따라 관련 어휘의 쓰기 전략도 달라진다.

동형동의어를 쓸 때 한자음을 익히는 전략을 사용할 수 있다. 동형동의어는 중국어와 대조하여 형태와 의미의 측면에서 모두 동일하다. 따라서 중국인 학습자가 중국어 한자에 대응되는 한자음(한국어 발음)을 알면 한자어를 쓸 수 있을 것이다.

〈표 113〉 동형동의어 쓰기 예시

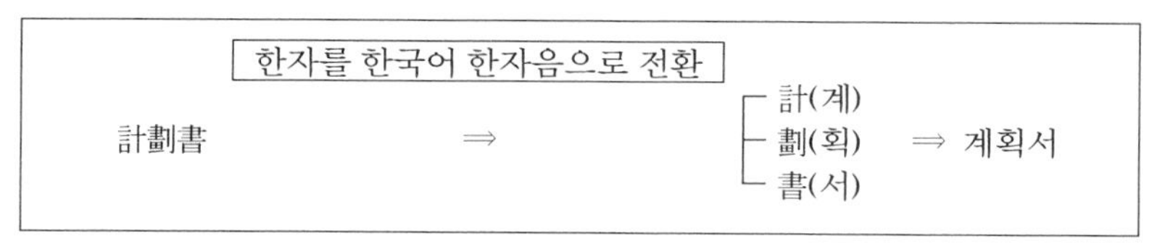

동형동의어를 쓰는 과정은 한자에 대응되는 한국어 한자음을 익힘으로써 한자어로 전환할 수 있다.

③ 한·중 어휘 대조 목록 참조하기

이형동의어를 쓸 때 한·중 어휘 대조 목록을 참조하는 전략을 사용할 수 있다. 강의 계획서와 관련된 이형동의어는 중국어와 대조하여 어휘를 구성하는 한자 형태소가 부분적으로 다르다. 이형동의어를 쓸 때 오류를 피하기 위해 먼저 한·중 어휘 대조 목록을 제시해야 한다. 강의 계획서와 관련된 이형동의어 한·중 대조 목록은 〈표 87〉을 참조할 수 있다. 목록을 통해 중국어와 한자어는 구성 형태소의 차이점을 밝힌다. 그러므로 한국어 한자어를 구성하는 한자 형태소를 파악하게 될 것이다. 마지막으로 한자어를 구성하는 한자의 한자음으로 전환함으로써 쓰기를 완성한다. 이형동의어의 쓰기 과정을 정리하여 제시하면 〈표 114〉와 같다.

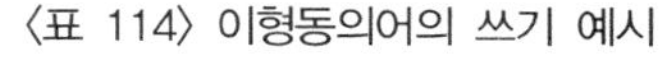
〈표 114〉 이형동의어의 쓰기 예시

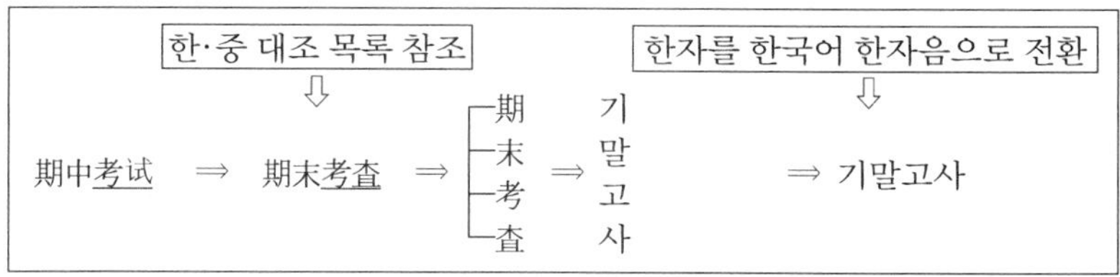

④ **한·중 어휘 형태소의 차이점 인지하기**

동형이의어를 쓸 때 한·중 어휘 형태소의 차이점을 인지하는 전략을 사용할 수 있다. 본 연구에서 선정된 강의 계획서와 관련된 동형이의어는 '강의' 하나만 있다. 동형이의어는 중국어를 구성하는 한자 형태소와 다르기 때문에 오류를 범하기가 쉽다. 이런 경우를 피하기 위해서 먼저 한·중 대조 목록을 제시할 필요가 있다. 따라서 동형이의어를 쓸 때 먼저 한·중 대조 목록[40]을 참조하여 각각 구성 성분인 한자 형태소를 밝히고 한자 형태소의 차이점을 인지한다. 마지막으로 해당 한자 형태소는 한자음으로 전환한다. 동형동의어의 쓰기 과정은 정리하여 제시하면 〈표 115〉와 같다.

〈표 115〉 동형이의어 쓰기 예시

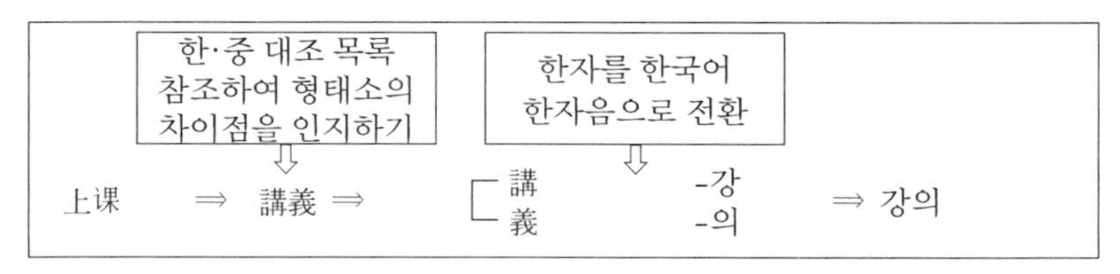

40 〈표 87〉을 참조할 수 있다.

⑤ **외래어 표기법 참조하기**

이상으로 강의 계획서 관련 한자어의 쓰기 전략을 살펴보았으며 다음으로 한자어가 아닌 어휘의 쓰기 전략을 살펴보고자 한다. 본 연구에서 선정된 강의 계획서 관련 한자어가 아닌 어휘는 외래어 '테스트' 하나만 있고 차용 방식은 음역이다. 외래어를 기억하는 데에 어려움을 겪게 된 이유는 외국어의 음운을 한국어의 음운(문자 표기는 한글)에 어떻게 대응하는지 모르기 때문이다. 다시 말하면 외래어 표기법을 모르기 때문에 외래어를 쓸 때에 많은 어려움을 겪는다. 따라서 외래어 표기법을 잘 이해하면 외래어를 쓸 때 많은 도움이 될 수 있다. 효율적인 외래어를 쓰기 위해 먼저 외래어 표기법의 제2장 표기 알람표의 국제음성기호와 한글 대조표를 알아야 한다.

〈표 116〉 국제음성기호와 한글 대조표 (출처: 국립국어원)

자음			반모음		모음	
국제 음성 기호	한글		국제 음성 기호	한글	국제 음성 기호	한글
	모음 앞	자음 앞 또는 어말				
p	ㅍ	ㅂ, 프	j	이*	i	이
b	ㅂ	브	ɥ	위	y	위
t	ㅌ	ㅅ, 트	w	오, 우*	e	에
d	ㄷ	드			φ	외
k	ㅋ	ㄱ, 크			ɛ	에
g	ㄱ	그			ɛ̃	앵
f	ㅍ	프			œ	외
v	ㅂ	브			œ̃	욍
θ	ㅅ	스			æ	애
ð	ㄷ	드			a	아

s	ㅅ	스			ɑ	아
z	ㅈ	즈			ɑ̃	앙
ʃ	시	슈, 시			ʌ	어
ʒ	ㅈ	지			ɔ	오
ts	ㅊ	츠			ɔ̃	옹
dz	ㅈ	즈			o	오
tʃ	ㅊ	치			u	우
ʤ	ㅈ	지			ə**	어
m	ㅁ	ㅁ			ɚ	어
n	ㄴ	ㄴ				
ɲ	니*	뉴				
ŋ	ㅇ	ㅇ				
l	ㄹ, ㄹㄹ	ㄹ				
r	ㄹ	르				
h	ㅎ	흐				
ç	ㅎ	히				
x	ㅎ	흐				

* [j], [w]의 '이'와 '오, 우', 그리고 [ɲ]의 '니'는 모음과 결합할 때 제3장 표기 세칙에 따른다.

** 독일어의 경우에는 '에', 프랑스 어의 경우에는 '으'로 적는다.

외래어를 쓸 때 먼저 원어와 발음을 떠올리고 외래어 표기의 알람표를 참조하여 각 음운에 대응되는 한글을 적는다. 동시에 외래어 표기의 원칙과 세칙을 참조하여 외래어의 쓰기를 완성한다. 외래어의 쓰기 전략을 정리하여 〈표 117〉과 같이 제시한다.

〈표 117〉 외래어 쓰기 예시

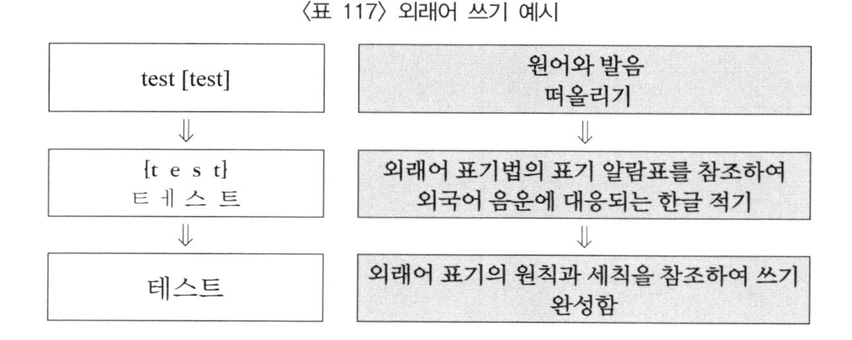

2.1.2.2. 수업 진도표와 출석부 관련 어휘의 쓰기 전략

① 수업 진도표와 출석부 서식 구성하기

수업 진도표와 출석부 관련 어휘는 서식적 특징을 띤다. 서식을 통하여 관련 어휘를 서로 연관지어 제시할 수 있다. 수업 진도표와 출석부를 구성하기에 필요한 어휘를 적당한 자리에 채운다. 이런 과정을 통하여 분산된 어휘들이 우리 머릿속에 하나로 되고 기억하기에 쉬워진다. 서식 구성하는 전략은 3.1.2.1. ①을 참조할 수 있다.

② 한자음 익히기

수업 진도표와 출석부 관련 한자어의 쓰기 전략을 살펴보고자 한다. 수업 진도표와 출석부와 관련된 한자어는 세부 분류하면 동형동의어, 이형동의어, 동형이의어가 있다. 그 중 동형동의어가 가장 많다. 동형동의어는 중국어와 같은 한자 형태소로 구성되므로 한자음을 익힘을 통해서 쓰기가 가능하다.

동형동의어를 쓸 때 한자음을 익히는 전략을 사용할 수 있다. 본 연구에서 선정된 수업 진도표와 출석부와 관련된 동형동의어는 총 22개이다. 동형동의어를 쓸 때 중국어 어휘를 구성하는 형태소의 한국어 한자음을 익힘으로써 대응되는 한국어를 쓸 수 있을 것이다. 예를 들면 중국인 학습자가 '進度表'에 대응되는 한국어를 쓰려고 하면 그는 '進度表' 구성하는 한자 형태소의 한자음을 익힘으로써 '進-度-表'를 '진-도-표'로 전환한다. 이로써 동형동의어의 쓰기가 완성된다. 동형동의어의 쓰기 과정은 3.1.2.1.1. ②를 참조할 수 있다.

③ 한·중 어휘 대조 목록 참조하기

이 학습 전략은 이형동의어를 쓸 때 사용할 수 있다. 본 연구에서 선정된 수업 진도표와 출석부와 관련된 이형동의어는 중국어와 대조하면 어휘를 구성하는 한자가 부분적으로 다른 한자어는 7개가 있고 한자 형태소가 완전 다른 한자어는 하나가 있다. 그 차이점을 알기 위해 한·중 어휘 대조 목록을 제시할 필요가 있다. 수업 진도표와 출석부 관련 이형동의어의 한·중 대조 목록은 〈표 96〉을 참조할 수 있다.

수업 진도표와 출석부 관련 이형동의어의 쓰기 전략을 정리하면 먼저 한·중 대조 목록을 참조하여 중국어와 한자어의 한자 형태소의 차이점을 밝힌다. 다음으로 한자음을 익힘으로써 해당 한자 형태소에 대응되는 한자음으로 전환한다. 이에 이형동의어의 쓰기를 완성한다. 이형동의어의 쓰기 과정은 3.1.2.1.1. ③을 참조할 수 있다.

④ 한·중 어휘 형태소의 차이점 인지하기

이 학습 전략은 동형이의어를 쓸 때 사용할 수 있다. 본 연구에서 선정된 수업 진도표와 출석부 관련 동형이의어는 두 개인데 각각 '부'와 '제출'이다. '부(部)'에 해당하는 중국어는 '份'이고 '제출(提出)'에 해당하는 중국어는 '提交'이다. 동형동의어를 쓸 때 먼저 수업 진도표와 출석부와 관련된 동형이의어 한·중 대조 목록을 참조한다. '份'와 '提交'는 한자어를 구성하는 형태소가 다르다는 것을 인지한다. 그리고 한자어를 구성되는 한자를 밝힌다. 마지막으로 한자음을 익힘으로써 한자어의 한자 형태소에 대응되는 한자음으로 전환한다. 동형이의어의 쓰기 과정은 3.1.2.1.1. ④를 참조할 수 있다.

⑤ 동사와 사동 접미사 기억하기

이상으로 수업 진도표와 출석부 관련 한자어의 쓰기 전략을 살펴보았으며 다음으로 한자어가 아닌 어휘의 쓰기 전략을 살펴보도록 한다. 수업 진도표와 출석부 관련 한자어가 아닌 어휘는 고유어 '맞추다'와 외래어 '체크'와 '페이지'가 있다. 고유어 '맞추다'는 사동 동사이며 동사와 사동의 뜻을 더하는 접미사 '-추-'를 결합한다. 외래어 '체크'와 '페이지'는 차용 방식에 따라 모두 음역 외래어이다.

먼저 '맞추다'의 쓰기 전략을 살펴보고자 한다. '맞추다'는 사동사인데 이런 어휘를 쓸 때 먼저 동사와 사동 접미사를 기억한다. 그리고 동사와 사동 접미사를 재생한다. '맞추다'의 동사는 '맞다'이고 접미사는 '-추-'이다. 사동 동사의 구성은 '동사+ 사동 접미사'에 따라 '맞다'와 '-추-'를 결합하여 '맞추다'를 완성한다.

〈표 118〉 동사와 사동 접미사 기억하기 예시

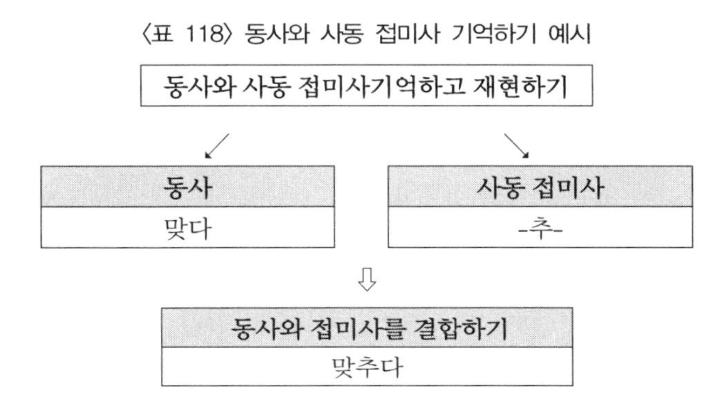

⑥ 외래어 표기법 참조하기

이 학습 전략은 주로 외래어를 쓸 때 사용할 수 있다. 수업 진도표와 출석부 관련 외래어는 '체크'와 '페이지'가 있다. 외래어를 쓸 때 먼저 원어와 발음을 떠올리고 그리고 외래어 표기의 알람표를 참조하여 각 음운에 대응되는 한글로 전환한다. 동시에 외래어 표기의 원칙과 세칙을 참조하여 외래어의 쓰기를 완성한다. 외래어의 쓰기 과정은 3.1.2.1.2. ⑤를 참조할 수 있다.

2.1.2.3. 학생 평가서 관련 어휘의 쓰기 전략

① 학생 평가서 서식 구성하기

학생 평가서와 관련된 어휘는 서식과 밀접한 관계가 있다. 관련된 어휘를 기억할 때 먼저 학생 평가서와 관련된 어휘를 정리한다. 그리고 관련 서식에서 각 어휘의 의미를 생각하면서 자리를 확인한다. 그리고 글자가 없는 서식에서 해당 어휘를 채운다. 이로써 학생 평가서와 관련된 어휘를 기억할 수 있다. 서식 구성하는 전략은 3.1.2.1. ①을 참조할 수 있다.

② 한자음 익히기

학생 평가서와 관련된 어휘는 총 39개인데 한자어는 38개가 있다. 한자어는 세부 분류하면 동형동의어, 이형동의어, 동형이의어가 있다. 그 중 동형동의어가 가장 많다. 동형동의어를 쓸 때 한자음을 익히는 전략을 사용할 수 있다. 학생 평가서와 관련된 동형동의어는 28개이고 전체 어휘의 71.8%를 차지한다. 동형동의어는 중국어와 대조하여 어휘를 구성하는 한자 형태소가 모두 같다. 그러므로 한자음을 익힘으로써 중국어 한자 형태소에 대응되는 한자음으로 전환할 수 있다. 이에 동형동의어의 쓰기를 완성된다. 동형동의어의 쓰기 과정은 3.1.2.1.1. ②를 참조할 수 있다.

③ 한·중 어휘 대조 목록 참조하기

이형동의어를 쓸 때 한·중 어휘 대조 목록을 참조하는 전략을 사용할 수 있다. 본 연구에서 선정된 학생 평가서와 관련된 이형동의어는 9개인데 전체 어휘의 23.1%를 차지한다. 이형동의어는 중국어와 대조하면 어휘를 구성하는 한자가 부분적으로 다르다. 그 차이점을 알기 위해한·중 어휘 대조 목록을 제시할 필요가 있다. 학생 평가서와 관련된 이형동의어의 한·중 대조 목록은 〈표 101〉을 참조할 수 있다.

학생 평가서와 관련된 이형동의어의 쓰기 전략은 정리하면 먼저 한·중 대조 목록을 참조하여 중국어와 한자어의 한자 형태소의 차이점을 밝힌다. 다음으로 한자음을 익힘으로써 해당 한자 형태소를 대응되는 한자음으로 전환한다. 이에 이형동의어의 쓰기를 완성한다. 이형동의어의 쓰기 과정은 3.1.2.1.1. ③를 참조할 수 있다.

④ 한·중 어휘 형태소의 차이점 인지하기

이 학습 전략은 동형이의어를 쓸 때 사용할 수 있다. 본 연구에서 선정된 학생 평가서와 관련된 동형이의어는 '억양'만 있다. '억양'은 언어학 분야에서 해당하는 중국어는 '語調'이다. '억양(抑揚)'을 쓸 때 먼저 중국어 '抑揚'의 의미를 변별한다. 그리고 한·중 어휘 목록을 참조하여 어휘를 구성하는 형태소의 차이점을 인지한다. 다음으로 한자음을 익힘으로써 해당 한자 형태소는 한자음으로 전환한다. 동형이의어의 쓰기 과정은 3.1.2.1.1. ④를 참조할 수 있다.

⑤ 어근과 접사 기억하기

이상으로 학생 평가서 관련 한자어의 쓰기 전략을 살펴보았으며 다음으로 한자어가 아닌 어휘의 쓰기 전략을 살펴보도록 한다. 학생 평가서와 관련된 한자어가 아닌 어휘는 '자연스럽다'만 있다. 먼저 파생적 혼종어의 경우를 보자. 파생적 혼종어를 쓰기 전에 먼저 파생적 혼종어의 구성 특성을 인지한다. 즉 한자어 어근과 접미사의 결합이다. 그리고 단어를 구성되는 한자 형태소에 대응되는 한자음으로 전환한다. 동시에 이 단어를 구성된 접미사를 기억한다. 다음으로 파생적 혼종어의 구성 특성에 따라 한자음의 뒤에 접미사를 붙인다. 이러하는 방법으로 파생적 혼종어의 쓰기가 완성된다. 이를 정리하여 제시하면 〈표 119〉와 같다.

〈표 119〉 파생적 혼종어 쓰기 예시

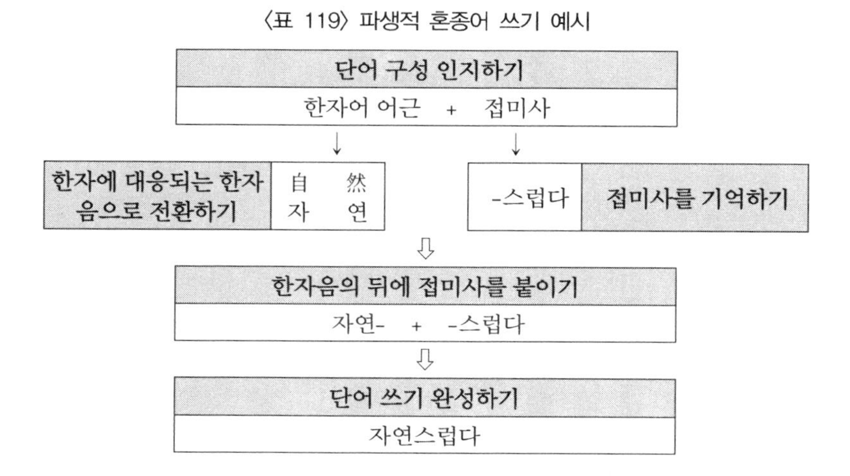

'自然(자연스럽다)'를 한국어로 표현하고자 하면 먼저'自然'에 대응되는 한국어 단어 구성은 '한자어 어근+접미사'인 것을 인지한다. 다음으로 중국어에 대응되는 한자음으로 전환함으로써 한자어 어근을 유추한다. 즉 '自'은 '자'이고 '然'은 '연'이다. '自然'은 '자연'이다. 이 단어의 한자어 어근은 '자연-'이다. 동시에 어근에 붙이는 접미사는 '-스럽다'를 기억하고 재현한다. 단어의 구성에 따라 한자어 어근에 접미사를 붙인다. 즉 '자연-'에 '-스럽다'를 붙이면 '자연스럽다' 쓰기가 완성된다.

2.1.2.4. 수업 지도안 관련 어휘의 쓰기 전략

① 수업 지도안 서식 구성하기

수업 지도안와 관련된 어휘는 수업 지도안의 서식과 밀접한 관계가 있다. 먼저 수업 지도안과 관련된 어휘를 정리한다. 그리고 각 어휘의 서식에서의 자리를 확인한다. 다음으로 글자가 없는 서식에서 관련 어휘를 채운다. 이런 과정을 통해 수업 지도안과 관련된 어휘를 기억할 수 있다. 서식 구성하는 전략은 3.1.2.1. ①을 참조할 수 있다.

② 한자음 익히기

본 연구에서 선정된 수업 지도안과 관련된 어휘는 총 70개이다. 그 중 한자어는 58개가 있으며 전체 어휘의 82.8%를 차지한다. 한자어는 중국어와 대조하여 동형동의어, 이형동의어, 동형이의어, 도치어가 있다. 동형동의어는 44개인데 가장 많고 전체 어휘의 62.9%를 차지한다.

동형동의어를 쓸 때 한자음을 익히는 전략을 사용할 수 있다. 동형동의어는 중국어와 한자 형태소가 같으므로 한자음을 익히면 쓰기가 어렵지 않다. 중국어와 대응되는 한국어를 쓸 때 각 형태소에 대응되는 한국어 한자음을 전환하면 된다. 동형동의어의 쓰기 과정은 3.1.2.1.1. ②를 참조할 수 있다.

③ 한·중 어휘 대조 목록 참조하기

이 학습 전략은 이형동의어를 쓸 때 사용할 수 있다. 수업 지도안과 관련된 이형동의어는 11개가 있다. 전체 어휘의 15.7%를 차지한다. 이형동의어는 중국어와 대조하여 어휘를 구성 요소인 한자 형태소가 다르기 때문에 오류를 범하기 쉽다. 그래서 이형동의어의 한·중 대조 목록을 제시할 필요가 있다. 수업 지도안과 관련된 이형동의어 한·중 대조 목록은 〈표 104〉를 참조할 수 있다. 이형동의어를 쓸 때 먼저 한·중 대조 목록에서 중국어에 해당하는 한자어의 한자 형태소를 확인한다. 그리고 한자음으로 익힘으로써 해당 어휘의 한자 형태소에 대응되는 한국어 한자음으로 전환한다. 그러므로 이형동의어의 쓰기를 완성한다. 이형동의어의 쓰기 과정은 3.1.2.1.1. ③를 참조할 수 있다.

④ 한·중 형태소의 차이점 인지하기

이 학습 전략은 주로 동형이의어를 쓸 때 사용한다. 본 연구에서 선정된 수업 지도안과 관련된 동형이의어는 '과제'와 '제시'가 있다. 동형이의어를 쓸 때 먼저 수업 지도안과 관련된 동형이의어 한·중 대조 목록을 참조하여 한·중 어휘의 한자 형태소의 차이점을 인지한다. 이로써 중국어에 대응되는 한자어의 한자 형태소를 밝힌다. 다음으로 한자음을 익힘으로써 한자어의 한자 형태소를 한글로 전환한다. 동형이의어의 쓰기 과정은 3.1.2.1.1. ④를 참조할 수 있다.

⑤ 어순 바꾸기

이 학습 전략은 주로 도치어를 쓸 때 사용한다. 수업 지도안과 관련된 도치어는 '단계'만 있다. 도치어는 중국어와 비교하면 형태와 의미는 모두 같은데 조어 순어만 다르다. 도치어를 쓸 때 먼저 중국어를 머릿속에 떠올리고, 그 한자어의 특징은 조어 순서만 다르다는 것을 인지한다. 다음에 중국어의 순서를 바꾸고 그 한자에 대응되는 한국어 한자음으로 표기하면 된다. 도치어의 쓰기 과정은 〈표 120〉과 같다.

〈표 120〉 도치어 쓰기 예시

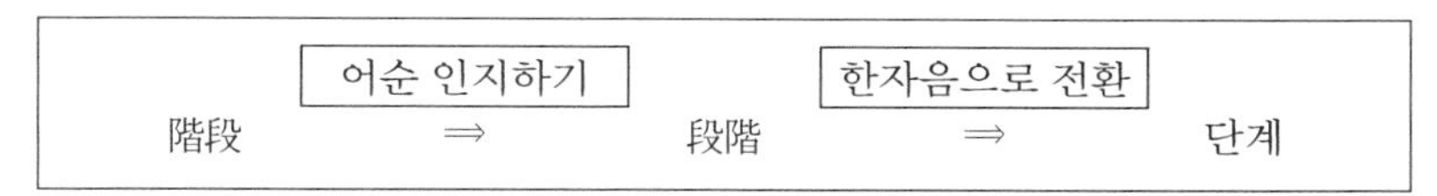

⑥ **어근 대조하기와 접사 기억하기**

이상으로 수업 지도안 관련 한자어의 쓰기 전략을 살펴보았으며 다음으로 한자어가 아닌 어휘의 쓰기 전략을 살펴보도록 한다. 수업 지도안과 관련된 한자어가 아닌 어휘는 총 12개인데 다른 문서와 비교하면 많은 편이다. 어종에 따르면 혼종어는 3개, 고유어는 3개, 외래어는 6개가 있다.

먼저 파생적 혼종어의 경우를 보자. 수업 지도안와 관련된 혼종어는'대하다, 인하다, 통하다'가 있는데 모두 파생적 혼종어이다. 혼종어의 한자어 어근인 '對-, 因-, 通-'은 단음절인데 현대 중국어에서 모두 2음절로 바뀠다. 파생적 혼종어 '대하다, 인하다, 통하다'에 해당하는 중국어는 각각 '对于, 因为, 通过'이다. 거꾸로 생각하면 중국인 학습자가 '对于, 因为, 通过'를 한국어로 표현하려면 먼저 파생적 혼종어의 구성을 분석해야 한다. 파생적 혼종어는 모두 '한자어 어근+-하다' 유형에 속한다. 그리고 혼종어 '대하다, 인하다, 통하다'의 한자어 어근과 중국어의 차이점을 혼종어와 중국어 대조 목록인 〈표 49〉를 참조하여 확인할 수 있다. 다음으로 한자음을 익힘으로써 한자어 어근을 한자음으로 전환한다. 마지막으로 한자어 어근 뒤에 접미사 '-하다'를 붙인다. 이로써 파생적 혼종어의 쓰기를 완성한다. 이를 정리하여 제시하면 〈표 121〉과 같다.

〈표 121〉 수업 지도안 관련 파생적 혼종어 쓰기 예시

단어 구성 인지하기
한자어 어근 + 접미사

⇩

혼종어와 중국어 대조 목록 참조	
중국어	대응되는 한자어 어근
对于	对-

⇩ ⇩

한자 형태소에 대응되는 한자음으로 전환하기	对- 대-

-하다	접미사를 알아내기

⇩

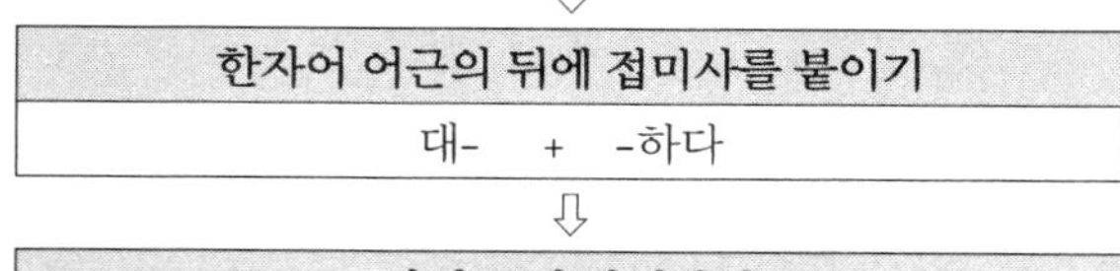

한자어 어근의 뒤에 접미사를 붙이기
대- + -하다

⇩

단어 쓰기 완성하기
대하다

⑦ 접사와 어근 기억하기

이 학습 전략은 주로 파생어를 쓸 때 사용한다. 수업 지도안과 관련된 고유어는 3개인데 어휘의 구성을 분석하면 파생어는 두 개이

고 단일어는 하나이다. 파생어와 단일어의 특징은 다르기 때문에 쓰기 전략도 달라진다. 먼저 파생어의 쓰기 전략부터 살펴본다.

수업 지도안과 관련된 파생어는 '익히다'와 '마무리'가 있다. 익히다'는 고유어 어근 '익다'와 사동과 피동의 뜻을 더하는 접미사 '-히-'로 만들어진 파생어이다. '마무리'는 어근 '마무르-'와 명사를 만드는 접미사 '-이'로 구성된 파생어이다. 파생어를 쓸 때 먼저 접사와 어근을 기억한다. 그리고 접사와 어근을 재생한다. '마무리'를 예를 들면 '마무리'의 어근은 '마무르-'이고 접미사는 '-이'이다. 파생어의 형성법 '어근+접미사'에 따라 '마무르-'와 '-이'를 결합하여 '마무리'를 완성한다. 파생어의 쓰기 과정은 정리하여 제시하면 〈표 122〉와 같다.

〈표 122〉 파생어의 접사와 어근 기억하기 예시

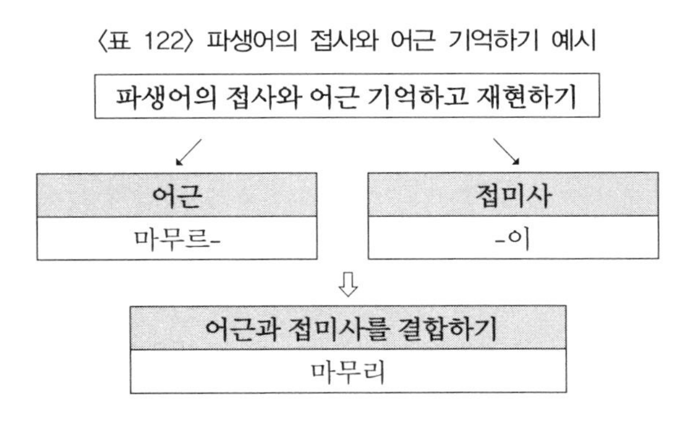

⑧ **사전 이용하기**

사전 이용하는 전략은 모든 어휘를 읽을 때나 쓸 때에 두루 쓸 수 있다. 특히 단일어는 구성 성분이 단순하고 학습자의 모국어와 아무 연관이 없기 때문에 사전을 이용하면 효율적으로 학습할 수 있다.

어휘를 쓸 때 중한사전을 이용할 수 있다. 중한사전을 이용하는 전략은 〈표 123〉과 같이 예를 들어 설명하겠다.

〈표 123〉 중한사전 이용하기 예시

단어 입력
页
⇩
검색하기
⇩
해당 한국어
页: 쪽

먼저 종이로 되어 있는 중한사전책의 경우를 보자. 중한사전을 사용하는 방법은 병음 검자법과 부수 검자법이 있다. 병음 검자법이란 사전에 수록된 표제자는 병음의 자모순·성조순으로 배열하는 특성에 따라 검색하는 방법이다. 부수 검자법은 한자의 부수를 근거하여 검색하는 방법이다. 한자의 병음을 잘 모를 때 부수 검자법을 택하는 것 외에 보편적으로 병음 검자법을 사용한다. 그래서 본문에서 병음 검자법을 중심으로 다룬다. 중한사전을 사용할 때 먼저 한자의 병음의 자모순·성조순에 따라 사전에서의 위치를 확인하면 중국어에 해당된 한국어를 찾을 수 있을 것이다.

다음으로 전자사전이나 온라인 사전 등의 경우를 보자. 먼저 검색창에서 찾고자 하는 한자를 입력한다. 그리고 '검색' 버튼을 클릭한 다음에 해당된 한국어를 나타낼 수 있다.

⑨ 외래어 표기법 참조하기

이 학습 전략은 외래어를 쓸 때 사용할 수 있다. 본 연구에서 선정된 수업 지도안과 관련된 외래어는 6개인데 차용 방식은 모두 음역이다. 이런 외래어를 쓰는 데에 외래어 표기법을 이해하는 것이 중요하다. 외래어를 쓸 때 먼저 원어와 발음을 떠올린다. 그리고 외래어 표기의 알람표를 참조하여 각 음운에 대응되는 한글을 적는다. 동시에 외래어 표기의 원칙과 세칙을 참조하여 외래어의 쓰기를 완성한다. 외래어의 쓰기 과정은 3.1.2.1.2. ⑤를 참조할 수 있다.

2.2. 교재 이해에 필요한 어휘 학습 전략

2.2.1. 교재 이해에 필요한 어휘의 읽기 전략

교재를 이해하는 데에 필요한 어휘는 총 141개인데 교재 구성에 따라 두 가지 특징이 있다. 첫째, 본문 내용과 관련된 어휘는 다양하게 나타난다. 둘째, 연습 문제 설명과 관련된 어휘는 몇 가지 고정구문과 관련된 어휘이다. 교재를 이해하는 데에 필요한 어휘는 특징에 따라 본문 내용 관련 어휘의 읽기 전략과 연습 문제 설명과 관련된 어휘의 읽기 전략으로 나눌 수 있다.

2.2.1.1. 본문 내용 관련 어휘의 읽기 전략

① 한자음 익히기

본 연구에서 선정된 교재 본문 내용과 관련된 어휘는 총 118개이다. 그 중 한자어는 96개인데 전체 어휘의 81.4%를 차지한다. 한자어를 세분하면 동형동의어, 이형동의어, 동형이의어, 도치어로 분류할 수 있다. 먼저 본문 내용 관련 한자어의 읽기 전략부터 살펴본다. 한자어에서 동형동의어는 81개로 가장 많다. 동형동의어를 읽을 때 한자음을 익히는 전략을 사용할 수 있다. 동형동의어는 중국어와 대조하면 한자 형태소가 모두 같다. 그러므로 동형동의어를 구성하는 한자음에 대응되는 한자를 알면 중국어로 전환할 수 있으므로 쉽게 이해할 수 있다. '결과'로 예를 들면 한자음을 익힘으로써 '결과'를 구성하는 형태소인 '결'에 대응되는 한자는 '結'이고 '과'에 대응되는 한자는 '果'인 것을 알 수 있다. 그러므로 '결과'는 중국어 '結果'에 해당함을 알 수 있다. 이로써 학습자가 모국어 지식을 활용하여 동형동의어를 이해할 수 있다. 동형동의어의 읽기 과정은 3.1.1.1.1. ②를 참조할 수 있다.

② 한·중 어휘 대조 목록 참조하기와 형태소 구분하기

이 학습 전략은 이형동의어를 읽을 때 사용할 수 있다. 본 연구에서 선정된 교재 본문 내용과 관련된 이형동의어는 11개이다. 이형동의어는 중국어와 대조하면 어휘를 구성하는 한자 형태소가 다르다. 오류를 피하기 위해 이런 어휘를 읽을 때 한·중 어휘 대조 목록을 제시할 필요가 있다. 이형동의어 한·중 대조 목록을 정리하여 제시하면 〈표 124〉와 같다.

〈표 124〉 본문 내용 관련 이형동의어 한·중 대조 목록

한국어	중국어	한국어	중국어
대본(臺本)	台词	분야(分野)	领域
식습관(食習慣)	饮食习惯	암기(暗記)	默记
약칭(略稱)	简称	언급(言及)	谈及
역할(役割)	作用	의심(疑心)	怀疑
잡담(雜談)	闲谈	풍습(風習)	习俗
해당(該當)	属于		

본 연구에서 선정된 교재 본문 내용 관련 이형동의어의 한자 형태소는 부분적으로 다른 어휘가 있고 완전히 다른 어휘도 있다. 이런 특성을 고려하여 먼저 한·중 대조 목록을 참조하여 한자어에 대응되는 중국어를 찾아낸다. 그리고 한·중 어휘를 구성하는 형태소의 차이점을 인지한다. 마지막으로 한자어에 해당하는 중국어에 대한 지식을 통해 이형동의어를 이해할 수 있을 것이다. 이를 정리하여 제시하면 〈표 125〉와 같다.

〈표 125〉 본문 내용 관련 이형동의어 읽기 예시

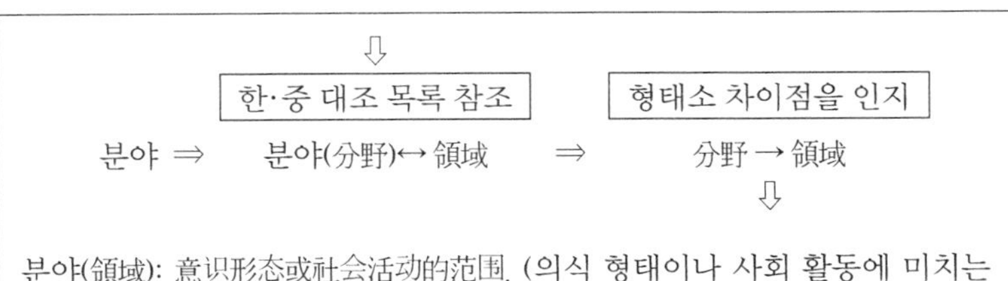

③ 어휘 목록 참조하기와 의미 변별하기

이 학습 전략은 동형이의어를 읽을 때 사용할 수 있다. 본 연구에서 선정된 교재 본문 내용과 관련된 동형이의어는 '경우'와 '허락'이 있다. 동형이의어를 구성하는 한자 형태소는 중국어에서 다른 의미로 쓰인다. 혼동을 방지하기 위해 먼저 한·중 대조 목록[41]을 참조해야 한다. 그리고 같은 형태소인 한·중 어휘 의미를 변별한다. 이런 과정을 통해 동형이의어의 의미를 확실하게 알게 될 것이다. 동형이의어의 읽기 과정은 3.1.1.1.1. ④를 참조할 수 있다.

④ 어순 바꾸기

이 학습 전략은 도치어를 읽을 때 사용할 수 있다. 본 연구에서 선정된 본문 내용과 관련된 도치어는 '언어'와 '호칭'이 있다. 도치어는 중국어와 대조하여 형태와 의미 면에서 모두 같지만 순서만 다르다. 이런 어휘를 읽을 때 먼저 한자음을 익힘으로써 한자어를 구성하는 형태소를 한자로 전환한다. 그리고 조어 순서가 다르다는 점을 고려하여 한자 형태소의 순서를 바뀐다. 그러므로 현대 중국어의 형태로 바꾸게 된다. 학습자가 모국어에 대한 지식을 활용하여 도치어의 의미를 이해하게 될 것이다. 도치어의 읽기 과정은 3.1.1.4.1. ⑤를 참조할 수 있다.

⑤ 구성 분석하기와 어근의 한자음을 익히기

이상으로 본문 내용 관련 한자어의 읽기 전략을 살펴보았는데 다

41 교재 본문 내용 관련 동형이의어 한·중 대조 목록은 〈표 61〉을 참조할 수 있다.

음으로 한자어가 아닌 어휘의 읽기 전략을 살펴보도록 한다. 본 연구에서 선정된 교재 본문 내용과 관련된 어휘에서 한자어가 아닌 어휘는 혼종어와 고유어가 있다. 혼종어는 17개로 비교적 많은데 이는 전체 어휘의 14.4%를 차지한다. 혼종어의 유형을 세부 분석할 필요가 있다. 본 연구에서 선정된 본문 관련 혼종어는 파생적 혼종어와 합성적 혼종어로 분류할 수 있다. 파생적 혼종어는 주로 '한자어 어근 + -하다'의 유형과 '한자어 어근 + -히' 두 가지 유형이 있다. 9개 파생적 혼종어에서 8개가 '한자어 어근 + -하다' 유형에 속한다. 합성적 혼종어는 주로 한자어 어근과 고유어 어근의 의미가 중복된 어휘, 고유어 어근과 한자어 어근의 의미가 합쳐진 어휘로 분류할 수 있다.

파생적 혼종어를 읽을 때 구성을 분석하기와 어근의 한자음을 익히기 전략을 사용할 수 있다. 본 연구에서 선정된 파생적 혼종어를 학습하기 전에 먼저 단어의 구성을 분석한다. 본 연구에서 선정된 파생적 혼종어는 한자어 어근과 접미사를 결합하여 만든 것으로 학습할 때 먼저 한자의 음을 통하여 어근의 의미를 파악한다. 동시에 접미사의 용법을 알아낸다. 다음으로 어근의 의미와 접사의 용법을 종합해서 그 어휘의 의미를 추측한다. 이 과정을 제시하면 〈표 126〉과 같다.

〈표 126〉 파생적 혼종어의 읽기 전략

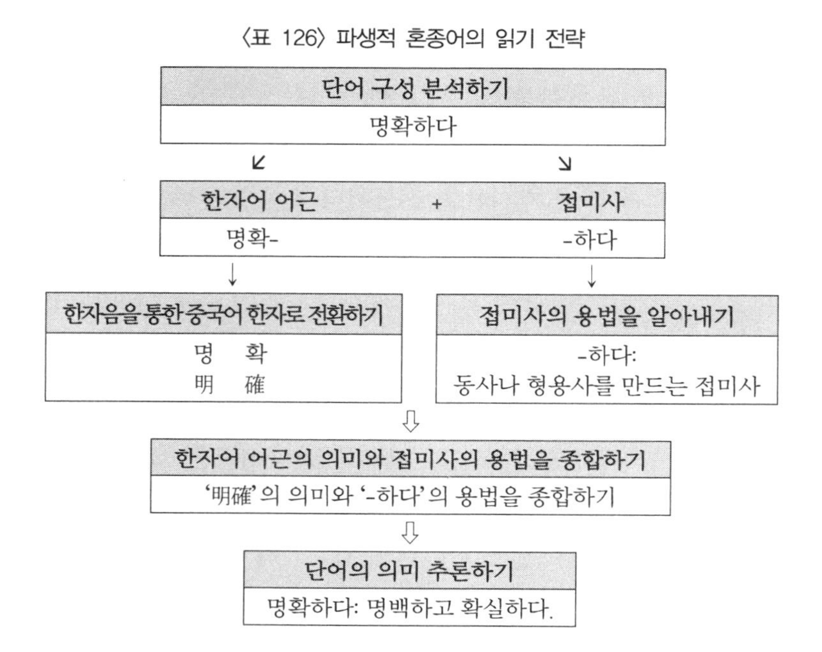

구체적인 예를 들면 '명확하다'의 어근은 '명확-'이고 접미사는 '-하다'이다. '명-'은 '明'이고 '확-'은 '確'이다. 이어서 '명확-'은 '明確'이다. '明確'의 의미는 중국인 학습자들이 이미 습득하였기 때문에 따로 학습할 필요가 없다. 다음으로 접미사 '-하다'의 용법을 알아낸다. 한자어 어근 '明確-'의 의미와 접미사 '-하다'의 용법을 종합함으로'명확하다'의 의미를 추론할 수 있을 것이다.

⑥ 구성 요소의 의미 관계 분석하기와 한자음 익히기

합성적 혼종어를 읽을 때 구성 요소의 의미 관계를 분석하기와 한자음을 익히는 전략을 사용할 수 있다. 본 연구에서 선정된 교재 본문 내용 관련 합성적 혼종어는 구성 요소의 의미 관계에 따라 주로 한자어 어근과 고유어 어근의 의미가 중복된 어휘, 고유어 어근과 한자어 어근의 의미가 합쳐진 어휘로 분류할 수 있다. 합성적 혼종어의 읽기 전략은 주로 구성 요소의 의미 관계에 따라 달라진다.

먼저 구성 요소의 의미가 중복된 합성적 혼종어의 경우를 보자. 본문 내용과 관련된 합성적 혼종어는 '글자'이다. '글자'를 구성하는 요소인 '글'과 '자'는 의미가 중복된다. '글'과 '자'는 모두 글자를 의미한다. 이 유형의 어휘를 학습할 때 먼저 구성 요소의 의미관계가 중복되었다는 것을 유의해야 한다. 그리고 구성 요소인 한자 형태소의 한자음에 대응되는 한자를 통하여 의미를 파악한다. 구성 요소의 의미관계가 중복되기 때문에 고유어 형태소의 의미는 한자 형태소와 같다고 추론할 수 있다. 이에 따라 어휘의 의미를 파악하게 될 것이다. 〈표 127〉에서 '글자'를 예로 들어 제시하겠다.

〈표 127〉 '글자'의 읽기 예시

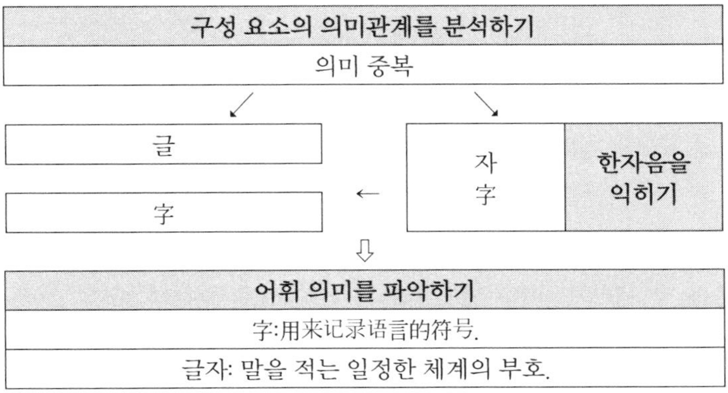

구성 요소의 의미관계를 분석하기		
의미 중복		
↙		↘
글		
字	←	자 字 / **한자음을 익히기**
⇩		
어휘 의미를 파악하기		
字:用来记录语言的符号.		
글자: 말을 적는 일정한 체계의 부호.		

그리고 구성 요소의 의미가 합쳐진 합성적 혼종어의 경우를 보자. 본 연구에서 선정된 본문 내용 관련 구성 요소의 의미가 합쳐진 합성적 혼종어는 5개가 있다. 의미 합성적 혼종어에서 구성 요소인 한자어는 현대 중국어와 의미적으로 일치하는 어휘와 의미적으로 일치하지 않은 어휘로 분류할 수 있다. 의미적으로 일치하는 합성적 혼종어를 읽을 때 먼저 한자음에 대응되는 한자를 통해 한자어의 의미를 파악하고 어휘를 구성한 나머지 고유어의 의미를 알아낸다. 그리고 구성 요소의 의미관계는 합성적 특성에 따라 한자어와 고유어의 의미를 합친다. 이로써 어휘의 의미를 추론할 수 있다. 먼저 한자어 어근과 중국어 일치하는 합성적 혼종어의 읽기 전략은 예를 들어 설명하면 〈표 128〉과 같다.

〈표 128〉 한자어 어근과 중국어 일치하는 합성적 혼종어 읽기 예시

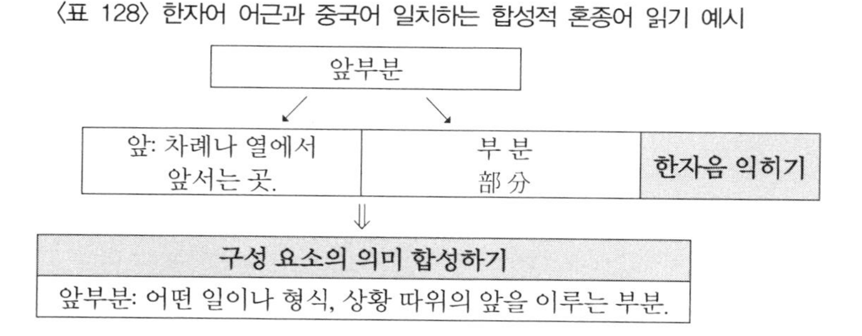

'앞부분'을 학습할 때 먼저 '부분'의 한자음에 대응되는 한자가 '部分'인 것을 익힌다. 그리고 '앞'의 뜻을 파악한다. 이 어휘의 구성 방식은 '고유어+한자어'에 의하여 '앞'과 '부분'을 결합한다. '앞'의 의미를 알아내고 '부분'의 의미가 '部分'과 같으니 '앞부분'의 뜻을 추측할 수 있다.

⑦ **사전 이용하기**

본 연구에서 선정된 본문 내용 관련 고유어는 5개가 있다. 고유어는 구성에 따라 단일어 2개, 파생어 1개, 합성어 2개가 있다. 파생어는 분석하면 접미사에 의한 파생어인데 더 세부 분석하면 사동과 피동의 뜻을 더하는 접미사 '-히-'로 만들어진 파생어이다. 합성어는 모두 체언의 합성어인데 세부 분석하면 '명사 + 명사'와 '파생 명사 + 명사' 두 가지 결합 방식이 있다.

사전을 이용하는 전략은 특히 단일어를 읽을 때 효율적이다. 모든 어휘를 학습할 때 사전을 이용하지만 특히 단일어를 읽을 때 사전이 필요하다. 한국어를 학습할 때 사용한 사전은 한중사전과 국어사전을 들 수 있다. 한국어에 대한 어느 정도의 기초 지식을 갖추면 국어사전을 이용하는 것이 한국어 능력 향상에 크게 효과가 있다. 전자사전의 경우에 먼저 검색창에서 목표 어휘를 입력하고 검색 버튼을 누른다. 그러면 목표어에 대한 해석은 바로 나타날 것이다. 사전 이용하는 읽기 전략은 3.1.1.4.2. ⑧을 참조할 수 있다.

⑧ **동사와 사동 접미사 분석하기**

이 학습 전략은 사동사를 읽을 때 사용할 수 있다. 본 연구에서 선정된 본문 내용과 관련된 사동사는 '익히다'만 있다. '익히다'의 구성을 분석하면 동사 '익다'와 사동 접미사 '-히-'로 구성된다. 사동사를 읽을 때 먼저 구성 성분인 동사와 사동 접미사를 분석한다. 그리고 동사의 의미와 사동 접미사의 용법을 학습한다. 마지막으로 동사의 의미와 사동 접미사의 용법을 종합하여 사동사의 의미를 추론할 수 있다. 사동사의 읽기 과정은 3.1.1.2.2. ⑤를 참조할 수 있다.

⑨ 어근 분석하기

이 학습 전략은 합성어를 읽을 때 사용할 수 있다. 본 연구에서 선정된 교재 본문 내용 관련 합성어는 '낱말'과 '높임말'이 있다. 합성어의 구성을 분석해 보면 모두 어근과 어근의 결합이다. 박덕유(2006:221)을 참조하여 합성어의 두 어근 성분 사이의 관계를 병렬, 수식, 융합으로 분류한다. 이에 따라 더 세분하면 '낱말'은 앞의 어근 '낱-'은 뒤의 어근 '-말'을 수식하는 것이고 '높임말'은 앞의 어근 '높임'은 파생명사로 뒤의 어근 '말'을 수식한다.

합성어를 읽을 때 먼저 단어의 어근을 갈래로 분석한다. 그리고 분석된 각 어근의 의미를 알아낸다. 다음으로 어근과 어근의 의미관계를 분석한다. 마지막으로 어근 간의 의미관계에 따라 단어의 의미를 추측한다.

〈표 129〉 어근 분석을 통한 합성어의 읽기 예시

낱말	

어근의 갈래 분석하기	
명사 +	명사
낱	말

⇓

어근과 어근의 의미관계를 분석하기
'낱'과 '말'는 수식 관계

⇓

'낱말'의 의미 파악하기
낱말: 한 말 한 말

2.2.1.2. 연습 문제 설명 관련 어휘의 읽기 전략

① 문맥을 통해 의미 추론하기

본 연구에서 선정된 연습 문제 설명과 관련된 어휘의 특징은 몇 가지 고정구문과 밀접한 관계가 있다. 이와 관련하여 자주 쓰는 어휘는 '괄호, 녹음, 완성, 전환, 주제, 유의, 종합, 토론, 항목' 등이 있다. 관련된 어휘를 읽을 때 구체적인 문맥 환경을 통하여 어휘의 의미를 추론할 수 있을 것이다. Jenkins 외(1989:221)에 의해 문맥을 통한 어휘의 의미를 추론하는 절차는 〈표 130〉과 같이 제시한다.

〈표 130〉 문맥을 통한 어휘 추론의 절차(Jenkins 외:1989:221)

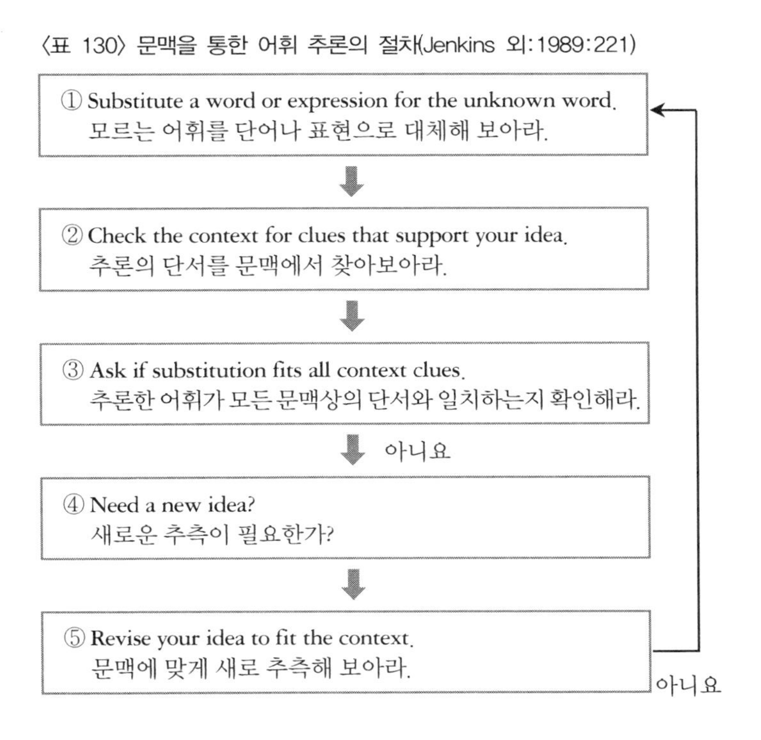

문맥을 통한 어휘의 의미를 추론할 때 먼저 ① 모르는 어휘를 단어나 표현으로 대체해 본다. ② 그리고 추론의 단서를 문맥에서 찾아본다. ③ 다음으로 추론한 어휘가 모든 문맥상의 단서와 일치하는지 확인한다. ④ 만약 추론한 어휘가 어떤 문맥상의 단서와 일치하지 않으면 새로운 추측이 필요할지 검토한다. ⑤ 문맥에 맞게 새로 추측해 본다. 다시 ①부터 시도해 본다.

'토론'으로 예를 들어 설명해 보자. 먼저 '토론'을 다른 단어나 표현으로 대체해본다.

그룹을 만들어 다음 질문에 대해 토론하고 발표해 보세요 '토론'을 다른 단어나 표현으로 대체해본다. '답하다?, 의논하다? 討論?......'

그리고 추론의 단서를 문맥에서 찾아본다.

다음 주제에 대하여 찬성과 반대 양 팀으로 나누어 토론해 보세요 *토론이 잘 진행되다.* *'찬성과 반대 양 팀으로 나누어서 토론하다, 토론이 진행되다.'* *→ ① '토론'은 동작이다* *② '토론'은 찬성과 반대 관련된다.* *③ '토론'은 의견을 제기하는 것이다.* *'토론'은 '討論'?*

다음으로 추론한 어휘가 모든 문맥상의 단서와 일치하는지 확인한다.

문맥1. 그림을 보고 교통 정체되는 이유가 무엇인지 단어를 사용하여 토론해 보시오.
문맥2. 효과적인 중국어 공부 방법에 대해 토론해 보세요.
문맥3. 조별로 토론을 해도 좋다.
문맥4. 중국어로 토론해 봅시다.
문맥5. 그룹을 만들어 다음 질문에 대해 토론하고 발표해 보세요.
'討論'는 모든 문맥상의 단서와 일치하다.

'討論'은 모든 문맥상의 단서와 일치하다. '토론'는 중국어 '討論'와 같은 의미를 지닌다고 판단할 수 있다. 만약에 어떤 문맥상의 단서와 일치하지 않으면 새로운 추측이 필요하다. 그러면 다시 처음부터 시도해봐야 한다.

② 한자음 익히기

본 연구에서 선정된 연습 문제 설명 관련 어휘는 총 23개가 있다. 그 중 한자어는 총 15개이다. 한자어는 세부 분석하면 동형동의어와 이형동의어 두 가지 종류가 있다. 동형동의어의 수는 비교적 많은데 11개가 있고 이형동의어는 3개가 있다. 한자어는 전체 어휘의 60.9%를 차지한다.

먼저 동형동의어의 경우를 보자. 본 연구에서 선정된 연습 문제 설명과 관련된 어휘에서 동형동의어는 전체 한자어의 80.0%를 차지한다. 동형동의어를 읽을 때 한자음을 익힘으로써 한자음에 대응되는 한자로 전환할 수 있다면 어휘의 의미를 추측할 수 있을 것이다. 동형동의어의 읽기 과정은 3.1.1.1.1. ②를 참조할 수 있다.

③ 한·중 대조 목록 참조하기와 의미 변별하기

이 학습 전략은 이형동의어를 읽을 때 사용할 수 있다. 본 연구에서 선정된 연습 문제 설명과 관련된 이형동의어는 '방점, 역할극, 예'가 있다. 이형동의어와 중국어의 차이점은 〈표 61〉을 참조할 수 있다. 이형동의어를 읽을 때 먼저 한자음을 익힘으로써 한자음에 대응되는 한자를 밝힌다. 그리고 연습 문제 설명과 관련된 이형동의어의 한·중 대조 목록을 사용하여 한자어를 구성하는 형태소와 중국어를 구성하는 형태소의 차이점을 밝힌다. 이로써 이형동의어에 대응되는 중국어를 알게 되고 한자어의 의미를 이해하게 될 것이다. 이형동의어의 읽기 과정은 3.1.1.1.1. ③을 참조할 수 있다.

④ 구성 분석하기와 어근의 한자음을 익히기

이상으로 연습 문제 설명 관련 한자어의 읽기 전략을 살펴보았으며 다음으로 한자어가 아닌 어휘의 읽기 전략을 살펴보고자 한다. 한자어가 아닌 어휘는 총 9개가 있는데 그 중 혼종어는 4개로 전체 어휘의 17.4%를 차지한다. 혼종어는 모두 '한자어 어근 + -하다' 유형이다. 고유어는 5개인데 전체 어휘의 21.7%를 차지한다. 고유어는 구성에 따라 단일어와 파생어, 합성어로 나눌 수 있다. 그 중 단일어는 하나가 있으며 접미사에 의한 파생어는 두 개가 있다. 합성어는 '명사 + 명사'의 결합은 하나가 있고, '관형사형 + 명사'의 결합도 하나가 있다.

먼저 파생적 혼조어의 경우를 보자. 본 연구에서 선정된 파생적 혼종어는 '구별하다, 답하다, 적합하다, 정확하다'가 있다. 모두 한자어 어근과 접미사 '-하다'로 구성된 혼종어이다. 한자어 어근은 중국어와 대조하여 의미가 모두 일치한다. 이런 어휘를 읽을 때 먼저 혼종어의 구성을 분석한다. 그리고 한자어 어근의 한자음을 익힘으로써 대응되는 한자를 알게 된다. 그러므로 한자어 어근의 의미를 모국어를 활용하여 이해할 수 있다. 동시에 접미사의 용법을 학습한다. 마지막으로 한자어 어근의 의미와 접미사의 용법을 종합하여 파생적 혼종어의 의미를 추측할 수 있을 것이다. 파생적 혼종어의 읽기 과정은 3.2.1.1.2.1. ①을 참조할 수 있다.

⑤ 그림으로 의미 추론하기

이 학습 전략은 주로 단일어 중 실체 명사를 읽을 때 사용하는 전략이다. 문자 부호보다는 그림과 같이 구체적인 이미지가 이해하기 쉽고 사람의 머릿속에서 훨씬 오래 저장할 수 있을 것이다. 따라서 문자를 읽을 때 그림으로 제시하면 이해하기 쉬워지며 문자를 쓸 때 그 문자의 의미를 이미지화하면 기억에 도움이 된다. 본 연구에서 선정된 연습 문제 설명 관련 단일어는 '줄'만 있다. 먼저 실체 명사 '줄'의 아래에 그림을 제시한다. 즉 '줄'의 아래에 줄의 형상은 그림으로 제시한다. 학습자를 하여금 그림을 보면 그 단어의 의미를 한눈에 환히 알 수 있을 것이다. '줄'의 읽기 전략은 〈표 131〉과 같이 제시한다.

〈표 131〉 실체 명사 '줄'의 읽기 예시

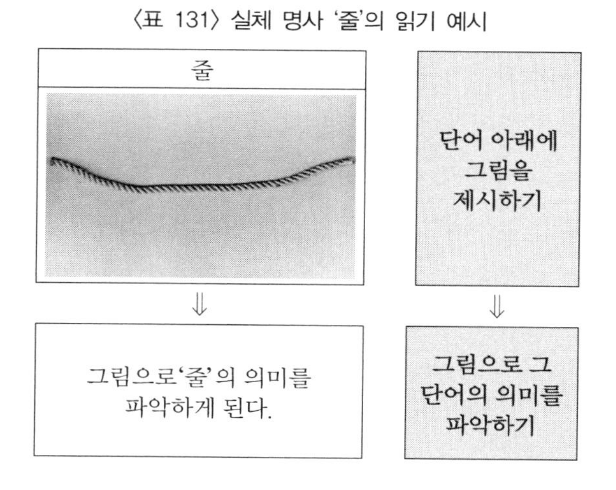

⑥ **어근과 접사 분석하기**

이 학습 전략은 주로 파생어를 읽을 때 사용한다. 본 연구에서 선정된 연습 문제 설명 관련 파생어는 '보기'가 있다. '보기'는 어근 '보-'와 명사를 만드는 접미사 '-기'의 결합이다. '보기'를 읽을 때 접사와 어근을 분석하는 전략을 사용할 수 있다. 파생어 '보기'를 읽을 때 먼저 구성 성분을 분석한다. '보기'는 어근 '보-'와 접미사 '-기'로 구성된다. 그리고 어근 '보-'의 의미를 알아내는 것과 동시에 접미사 '-기'의 용법을 학습한다. 어근 '보-'는 동사 '보다'의 어간이고 접미사 '-기'는 명사를 만드는 접미사이다. 이에 어근 '보-'의 의미를 파악하게 되며 접미사 '-기'의 용법 또한 이해할 수 있게 된다. 마지막으로 어근 '보-'의 의미와 접미사 '-기'의 용법을 종합하여 '보기'의 의미를 추론할 수 있다. '보기'의 의미를 다시 텍스트에서 검토한다. 문맥상의 단서와 일치하면 맞는 추론이고 일치하지 않으면 어근과 접사,

그리고 문맥을 참고하여 다시 추론한다. 어근과 접사를 분석하는 전략을 정리하여 제시하면 〈표 132〉와 같다.

〈표 132〉 어근과 접사 분석하기 예시

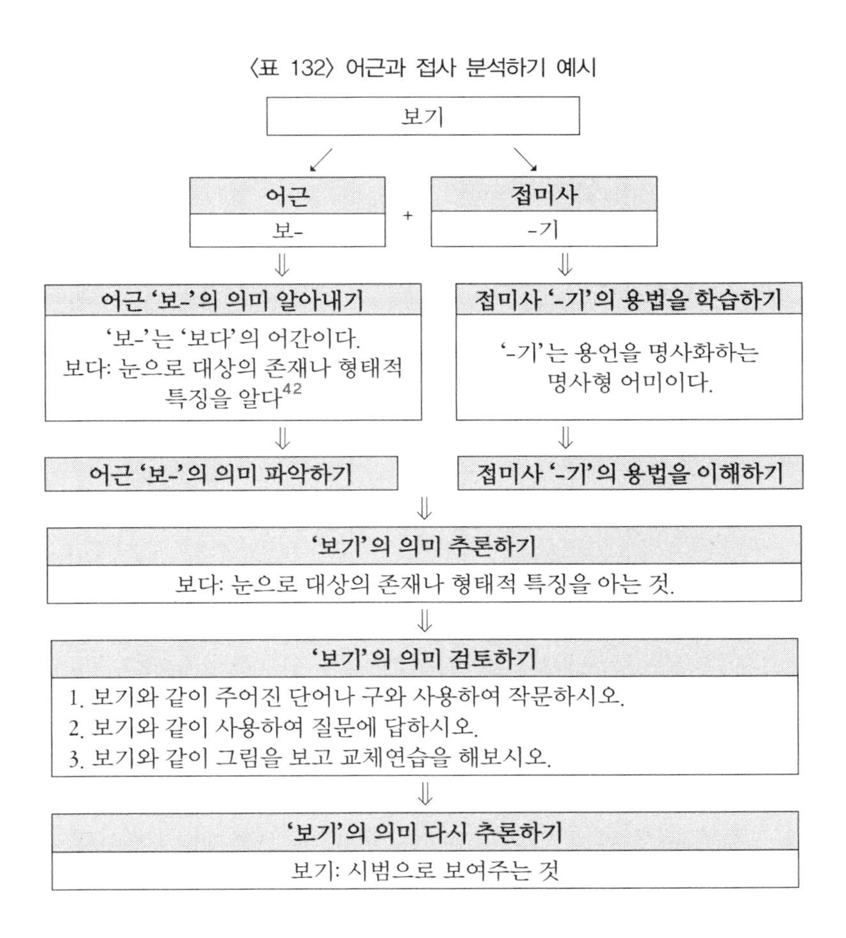

42 국립국어원 표준국어대사전을 참고하였다.

⑦ **동사와 사동 접미사 분석하기**

이 학습 전략은 주로 사동사를 읽을 때 사용한다. 본 연구에서 선정된 연습 문제 설명 관련 사동사는 '채우다'가 있다. '채우다'는 동사 '채다'와 사동의 뜻을 더하는 접미사 '-우-'의 결합이다. '채우다'를 읽을 때 동사와 사동 접미사를 분석하는 전략을 사용할 수 있다. 사동사를 읽을 때 먼저 구성 성분인 동사와 사동 접미사를 분석한다. '채우다'는 동사 '채다'와 사동 접미사 '-우-'로 분석할 수 있다. 그리고 동사 '채다'와 사동 접미사 '-우-'의 용법을 학습한다. 마지막으로 동사 '채다'의 의미와 사동 접미사 '-우-'의 용법을 종합하여 사동사 '채우다'의 의미를 추론할 수 있다. 사동사의 읽기 과정은 2.1.1.2.2. ⑤를 참조할 수 있다.

⑧ **어근 분석하기**

이 학습 전략은 주로 합성어를 읽을 때 사용한다. 본 연구에서 선정된 교재 연습 문제 설명 관련 합성어는 '밑줄'과 '빈칸'이 있다. 합성어를 읽을 때 먼저 어근의 갈래를 분석한다. '밑줄'은 명사와 명사로 구성된 합성어이고 '빈칸'은 관형사형과 명사로 구성된 합성어이다. 그리고 각 어근의 의미를 알아낸다. 다음으로 어근과 어근의 의미 관계를 분석한다. '밑줄'은 앞의 어근 '밑-'은 뒤의 어근 '-줄'을 수식하는 것이고 '빈칸'은 앞의 어근 '빈-'은 관형사형이고 마찬가지로 뒤의 어근 '-칸'을 수식한다. 마지막으로 어근 간의 의미 관계에 따라 단어의 의미를 추측한다. 합성어의 읽기 과정은 2.2.1.1.2.2. ⑨를 참조할 수 있다.

2.2.2. 교재 이해에 필요한 어휘의 쓰기 전략

2.2.2.1. 본문 내용 관련 어휘의 쓰기 전략

본 연구에서 선정된 교재 본문 내용과 관련된 어휘는 총 118개이다. 그 중 한자어는 96개로 전체 어휘의 81.4%를 차지한다. 한자어를 세분하면 동형동의어, 이형동의어, 동형이의어, 도치어로 분류할 수 있다. 한자어에서 동형동의어는 81개로 가장 많다. 한자어가 아닌 어휘는 혼종어와 고유어가 있다. 혼종어는 비교적 많은데 17개로 이는 전체 어휘의 14.4%를 차지한다.

① 새 단어를 문장 속에서 사용하기

이 학습 전략은 모든 어휘를 쓸 때 사용할 수 있지만 본 연구에서 선정된 어휘의 특징을 고려하면 특히 교재 이해 관련 어휘를 쓸 때 필요하다. 새 단어를 문장 속에서 사용하는 전략은 두 가지 의미가 있다. 첫째, 목표어가 빠진 문장을 완성하는 전략을 의미한다. 둘째, 단어를 사용하여 문장을 만드는 전략을 의미한다. 문장을 완성하는 전략부터 설명하면 먼저 목표어가 빠진 문장을 읽고 이해해 본다. 다음으로 문맥에 맞게 괄호에서 제시된 중국어에 대응된 한국어를 전환한다. 목표어로 비어 있는 자리를 채우고 문장을 완성한다. 이런 과정을 통해 목표어를 기억할 뿐만 아니라 목표어의 쓰임에 대해 깊이 있게 이해할 수 있다. 새 단어를 문장 속에서 사용하는 전략을 제시하면 〈표 133〉과 같다.

〈표 133〉 문장 완성하기 예시

문장 이해하기
이 어휘는 감탄구에서 어감을 강하게 하는 ____를/을 한다. (作用)

⇩

문맥에 맞게 중국어에 대응된 한국어를 사용하기
이 어휘는 감탄구에서 어감을 강하게 하는 ____를/을 한다. 作用 → 역할

⇩

문장 완성하기
이 어휘는 감탄구에서 어감을 강하게 하는 역할을 한다.

다음으로 새 단어를 사용하여 문장을 만드는 전략을 소개한다. 먼저 단어의 의미와 용법을 확인한다. 그리고 문장을 구상한다. 만약에 문장을 구상하는 데에 어려움이 있으면 사전 등을 이용하여 예문을 참조할 수도 있다. 마지막으로 문자로 재현한다. 이를 정리하여 제시하면 〈표 134〉와 같다.

〈표 134〉 새 단어를 사용하여 문장 만들기 예시

단어의 의미와 용법을 확인하기
'익히다'의 의미와 용법을 확인하기

⇩

문장을 구상하기
무엇을 익히나? ...

⇩

문장을 문자로 재현하기
한국말은 빨리 익혀야 돼요.

② 한자음 익히기

이 학습 전략은 주로 동형동의어를 쓸 때 사용한다. 동형동의어는 중국어와 대조하면 한자 형태소가 모두 같다. 그러므로 동형동의 한자어를 쓸 때 중국어 어휘를 구성하는 한자 형태소가 대응되는 한국어 한자음을 알면 중국어의 한자 형태소를 한국어 한자음으로 전환함으로써 동형동의어를 쓸 수 있을 것이다. 동형동의어의 쓰기 과정은 2.1.2.1.1. ②를 참조할 수 있다.

③ 한·중 어휘 대조 목록 참조하기

이 학습 전략은 주로 이형동의어를 쓸 때 사용한다. 본 연구에서 선정된 교재 본문 내용과 관련된 이형동의어는 11개이다. 이형동의어를 중국어와 대조하면 어휘를 구성하는 한자 형태소가 부분적 혹은 완전히 다르다. 오류를 피하기 위해 이런 어휘를 쓸 때는 한·중 어휘 대조 목록을 참조할 필요가 있다. 이형동의어 한·중 대조 목록은 〈표 123〉을 참조할 수 있다. 이형동의어를 쓸 때는 먼저 한·중 어휘 대조 목록을 참조하여 표현하고자 하는 중국어의 한자 형태소와 대응되는 한자어의 한자 형태소의 공통점과 차이점을 확인한다. 그리고 한자어를 구성하는 한자 형태소를 확인한 후 각 형태소를 대응되는 한자음으로 전환한다. 이로써 이형동의어의 쓰기를 완성한다. 이형동의어의 쓰기 과정은 2.1.2.1.1. ③을 참조할 수 있다.

④ 한·중 어휘 형태소의 차이점 인지하기

이 학습 전략은 주로 동형이의어를 쓸 때 사용한다. 본 연구에서 선정된 교재 본문 내용과 관련된 동형이의어는 '경우'와 '허락'이 있다. 동형이의어는 중국어와 대조하여 형태소가 다르다. 동형이의어를 쓸 때 먼저 한·중 대조 목록을 참조할 필요가 있다. 그리고 중국어와 한국어를 구성하는 한자 형태소의 차이점을 인지한다. 마지막으로 해당 한자 형태소는 한자음으로 전환한다. 이로써 동형이의어의 쓰기를 완성한다. 동형이의어의 쓰기 과정은 2.1.2.1.1. ④를 참조할 수 있다.

⑤ 어순 바꾸기

이 학습 전략은 주로 도치어를 쓸 때 사용한다. 본 연구에서 선정된 본문 내용과 관련된 도치어는 '언어'와 '호칭'이 있다. 도치어는 중국어와 대조하여 형태와 의미 면에서 모두 같지만 순서만 다르다. 이런 어휘를 쓸 때 먼저 목표어의 특징은 조어 순서만 다르다는 것을 인지한다. 그리고 중국어의 순서를 바꾸고 한자 형태소에 대응되는 한자음으로 전환한다. 이로써 도치어의 쓰기를 완성한다. 도치어의 쓰기 과정은 2.1.2.4.1. ⑤를 참조할 수 있다.

⑥ 어근과 접사 기억하기

이상으로 교재 본문 관련 한자어의 쓰기 전략을 살펴보았으며 다음으로 한자어가 아닌 어휘의 쓰기 전략을 살펴보도록 한다. 교재 본문과 관련된 어휘에서 혼종어는 17개로 상대적으로 많다. 혼종어의 유형을 세부 분석하면 파생적 혼종어와 합성적 혼종어로 분류할 수 있다. 파생적 혼종어는 주로 '한자어 어근 + -하다'의 유형과 '한자어 어근 + -히' 두 가지 유형이 있다. 합성적 혼종어는 주로 한자어 어근과 고유어 어근의 의미가 중복된 어휘, 고유어 어근과 한자어 어근의 의미가 합쳐진 어휘로 분류할 수 있다.

파생적 혼종어를 쓸 때 어근과 접사를 기억하는 전략을 사용할 수 있다. 본 연구에서 선정된 교재 본문 내용 관련 파생적 혼종어는 11개인데 그 중 10개가 한자어 어근 + -하다'의 유형이고 하나는 '한자어 어근 + -히' 유형이다. 파생적 혼종어를 쓸 때 먼저 어휘의 구성을 인지한다. 그리고 한자어 어근과 접사를 기억한다. 다음으로 한자어 어근에 대응되는 한자음으로 전환하는 동시에 접미사를 재현한다. 마지막으로 파생적 혼종어의 구성에 따라 한자어 어근 두에 접미사를 붙인다. 이에 파생적 혼종어의 쓰기가 완성된다. 파생적 혼종어의 쓰기 과정은 2.1.2.3.2. ⑤를 참조할 수 있다.

⑦ 조어 순서와 구성 요소의 의미 관계 분석하기

본 연구에서 선정된 교재 본문 내용 관련 합성적 혼종어는 구성 요소의 의미 관계에 따라 주로 한자어 어근과 고유어 어근의 의미가 중복된 어휘, 고유어 어근과 한자어 어근의 의미가 합쳐진 어휘로 분류할 수 있다. 합성적 혼종어의 쓰기 전략은 주로 구성 요소의 의미 관계에 따라 달라진다.

구성 요소의 의미가 중복된 합성적 혼종어를 쓸 때 주로 조어 순서와 구성 요소의 의미 관계를 분석하기 전략을 사용할 수 있다. 본문 내용과 관련된 합성적 혼종어는 '글자'이다. 이 유형의 어휘를 쓸 때 먼저 한자어 어근과 고유어 어근의 순서를 분석한다. '글자'는 고유어 어근 뒤에 한자어 어근을 붙인다. 그리고 어휘를 구성하는 요소의 의미 관계를 분석한다. '글자'를 구성하는 고유어 어근 '글-'과 한자어 어근 '-자'는 모두 '字'를 의미하여 의미 관계가 중복이다. 다음으로 '字'에 대응되는 고유어는 '글'인 것을 기억하며 '字'에 대응되는 한자어는 한자음을 익힘으로써 전환한다. 마지막으로 조어 순서에 따라 '글'과 '자'를 합성한다. 이에 '글자'의 쓰기를 완성한다. 이를 정리하여 제시하면 〈표 135〉와 같다.

〈표 135〉 '글자'의 쓰기 예시

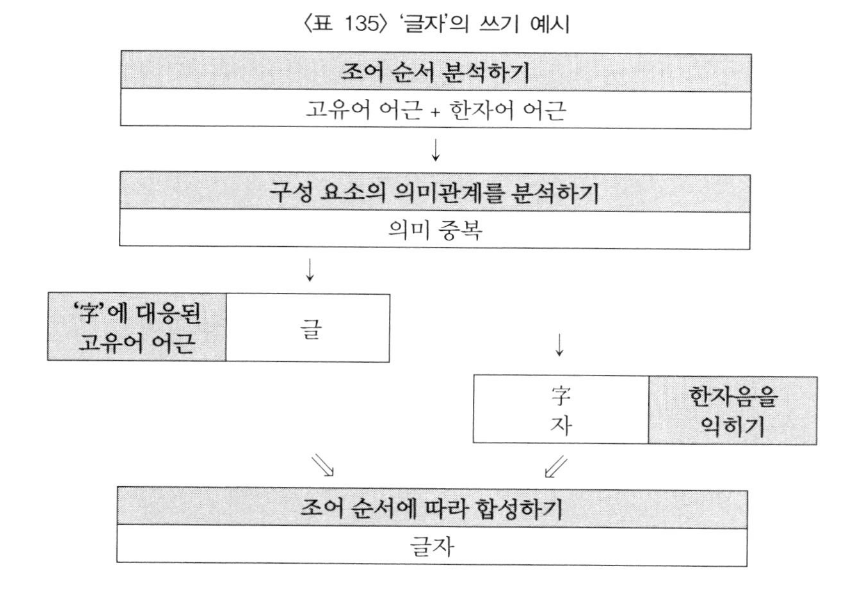

⑧ **모국어와 대조적으로 분석하기와 한자음 익히기**

본 연구에서 선정된 본문 내용 관련 구성 요소의 의미가 합쳐진 합성적 혼종어는 5개가 있는데 구성 요소인 한자어는 중국어와 대조하면 의미적으로 일치하는 어휘와 의미적으로 일치하지 않은 어휘로 분류할 수 있다.

이 학습 전략은 주로 구성 요소의 의미가 합쳐진 합성적 혼종어 중에서 한자어 형태소와 현대 중국어가 의미적으로 일치하는 어휘의 쓰기 전략이다. 먼저 한국어와 대응되는 모국어인 중국어를 대조적으로 분석한다. 한국어와 중국어는 단어 형성의 같은 점과 차이점을 연구한다. 그리고 분석 결과에 따라 한자 형태소는 한자음으로 전환하고 고유어 형태소에 대응되는 한국어로 적는다. 마지막으로 고유어 형태소와 한자어 형태소를 결합하여 쓰기를 완성한다. '어림수'로 예를 들어 한자어 형태소와 중국어가 의미적으로 일치하는 구성 요소의 의미가 합쳐진 합성적 혼종어의 쓰기 과정을 정리하여 제시하면 〈표 136〉과 같다.

〈표 136〉 '어림수' 쓰기 예시

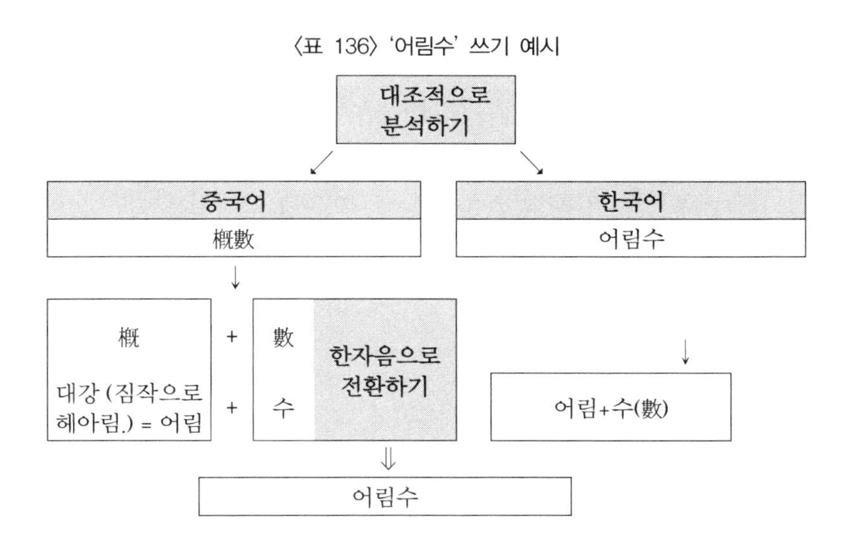

'어림수'을 쓸 때 먼저 대응하는 중국어 '概數'와 한국어 '어림수'를 대조적으로 분석한다. '概數'는 형성법으로 분석하면 '어림수'와 같이 합성어이다. '概數'는 '概(대강 = 어림)'와 '數(수)'의 합성이다. '어림수'는 '어림'과'수'은 합성된 어휘이다. 중국어 '概數'의 구성 요소는 한국어 '어림수'와 같다. 그래서 '概數'를 쓸 때 '概'에 대응되는 한국어로 적으며 '數'의 한자음은 '수'로 전환한다. 마지막으로 '고유어+한자어'의 형식에 따라 '어림수'로 적는다.

⑨ 모국어와 대조적으로 분석하기와 한자어 어근의 의미 변별하기

이 학습 전략은 주로 구성 요소의 의미가 합쳐진 합성적 혼종어 중 한자 형태소와 중국어가 의미적으로 일치하지 않은 어휘의 쓰기 전략이다. 먼저 한국어와 대응된 중국어를 대조적으로 분석한다. 한국어와 모국어인 중국어의 단어 구성 요소의 측면에서 같은 점과 차이점을 연구한다. 그리고 분석 결과에 따라 적절한 방법으로 한자어 형태소와 고유어 형태소를 한국어로 적는다. 한자어 형태소는 현대 중국어와 의미적으로 일치하지 않기 때문에 의미의 차이를 변별하고 한국어에 맞는 한자의 음을 적는다. 고유어 형태소는 이중 언어 사전을 이용하여 한글로 적을 수 있다. 마지막으로 '고유어+한자어' 혹은 '한자어+고유어'의 형식에 따라 단어를 적는다. '반대말'을 예로 들어 〈표 137〉과 같이 설명한다.

〈표 137〉 '반대말'쓰기 예시

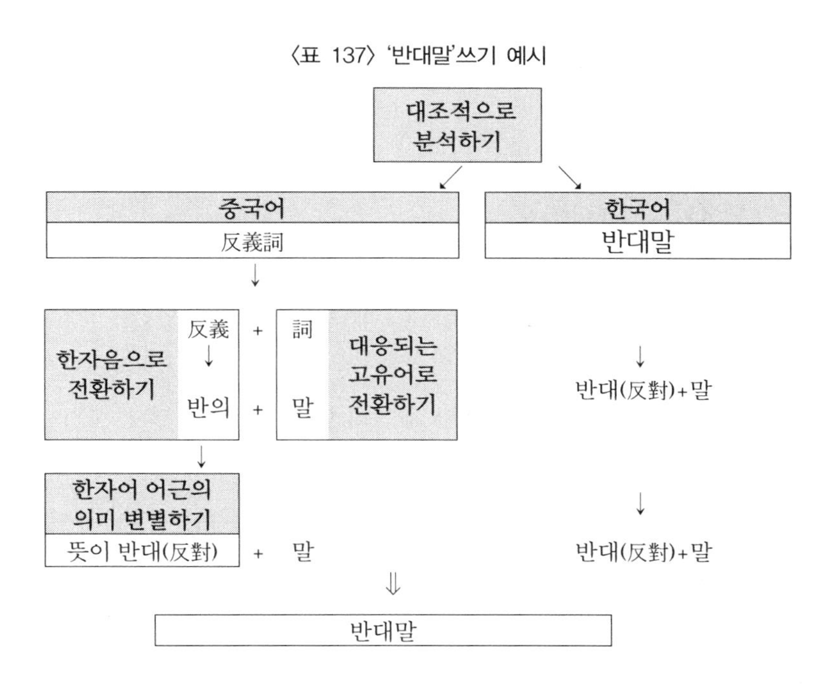

먼저 '반대말'과 중국어에 대응된 어휘인 '反義詞'를 대조적으로 분석한다. '반대말'과 '反義詞'의 단어 구성 요소의 측면에서 같은 점과 차이점을 연구한다. 중국어 '反義詞'는 '反義(반의)'와 詞(사)'의 결합이다. '反義'는 한자음인 '반의'로 전환한다. '反義'는 '뜻이 반대되다'를 의미하고'詞'에 대응되는 고유어는 '말'이다. '반대말'는 '반대(反對)'와 '말'의 결합이고 의미를 합쳐서 '반대된 말'이라는 뜻이다. 분석을 통해 중국어 '反義詞'는 '뜻이 반대(反對)+ 말'의 결합이며 '반대말'은 '반대+말'의 결합이다. 따라서 중국어 '反義詞'는 한국어 '반대말'보다 '뜻'을 의미하는 '의(義)'를 구성 요소에 더 첨가하였다. 학습자들이 이 것을 잘 기억하고 '反義詞'의 '義'를 빼고 '한자어+고

유어'의 형식에 따라 '反詞'에 대응되는 한국말로 '반대말'을 적으면 된다.

⑩ **단어의 소리 학습하기**

본 연구에서 선정된 본문 내용 관련 고유어는 5개가 있다. 고유어는 구성에 따라 단일어 2개, 파생어 1개, 합성어 2개가 있다. 파생어는 세부 분석하면 사동과 피동의 뜻을 더하는 접미사 '-히-'로 만들어진 파생어이다. 합성어는 모두 체언의 합성어인데 세부 분석하면 '명사 + 명사'와 '파생 명사 + 명사' 두 가지 결합 방식이 있다.

먼저 단일어의 경우를 보자. 단어의 소리를 학습하는 전략은 모든 어휘를 쓸 때 사용할 수 있지만 특히 단일어를 쓸 때 효율적이다. 단어의 소리를 학습할 때는 먼저 단어를 구성하는 음절부터 분석한다. 그리고 각 음절을 구성한 운소(초성, 중성, 종성)를 하나하나 학습한다. 헷갈리기 쉬운 부분은 특별히 유의하여 유사한 소리와 대조하여 학습한다. 다음으로 각 운소를 결합하여 음절을 구성하고, 음절을 결합하여 단어를 구성한 다음에 소리 내어 연습한다. 마지막으로 소리에 대응되는 자모를 통하여 단어를 기억하고 재현한다. 단어의 소리 학습하기 전략은 '마디'로 예를 들어 설명한다.

〈표 138〉 단어의 소리 학습하기 예시

단어를 구성하는 음절 분석하기
마 + 디

⇩

조음 위치와 방법 학습하기	
'마'는 초성 'ㅁ', 중성 'ㅏ'의 조음 위치와 방법 학습하기	'디'는 초성 'ㄷ', 중성 'ㅣ'의 조음 위치와 방법 학습하기

⇩

소리 내어 연습하기	
소리 내어 '마' 연습하기	소리 내어 '디' 연습하기
소리 내어 '마디' 연습하기	

⇩

소리에 대응되는 자모를 통하여 단어를 재현하기
마디

'마디'를 쓸 때는 먼저 단어를 구성하는 음절 '마'와 '디'를 분석한 다음, 각 음절을 구성하는 운소인 '마'는 'ㅁ'과 'ㅏ', '디'는 'ㄷ'과 'ㅣ'로 분해하여 분석한다. 그리고 각 운소를 소리를 내어 연습한 다음, 운소를 결합하여 음절의 소리를 내어 연습하고 음절을 결합하여 단어를 구성한 뒤 소리를 내어 연습한다. 마지막으로 소리에 대응되는 자모를 통하여 단어를 재생한다.

⑪ 단어의 철자 학습하기

단어의 철자 학습하는 전략은 모든 어휘를 쓸 때 사용할 수 있지만 특히 단일어를 쓸 때 효율적이다. 단어의 철자법을 모르고 소리가 나는 대로 적기 때문에 범하는 오류가 있다. 이것은 결혼이민자들이 보편적으로 범하는 오류이다. 이런 오류를 피하기 위해 단어의 철자를 정확하게 학습해야 한다. 단어의 철자를 제대로 인식하기 위해 먼저 철자를 음절로, 음절을 자모로 분해한다. 그리고 다시 자모를 음절로, 음절을 단어로 조합한다. 그러므로 단어의 형태를 재현하게 된다.

〈표 139〉 단어의 철자 학습하기 예시

단어의 철자 분해하기		
사-	-투-	-리
↓	↓	↓
ㅅ ㅏ	ㅌ ㅜ	ㄹ ㅣ
⇩		
자모 조합하기		
ㅅ ㅏ	ㅌ ㅜ	ㄹ ㅣ
↓	↓	↓
사	투	리
⇩		
단어 재현하기		
사투리		

⑫ 동사와 사동 접미사 기억하기

이 학습 전략은 주로 사동사를 쓸 때 사용할 수 있다. 본 연구에서 선정된 본문 내용과 관련된 사동사는 '익히다'만 있다. 사동 동사를 쓸 때 먼저 동사와 사동 접미사를 기억한다. 그리고 동사와 사동 접미사를 재생한다. '익히다'의 동사는 '익다'이고 접미사는 '-히-'이다. 사동 동사의 구성은 '동사 어간+ 사동 접미사+ 어미'에 따라 '익다'와 '-히-'를 결합하여 '익히다'를 완성한다. 사동사의 쓰기 과정은 2.1.2.2.2. ⑤를 참조할 수 있다.

⑬ 어근 기억하기

이 학습 전략은 주로 합성어를 쓸 때 사용할 수 있다. 본 연구에서 선정된 교재 본문 내용 관련 합성어는 '낱말'과 '높임말'이 있다. 합성어를 쓸 때 어근을 기억하는 전략을 사용할 수 있다. 어근을 기억하는 것은 세 가지 의미가 있다. 먼저, 어근의 갈래를 기억한다. 예를 들면 '낱말'의 어근의 갈래는 '명사+명사'이다. 둘째, 합성어를 구성하는 어근과 어근의 의미관계를 기억한다. 예를 들면 '낱말'의 어근 '낱'이 어근 '말'을 수식한다. 셋째, 합성어의 각 어근의 형태를 기억하는 것이다. 예를 들면 '높임말'의 어근은 '높임'과 '말'인 것을 기억한다. 어휘의 어근을 상술한 세 가지의 측면에서 기억하고 다음으로 어근과 어근을 결합하여 어휘를 재현할 수 있다. 어근을 기억하는 것으로 합성어를 쓸 때 사용하는 전략을 정리하여 제시하면 〈표 140〉과 같다.

〈표 140〉 어근 기억하기로 합성어의 쓰기 예시

어근 기억하기

어근의 갈래	**어근과 어근의 의미관계**	**어근의 형태**
명사+명사	수식 관계	낱, 말

⇘ ⇓ ⇙

어근과 어근을 결합하기

낱말

2.2.2.2. 연습 문제 설명 관련 어휘의 쓰기 전략

① 한자음 익히기

본 연구에서 선정된 연습 문제 설명 관련 어휘는 총 23개가 있다. 그 중 한자어는 총 15개이다. 한자어는 세부 분석하면 동형동의어와 이형동의어 두 가지 종류가 있다. 동형동의어의 수는 비교적 많은데 11개가 있고 이형동의어는 3개가 있다. 한자어는 전체 어휘의 60.9%를 차지한다.

먼저 동형동의어의 경우를 본다. 본 연구에서 선정된 교재 연습 문제 설명 관련 어휘에서 동형동의 한자어는 50%를 차지한다. 동형동의어는 학습자의 모국어인 중국어와 대조하여 형태와 의미가 모두 동일하다. 학습자가 중국어 어휘를 구성하는 한자 형태소에 대응되는 한자음을 알면 한자어를 쓸 수 있을 것이다. 동형동의어의 쓰기 과정은 〈표 112〉를 참조할 수 있다.

② 한·중 어휘 대조 목록 참조하기

이 학습 전략은 주로 이형동의어를 쓸 때 사용한다. 본 연구에서 선정된 연습 문제 설명과 관련된 이형동의어는 '방점, 역할극, 예'가 있다. 이형동의어와 중국어의 차이점을 〈표 61〉을 참조할 수 있다. 이형동의어를 쓸 때 오류를 피하기 위해 먼저 한·중 어휘 대조 목록을 참조한다. 목록을 통해 중국어와 한자어는 구성 형태소의 차이점을 밝힌다. 그러므로 한자어의 형태소를 파악하게 될 것이다. 마지막으로 한자어를 구성하는 한자의 한자음으로 전환함으로써 쓰기가 완성된다. 이형동의어의 쓰기 과정은 〈표 113〉을 참조할 수 있다.

③ **구성 분석하기와 한자음 익히기**

이상으로 연습 문제 설명 관련 한자어의 쓰기 전략을 살펴보았는데 다음으로 한자어가 아니 어휘의 쓰기 전략을 살펴보도록 한다. 한자어가 아닌 어휘는 총 9개가 있는데 그 중 혼종어는 4개인데 전체 어휘의 17.4%를 차지한다. 혼종어는 모두 '한자어 어근 + -하다' 유형이다. 고유어는 5개인데 전체 어휘의 21.7%를 차지한다. 고유어는 구성에 따라 단일어와 파생어, 합성어로 나눌 수 있다. 그 중 단일어는 하나가 있으며 접미사에 의한 파생어는 두 개가 있다. 합성어는 '명사 + 명사'의 결합은 하나가 있고 '관형사형 + 명사'의 결합은 하나가 있다.

파생적 혼종어를 쓸 때 구성 분석하기와 한자음을 익히는 전략을 사용할 수 있다. 본 연구에서 선정된 파생적 혼종어는 '구별하다, 답하다, 적합하다, 정확하다'가 있다. 모두 한자어 어근과 접미사 '-하다'로 구성된 혼종어이다. 한자어 어근은 중국어와 대조하여 의미가 모두 일치하다. 이런 어휘를 쓸 때 먼저 파생적 혼종어의 구성을 분석한다. 그리고 단어를 구성되는 한자 형태소에 대응되는 한자음으로 전환한다. 동시에 이 단어를 구성된 접미사를 기억한다. 다음으로 파생적 혼종어의 구성 특성에 따라 한자음의 뒤에 접미사를 붙인다. 이러하는 방법으로 파생적 혼종어의 쓰기가 완성된다. 파생적 혼종어의 쓰기 과정은 〈표 118〉을 참조할 수 있다.

④ **의미 이미지화하기**

이 학습 전략은 주로 단일어 중 실체 명사를 쓸 때 사용하는 전략이다. 본 연구에서 선정된 연습 문제 설명 관련 단일어는 실체 명사 '줄'만 있다. 문자 부호보다는 그림과 같이 구체적이 이미지는 이해하기 쉽고 사람의 머릿속에서 훨씬 오래 저장할 수 있을 것이다. 따라서 문자를 쓸 때 그 문자의 의미를 이미지화하면 기억에 도움이 된다. 실체 명사를 쓸 때 먼저 그 단어의 의미는 이미지로 저장한다. 마치 머릿속에 이미지에서 이름표를 붙인 것 같다. 그러므로 이미지를 기억에 꺼내는 것과 동시에 그 이미지의 명칭도 드러낸다. 실체 명사의 쓰기 전략은 '줄'로 예를 들어 설명한다.

〈표 141〉 실체 명사 '줄'의 쓰기 예시

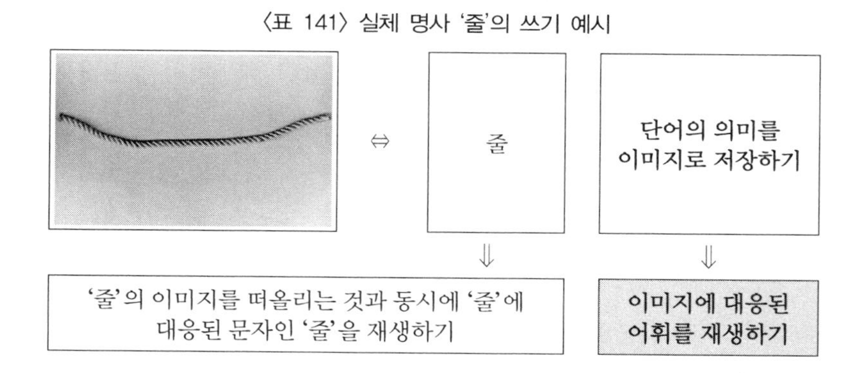

⑤ **어근과 접사 기억하기**

이 학습 전략은 주로 파생어를 쓸 때 사용할 수 있다. 본 연구에서 선정된 파생어는 '보기'가 있다. 파생어를 쓸 때 먼저 접사와 어근을 기억한다. '보기'의 어근은 '보-'이고 접사는 '-기'이다. 그리고 접사와 어근을 재생한다. '보기'글자 자체를 보지 않고 머릿속에서 재생해 본다. 마지막으로 파생어의 형성법 '어근 + 접미사'에 따라 '보-'

와 '-기'를 결합하여 '보기'를 완성한다. 파생어의 쓰기 과정은 〈표 121〉을 참조할 수 있다.

⑥ **동사와 사동 접미사 기억하기**

이 학습 전략은 주로 사동사를 쓸 때 사용한다. 본 연구에서 선정된 연습 문제 설명 관련 사동사는 '채우다'만 있다. 사동사를 쓸 때 먼저 동사와 사동 접미사를 기억한다. 그리고 동사와 사동 접미사를 재생한다. '채우다'의 동사는 '채다'이고 접미사는 '-우-'이다. 사동 동사의 구성은 '동사 어간 + 사동 접미사 + 어미'에 따라 '채다'와 '-우-'를 결합하여 '채우다'의 쓰기를 완성한다. 사동사의 쓰기 과정은 〈표 117〉을 참조할 수 있다.

⑦ **어근 기억하기**

이 학습 전략은 주로 합성어를 쓸 때 사용할 수 있다. 본 연구에서 선정된 교재 연습 문제 설명 관련 합성어는 '밑줄'과 '빈칸'이 있다. 합성어를 쓸 때 어근을 기억하는 전략을 사용할 수 있다. 어근을 기억하는 것은 세 가지 의미가 있다. 먼저, 어근의 갈래를 기억한다. 둘째, 합성어를 구성하는 어근과 어근의 의미관계를 기억한다. 셋째, 합성어의 각 어근의 형태를 기억하는 것이다. 합성어의 어근을 상술한 세 가지의 측면에서 기억하고 다음으로 어근과 어근을 결합하여 어휘를 재현할 수 있다. 어근 기억하는 쓰기 전략은 〈표 140〉을 참조할 수 있다.

2.3. 중국어 전문지식 관련 어휘 학습 전략

본 연구에서 선정된 중국어 전문지식 관련 어휘는 93개인데 모두 한자어이다. 한자어는 동형동의어, 이형동의어, 동형이의어, 한자 신조어로 분류할 수 있다. 그 중 동형동의어는 32개이며 전체 한자어의 34.4%를 차지한다. 이형동의어는 30개인데 전체 한자어의 32.3%를 차지한다. 동형동의어와 이형동의어는 수량이 비슷하다. 그리고 한자 신조어는 총 26개로 전체 한자어의 31.2%를 차지한다. 신조어에서 다시 세분하여 동형동의 신조어는 21개이고 이형동의 신조어는 8개이다. 마지막으로 동형이의어는 2개로 가장 적다.

2.3.1. 중국어 전문지식 관련 어휘의 읽기 전략

① 한자음 익히기

이 학습 전략은 동형동의어와 한자 신조어 중 동형동의 신조어를 읽을 때 사용할 수 있다. 이런 어휘의 특징은 중국어와 대조하면 형태와 의미의 측면에서 모두 같다. 중국인 학습자가 한자에 대한 지식 배경을 갖추므로 학습하기에 매우 유리하다. 중국어 전문지식 관련 동형동의어와 한자 신조어 중 동형동의 신조어를 읽을 때 먼저 한자음을 익힘으로써 각 한자 형태소가 대응되는 한자로 전환한다. 그러므로 한자어는 중국어 어휘의 형태로 나타나게 된다. 학습자는 모국어 한자 관련 지식을 활용하여 해당 한자어의 의미를 추측할 수 있을 것이다. '번체자'로 예를 들어 〈표 142〉과 같이 설명한다.

〈표 142〉 '번체자'의 읽기 예시

번체자 ┬ 번(繁) 　　　├ 체(體) ➡ 繁體字 　　　└ 자(字) ⇩ 번체자: 指汉字简化后被简化字所代替的原来笔画较多的汉字. (중국에서 전통적으로 써 오던 방식 그대로의 한자를 간체자에 상대하여 이르는 말.[43]

'번체자'를 읽을 때 먼저 각 형태소인 '번', '체', '자'에 대응되는 한자로 전환한다. '번'은 '繁'로, '체'는 '體'로, '자'는 '字'로 전환한다. 그러므로 '번체자'는 '繁體字'로 전환된다. 중국인 학습자가 '繁體字'의 의미를 이미 습득하였기 때문에 '번체자'의 의미를 알게 될 것이다.

② 한·중 어휘 대조 목록 참조하기

이 학습 전략은 주로 이형동의어와 한자 신조어 중 이형동의 신조어를 읽을 때 사용할 수 있다. 이형동의어와 이형동의 신조어의 특징은 중국어와 대조하여 어휘를 구성하는 한자 형태소가 다르다. 이 유형의 어휘는 중국어와 완전 다른 형태소로 구성하는 경우가 있고 부분 다른 경우도 있다. 중국어 전문지식 관련 이형동의어는 3개이고 그 외에 모두 부분 형태소가 다른 어휘이다. 이형동의 신조어에서 형태소가 완전 다른 어휘는 없고 모두 형태소가 부분 다른 어휘

43 본서에서의 중국어 해석은 新华字典을 참조하였다, 한국어 해석은 국립국어원 표준국어대사전을 참조하였다.

이다. 먼저 형태소가 완전 다른 어휘를 본다. 형태소가 완전 다른 이형동의어를 읽을 때 우선 한·중 어휘 대조 목록을 참조하여 형태소의 차이점을 인지한다. 중국어 전문시식 관련 이형동의어 한·중 대조 목록을 〈표 〉을 참조할 수 있다. 그리고 이형동의에 해당하는 중국어를 파악함으로써 해당 어휘의 의미를 알게 된다. '표준어'로 예를 들어 설명한다.

〈표 143〉 중국어 전문지식 관련 형태소가 완전 다른 이형동의어 읽기 예시

⇩

한·중 대조 목록 참조

표준어 = 普通話

⇩

표준어(普通話): 现代汉民族共同语，以北京语音为标准音，以北方话为基础方言，以典范的现代白话文著作为语法规范. (현대 중국어 표준어에 대한 규정)

다음으로 형태소가 부분 다른 어휘의 읽기 전략을 연구해 본다. 본 연구에서 선정된 중국어 전문지식 관련 이형동의어와 이형동의 신조어는 대부분 이 유형에 속한다. 부분 형태소가 다른 어휘는 중국어와 공통점도 있기 때문에 형태소에 대응되는 한자를 알면 그 어휘의 의미 추측에 도움이 될 수 있다. 그러므로 이 유형의 어휘를 읽을 때 먼저 한자음을 익힘으로써 형태소에 한·중 어휘 대조 목록을 참조하여 한·중 어휘의 공통점고 차이점을 분석한다. 그리고 한국어에 대응되는 중국어를 파악함으로써 어휘의 의미를 짐작할 수 있다. '긍정문'으로 예를 들어 설명한다.

〈표 144〉 중국어 전문지식 관련 부분 형태소가 다른 이형동의어의 읽기 예시

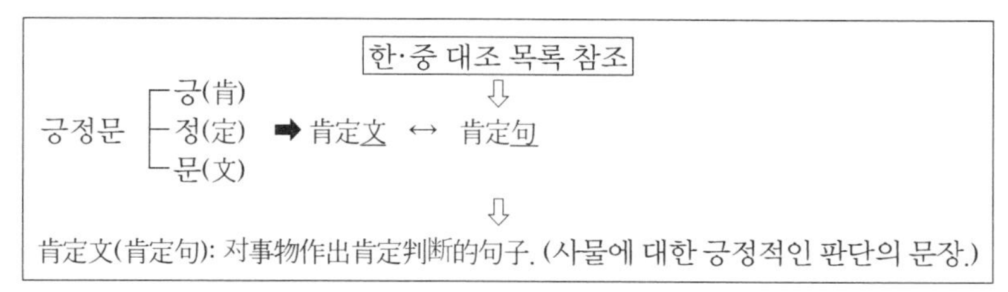

'긍정문'을 읽을 때 먼저 한자음을 한자로 전환한다. 그리고 한·중 대조 어휘 목록을 참조하여 한자어와 중국어의 형태소를 대조하여 차이점을 확인한다. 한자어는 '肯定'과 '文'으로 구성하지만 중국어는 '肯定'과 '句'로 구성한다. 한자어와 중국어를 구성하는 공통적인 형태소는'肯定'이다. 그런데 한자어에서는 문장의 뜻을 '文'로 표현하지만 중국어에서는 '句'로 표현한다. 한자어 '긍정문'은 중국어 '肯定句'와 같은 의미를 지니므로 '긍정문'의 의미를 추측할 수 있을 것이다.

③ 어휘 목록 참조하기와 의미 변별하기

이 학습 전략은 동형이의어를 읽을 때 사용할 수 있다. 본 연구에서 선정된 중국어 전문지식 관련 동형이의어는 '강세'와 '문장'이다. '강세(强勢)'과 '문장(文章)'은 중국어에서 다른 의미로 쓰인다. 이런 어휘를 읽을 때 혼동을 피하기 위해 먼저 중국어 전문지식 관련 동형이의어 한·중 의미 대조 목록 〈표 74〉를 참조한다. 그리고 한자어와 같은 형태를 지닌 중국어 어휘의 의미를 변별한다. 마지막으로 한자어에 대응된 중국어를 알아낸다. 학습자가 대응된 중국어의 의

미를 이미 습득하였으므로 한자어의 의미를 추론할 수 있을 것이다. '문장'으로 예를 들어 설명하면 〈표 145〉와 같다.

〈표 145〉 중국어 전문지식 관련 동형이의어의 읽기 예시

	한·중 의미 대조 목록 참조 ⇩	
문장-(文章) ⇒	의미 변별	⇒ 해당 중국어: 句子
	⇩	

문장(句子): 用词和词组构成的, 能够表达完整的意思的语言单位. (단어와 구로 구성된, 말과 글로 표현할 때 완결된 내용을 나타내는 언어 단위.)

2.3.2. 중국어 전문지식 관련 어휘의 쓰기 전략

① 한자음 익히기

이 학습 전략은 동형동의어와 동형동의 신조어를 쓸 때 사용할 수 있다. 본 연구에서 선정된 동형동의어는 32개인데 전체 어휘의 34.4%를 차지하며 동형동의 신조어는 21개인데 전체 어휘의 22.6%를 차지한다. 동형동의어와 동형동의 신조어를 합치면 57.0%로 큰 비중을 차지한다. 따라서 이런 어휘의 학습 전략이 매우 중요하다.

동형동의어와 동형동의 신조어의 특징은 중국어와 대조하여 형태와 의미의 측면에서 모두 동일하다. 그러므로 표현하고자 하는 중국어 어휘의 각 형태소에 대응된 한자음을 알면 한국어로 바꿔 쓸 수 있을 것이다. 즉 한자음을 익힘으로써 한국어를 쓸 수 있을 것이다. 다음에서 구체적인 예를 들어 설명한다.

〈표 146〉 중국어 전문지식 관련 동형동의어의 쓰기 예시

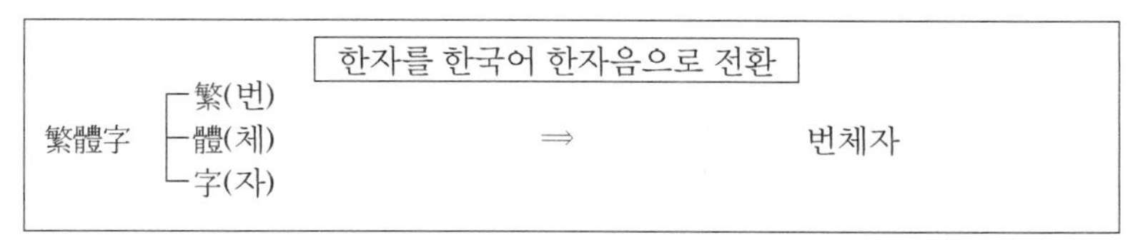

'繁體字'를 쓸 때 먼저 각 형태소에 대응된 한자음을 떠올리며 한자음으로 전환한다. '繁'에 대응된 한자음은 '번'이고, '體'에 대응된 한자음은 '체'이며, '字'에 대응된 한자음은 '자'이다. 그러므로 '繁體字'에 대응된 한자어는 '번체자'이다. 이에 '繁體字'의 쓰기가 완성된다.

동형동의 신조어도 같은 방법으로 쓸 수 있다. '정도보어'로 예를 들어 설명한다.

〈표 147〉 중국어 전문지식 관련 동형동의 신조어의 쓰기 예시

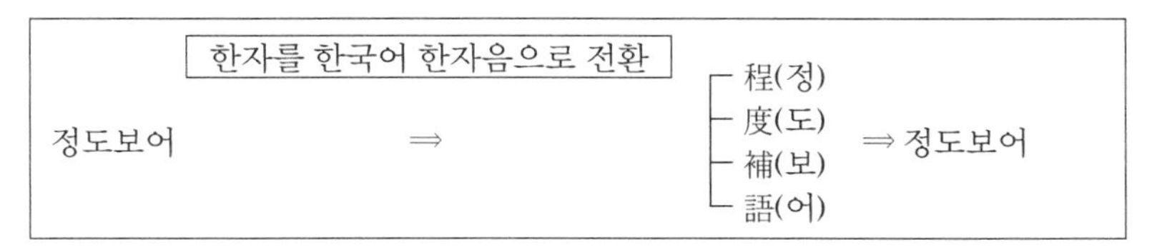

'程度補語'를 쓸 때 먼저 각 형태소에 대응된 한자음을 떠올린다. '程度'에 대응된 한자음은 '정도'이고, '補語'에 대응된 한자음은 '보어'이다. 그리고 '程度補語'가 대응된 한자음인 '정도보어'로 바꿔 쓴다. 이로써 '程度補語'의 쓰기가 완성된다.

② 한·중 어휘 대조 목록 참조하기

이 학습 전략은 주로 이형동의어와 이형동의 신조어를 쓸 때 사용할 수 있다. 이형동의어와 이형동의 신조어의 특징은 중국어와 대조하여 어휘를 구성하는 한자 형태소가 차이가 있다. 예를 들면 한국어 '명령문(命令文)'에 대응된 중국어는 '命令句'이다. 한국어와 중국어를 대조하여 한자 형태소 '명령'이 같지만 '문(文)'와 '句'의 차이가 있다. 이런 어휘를 쓸 때 오류를 피하기 위해 먼저 한·중 어휘 대조 목록을 참조할 필요가 있다. 중국어 전문지식 관련 이형동의어 한·중 대조 목록은 〈표 73〉을 참조할 수 있고 중국어 전문지식 관련 이형동의 신조어 한·중 대조 목록은 〈표 77〉을 참조할 수 있다. 그리고 한국어를 구성하는 한자 형태소를 확인한다. 다음으로 각 한자에 대응된 한자음으로 전환한다. 그러므로 한국어 어휘의 쓰기가 완성된다. 다음으로 '술어'로 예를 들어 설명한다.

〈표 148〉 중국어 전문지식 관련 이형동의어의 쓰기 예시

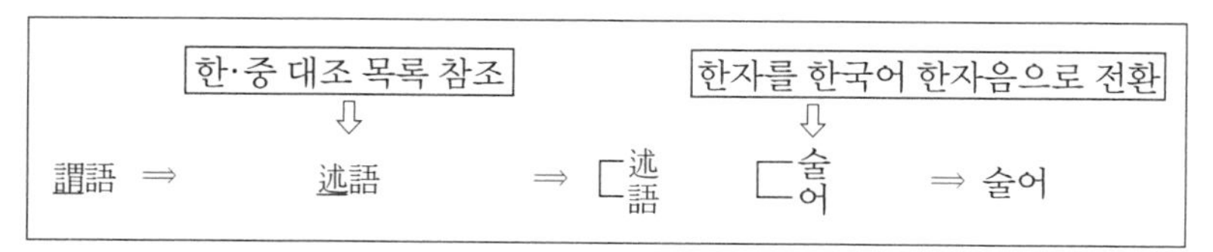

중국어 전문지식 관련 이형동의어 '술어'를 쓸 때 먼저 표현하고자 하는 중국어 '謂語'를 머릿속에 떠올린다. 그리고 중국어 전문지식 관련 이형동의어 한·중 대조 목록은 〈표 73〉을 참조하여 대응된 한국어 어휘의 한자 형태소를 확인한다. '謂語'에 대응된 한국어 어

휘는 '述語'이다. 중국어와 한국어의 공통 한자 형태소는 '語'이고 이질 형태소는 '謂'와 '述'이다. 따라서 중국어 '謂語'에 대응된 한국어는 '述語'이다. 다음으로 '述語'에 대응된 한국어 한자음으로 전환한다. '述'에 대응된 한자음은 '술'이고 '語'에 대응된 한자음은 '어'이다. 그러므로 '謂語'에 대응된 한자어는 '술어'이다. 이로써 '謂語'의 쓰기가 완성된다.

③ 한·중 어휘 형태소의 차이점 인지하기

이 학습 전략은 주로 동형이의어를 쓸 때 사용할 수 있다. 본 연구에서 선정된 중국어 전문지식 관련 동형이의어는 '강세'와 '문장' 두 개가 있다. 동형이의어는 중국어와 대조하여 같은 형태인데 의미가 다르다. 이런 어휘를 학습할 때 쉽게 오류를 범할 수 있다. 오류를 피하기 위해 한·중 의미 대조 〈표 74〉를 참조할 수 있다. 동형이의어를 쓸 때 먼저 한·중 의미 대조표를 참조한다. 그리고 한국 한자어와 중국어를 구성하는 한자 형태소를 밝히고 그 차이점을 인지한다. 마지막으로 중국어에 대응된 한국 한자어의 형태소를 한자음으로 전환한다. 이로써 동형이의어의 쓰기가 완성된다. 중국어 전문지식 관련 동형이의어의 쓰기 과정은'문장'로 예를 들어 설명한다.

〈표 149〉 중국어 전문지식 관련 동형이의어의 쓰기 예시

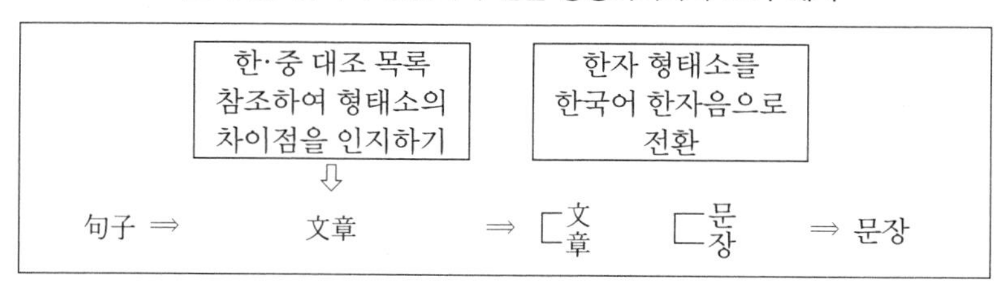

학습자가 중국어 '句子(문장)'를 표현하고자 하면 먼저 한·중 대조 목록 참조하여 대응된 한국어의 한자 형태소를 확인한다. 그러므로 중국어와 대응된 한자어의 형태소의 차이점을 인지할 수 있다. 다음으로 한자어의 각 한자 형태소에 대응된 한자음으로 전환한다. 이로써 동형이의어의 쓰기가 완성된다.

제7장

결론

본 연구는 한국사회에서 직장 생활에 도움이 되도록 중국인 결혼이민자를 위한 어휘 선정과 학습 전략을 연구하였다. 특히, 중국인 결혼이민자들이 입말은 잘하지만 상대적으로 글말이 약한 점을 감안하여 중국어 강사직을 수행할 때 도움이 될 만한 어휘를 선정하고 선정된 어휘의 학습 전략에 대하여 사례를 통해 학습 방법을 제시하였다.

결혼이민자의 직업문식성에 대한 고찰을 위해 강사 경력이 없는 결혼이민자와 강사 경력이 있는 결혼이민자로 나누어서 설문조사를 실시하였다. 강사 경력이 없는 결혼이민자가 강사로서의 정상적인 업무를 수행할 수 있는 높은 수준의 읽기 능력을 갖춘 비율이 15.7%이고, 높은 수준의 쓰기 능력의 갖춘 비율은 6.4%이다. 반면에 강사 경력이 있는 결혼이민자가 강사로서의 정상적인 업무를 수행할 수 있는 높은 수준의 읽기 능력을 갖춘 비율은 73.3%이고, 높은 수준의 쓰기 능력의 갖춘 비율은 60%이다. 이에 직업문식성 능력에 미치는 요인을 직접적인 요인과 연관 가능한 기타 요소로 나누어 분석하였다. 직접적인 요인은 주로 중국어 전문지식, 그리고 교재에 대한 이해, 업무 수행의 문서 작성 능력 등이다. 다음으로 관련 가능성이 있는 기타 요소로는 주로 한국 거주 기간, 한국어 수준, 학력, 전공 등이었다.

직업문식성을 효율적으로 신장시킬 수 있는 방법은 직업문식성과 관련된 어휘를 학습하는 것이다. 이를 위해 본 연구에서 먼저 직업문식성과 관련된 어휘를 선정한 다음에 선정된 어휘의 특성에 따라 적절한 학습 전략을 연구하였다. 이에 직업문식성과 관련된 어휘 선정을 위해 선정 기준을 세웠는데, 첫째, 사용빈도가 높은 어휘, 둘째, 업무수행의 문서작성과 관련된 어휘, 셋째, 교재를 이해하는 데에 필요한 어휘, 넷째, 중국어 전문지식에 관련된 어휘 등이다. 그리고 1차 어휘 선정 방법으로 객관성과 주관성을 서로 보완하는 절충법을 선택하였고 2차적으로 선정된 어휘에서 기초 어휘를 제외하는 작업을 하였다.

선정 기준에 따라 235개의 사용 빈도가 높은 어휘를 선정하였다. 그리고 업무를 수행할 때에 필요한 문서 작성과 관련된 어휘는 총 138개를 선정하였는데, 이를 세부 분류하면 강의 계획서를 작성할 때에 자주 쓰는 어휘 37개, 강의 진도표와 출석부를 작성할 때 자주 쓰는 어휘 32개, 수업 지도안을 작성할 때 자주 쓰는 어휘 70개, 학생 평가서를 작성할 때 자주 쓰는 어휘 38개를 선정하였다. 또한 교재를 이해하는 데 필요한 어휘 141개를 선정하였으며, 마지막으로 중국어 전문지식에 관련된 어휘 총 93개를 선정하였다. 선정된 어휘 중에서 종류별로 중복되는 어휘가 있기에 이러한 어휘를 하나로 처리하여 최종적으로 366개 기본 어휘를 선정하였다.

선정된 어휘를 분석해 보면 문서 작성 관련 어휘는 서식적 특징과 어종에 따른 특징이 있다. 그리고 교재 이해에 필요한 어휘는 구성적 특징과 어종적 특징으로 나누어진다. 또한 중국어 전문지식 관련 어휘를 어종에 따라 분석하면 모두 한자어이다. 구체적으로 문서 작성 관련 어휘의 서식적 특징을 분석해 보면 강의 계획서 형식을 드러낸 어휘, 강의 진도표와 출석부 형식을 드러낸 어휘, 학생 평가서 형식을 드러낸 어휘, 수업 지도안 형식을 드러낸 어휘가 많다. 어종에 따라 한자어와 한자어가 아닌 어휘로 분류할 수 있다. 문서 작성 관련 어휘를 서식적 특징과 어종적 특징으로 종합하여 분석하면 우선 한자어의 비중은 강의 계획서 관련 어휘 97.3%, 수업 진도표와 출석부 관련 어휘 90.7%, 학생 평가서 관련 어휘 97.4%, 수업 지도안 관련 어휘 82.8%를 각각 차지한다. 교재 이해 관련 어휘는 구성적 특징에 따라 내용 관련 어휘와 연습 문제 설명 관련 어휘로 분류된다. 교재 이해 관련 어휘를 구성적 특징과 어종적 특징으로 종합하여 분석하면 교재 본문 내용 관련 어휘 중 한자어는 81.4%를 차지하며 한자어가 아닌 어휘는 18.6%를 차지한다. 연습 문제 설명 관련 어휘에서는 한자어가 62.5%를 차지하며 한자어가 아닌 어휘는 37.5%로 비교적 큰 비중을 차지한다. 중국어 전문지식 관련 어휘는 전부 한자어이며 문서 작성과 교재 이해 관련 한자어와 비교하면 한자 신조어가 포함되어 있는 특징이 있다.

선정된 어휘의 학습 전략을 내용과 기능을 종합하여 연구하였다. 먼저 문서 작성 관련 어휘의 학습 전략, 교재 이해 관련 어휘의 학습 전략, 중국어 전문지식 관련 어휘의 학습 전략으로 분류하였다. 그리고 각 유형에 따라 읽기 전략과 쓰기 전략, 이 두 가지 방면으로 나누어서 기술하였다. 즉 문서 작성 관련 어휘의 학습 전략은 문서 작성 관련 어휘의 읽기 전략과 쓰기 전략으로 구분하였다. 교재 이해 관련 어휘의 학습 전략은 교재 이해 관련 어휘의 읽기 전략과 쓰기 전략으로 구분하였다. 중국어 전문지식 관련 어휘 학습 전략도 읽기 전략과 쓰기 전략으로 나누었다. 마지막으로 문서 관련 어휘의 읽기 전략은 문서별에 따라 강의 계획서 관련 어휘의 읽기 전략, 수업 진도표와 출석부 관련 어휘의 읽기 전략, 학생 평가서 관련 어휘의 읽기 전략, 그리고 수업 지도안 관련 어휘의 읽기 전략으로 나누어서 연구하였다. 또한 문서 작성 관련 어휘의 쓰기 전략은 문서 작성 관련 어휘의 읽기 전략과 마찬가지로 문서별에 따라 강의 계획서 관련 어휘의 쓰기 전략, 수업 진도표와 출석부 관련 어휘의 쓰기 전략, 학생 평가서 관련 어휘의 쓰기 전략, 수업 지도안 관련 어휘의 쓰기 전략으로 분류하였다. 교재 이해 관련 어휘의 읽기 전략은 본문 내용 관련 어휘의 읽기 전략과 연습 문제 설명 관련 어휘의 읽기 전략으로 나누어서 연구하였다. 교재 이해 관련 어휘의 쓰기 전략은 본문 내용 관련 어휘의 쓰기 전략과 연습 문제 설명 관련 어휘의 쓰기 전략으로 나누어서 기술하였다. 학습 전략을 연구할 때 어휘의 어종적 특성의 영향을 많이 받았다. 구체적으로 말하면 학습자가 중국인의 입장에서 학습 전략을 연구할 때 연구 대상인 어휘를 한자와의 관계에 따라 한자어와 한자어가 아닌 어휘로 인식하여 이에 따라 학습 전략도 달라진다.

중국어 강사로서의 직업문식성 관련 어휘의 구체적인 학습 전략을 영역별로 설명한다. 먼저 문서 작성 관련 어휘의 학습 전략을 설명한다. 문서 작성 관련 어휘의 하위 분류는 문서 작성 관련 어휘의 읽기 전략과 쓰기 전략이 있다. 문서 작성 관련 어휘의 읽기 전략의 하위 전략은 강의 계획서 관련 어휘의 읽기 전략, 수업 진도표와 출석부 관련 어휘의 읽기 전략, 학생 평가서 관련 어휘의 읽기 전략, 수업 지도안 관련 어휘의 읽기 전략이 있다. 마찬가지로 문서 작성 관련 어휘의 쓰기 전략의 하위 전략은 강의 계획서 관련 어휘의 쓰기 전략, 수업 진도표와 출석부 관련 어휘의 쓰기 전략, 학생 평가서 관련 어휘의 쓰기 전략, 수업 지도안 관련 어휘의 쓰기 전략이 있다. 강의 계획서 관련 어휘의 읽기 전략은 주로 ① 강의 계획서 견본을 사용하기, ② 한자음 익히기, ③ 한자음 익히기와 한·중 어휘 대조 목록 참조하기, ④ 어휘 목록 참조하기와 의미 변별하기, ⑤ 원어와 병기하기 전략이 있다. 그 중 ②~⑤ 전략은 한자어의 읽기 전략이고 ⑤ 전략은 한자어가 아닌 어휘의 읽기 전략이다. 수업 진도표와 출석부 관련 어휘의 읽기 전략은 주로 ① 수업 진도표와 출석부 견본을 사용하기, ② 한자음 익히기, ③ 한자음 익히기와 한·중 어휘 대조 목록 참조하기, ④ 어휘 목록 참조하기와 의미 변별하기, ⑤ 동사와 사동 접미사 분석하기, ⑥ 원어와 병기하기 전략이 있다. 그 중 ②~④ 전략은 한자어의 읽기 전략이고 ⑤, ⑥ 전략은 한자어가 아닌 어휘의 읽기 전략이다. 학생 평가서 관련 어휘의 읽기 전략은 주로 ① 학생 평가서 견본을 사용하기, ② 한자음 익히기, ③ 한자음 익히기와 한·중 어휘 대조 목록 참조하기, ④ 어휘 목록 참조하기와 의미 변별하기, ⑤ 어근의 한자음 익히기와 접미사의 용법 학습하기 전략이 있다. 그 중 ②~④ 전략은 한자어의 읽기 전략이고 ⑤ 전략은 한자어가 아닌 어휘의 읽기 전략이다. 수업 지도안 관련 어휘의 읽기 전략은 주로 ① 수업 지도안 견본을 사용하기, ② 한자음 익히기, ③ 한자음 익히기와 한·중 어휘 대조 목록 참조하기, ④ 어휘 목록 참조하기와 의미 변별하기, ⑤ 어순 바꾸기, ⑥ 어근의 한자음 익히기와 접미사의 용법 학습하기, ⑦ 어근과 접사 분석하기, ⑧ 사전 이용하기, ⑨ 원어와 병기하기 전략이 있다. 그 중 ②~⑤ 전략은 한자어의 읽기 전략이고

⑥~⑨ 전략은 한자어가 아닌 어휘의 읽기 전략이다.

이어서 문서 작성 관련 어휘의 쓰기 전략을 정리하면 다음과 같다. 문서 작성 관련 어휘의 쓰기 전략의 하위 전략인 강의 계획서 관련 어휘의 쓰기 전략은 주로 ① 강의 계획서 서식을 구성하기, ② 한자음 익히기, ③ 한·중 어휘 대조 목록 참조하기, ④ 한·중 어휘 형태소의 차이점 인지하기, ⑤ 외래어 표기법 참조하기 전략이 있다. 그 중 ②~④ 전략은 한자어의 쓰기 전략이고 ⑤ 전략은 한자어가 아닌 어휘의 쓰기 전략이다. 수업 진도표와 출석부 관련 어휘의 쓰기 전략은 주로 ① 수업 진도표와 출석부 서식 구성하기, ② 한자음 익히기, 한·중 어휘 대조 목록 참조하기, ③ 한·중 어휘 형태소의 차이점 인지하기, ④ 동사와 사동 접미사 기억하기, ⑤ 외래어 표기법 참조하기 전략이 있다. 그 중 ②, ③ 전략은 한자어의 쓰기 전략이고 ④, ⑤ 전략은 한자어가 아닌 어휘의 쓰기 전략이다. 학생 평가서 관련 어휘의 쓰기 전략은 주로 ① 학생 평가서 서식 구성하기, ② 한자음 익히기, ③ 한·중 어휘 대조 목록 참조하기, ④ 한·중 어휘 형태소의 차이점 인지하기, ⑤ 어근과 접사 기억하기 전략이 있다. 그 중 ②~④ 전략은 한자어의 쓰기 전략이고 ⑤ 전략은 한자어가 아닌 어휘의 쓰기 전략이다. 수업 지도안 관련 어휘의 쓰기 전략은 주로 ① 수업 지도안 서식 구성하기, ② 한자음 익히기, ③ 한·중 어휘 대조 목록 참조하기, ④ 한·중 형태소의 차이점 인지하기, ⑤ 어순 바꾸기, ⑥ 어근 대조하기와 접사 기억하기, ⑦ 접사와 어근 기억하기, ⑧ 사전 이용하기, ⑨ 외래어 표기법 참조하기 전략이 있다. 그 중 ②~⑤ 전략은 한자어의 쓰기 전략이고 ⑥~⑨ 전략은 한자어가 아닌 어휘의 쓰기 전략이다.

다음으로 교재 이해에 필요한 어휘의 학습 전략을 정리하면 하위 전략으로 교재 이해에 필요한 어휘의 읽기 전략과 쓰기 전략이 있다. 교재 이해에 필요한 어휘의 읽기 전략의 하위 전략은 본문 내용 관련 어휘의 읽기 전략과 연습 문제 설명 관련 어휘의 읽기 전략이 있다. 교재 이해에 필요한 어휘의 쓰기 전략의 하위 전략은 본문 내용 관련 어휘의 쓰기 전략과 연습 문제 설명 관련 어휘의 쓰기 전략이 있다. 본문 내용 관련 어휘의 읽기 전략은 주로 ① 한자음 익히기, ② 한·중 어휘 대조 목록 참조하기와 형태소 구분하기, ③ 어휘 목록 참조하기와 의미 변별하기, ④ 어순 바꾸기, ⑤ 구성 분석하기와 어근의 한자음을 익히기, ⑥ 구성 요소의 의미 관계 분석하기와 한자음 익히기, ⑦ 사전 이용하기, ⑧ 동사와 사동 접미사 분석하기, ⑨ 어근 분석하기 전략이 있다. 그 중 ①~④ 전략은 한자어의 읽기 전략이고 ⑤~⑨ 전략은 한자어가 아닌 어휘의 읽기 전략이다. 연습 문제 설명 관련 어휘의 읽기 전략은 주로 ① 문맥을 통해 의미 추론하기, ② 한자음 익히기, ③ 한·중 대조 목록 참조하기와 의미 변별하기, ④ 구성 분석하기와 어근의 한자음을 익히기, ⑤ 그림으로 의미 추론하기, ⑥ 어근과 접사 분석하기, ⑦ 동사와 사동 접미사 분석하기, ⑧ 어근 분석하기 전략이 있다. 그 중 ②~④ 전략은 한자어의 읽기 전략이고 ⑤~⑧ 전략은 주로 한자어가 아닌 어휘의 읽기 전략이다. 그리고 교재 이해에 필요한 어휘의 쓰기 전략을 정리하면 본문 내용 관련 어휘의 쓰기 전략은 주로 ① 새 단어를 문장 속에서 사용하기, ② 한자음 익히기, ③ 한·중 어휘 대조 목록 참조하기, ④ 한·중 어휘 형태소의 차이점 인지하기, ⑤ 어순 바꾸기, ⑥ 어근과 접사 기억하기, ⑦ 조어 순서와 구성 요소의 의미 관계 분석하기, ⑧ 모국어와 대조적으로 분석하기와 한자음 익히기, ⑨ 모국어와 대조적으로 분석하기와 어근의 의미 변별하기, ⑩ 단어의 소리 학습하기, ⑪ 단어의 철자 학습하기, ⑫ 동사와 사동 접미사 기억하기, ⑬ 어근 기억하기 전략이 있다. 그 중 ②~⑤ 전략은 한자어의 쓰기 전략이고 ⑥~⑬ 전략은 한자어가 아닌 어휘의 쓰기 전략이다. 연습 문제 설명 관련 어휘 쓰기 전략은 주로 ① 한자음 익히기, ② 한·중 어휘 대조 목록 참조하기, ③ 구성 분석하기와 한자음 익히기, ④ 의미 이미지화하기, ⑤ 어근과 접사 기억하기, ⑥ 동사와 사동 접미사 기억하기, ⑦ 어근 기억하기 전략이 있다. 그 중 ①, ② 전략은 한자어의 쓰기 전략이고 ③~⑦ 전략은 한자어가 아닌 어휘의 쓰기 전략이다.

마지막으로 중국어 전문지식 관련 어휘의 학습 전략을 정리하면 하위 전략으로 중국어 전문지식 관련 어휘의 읽기 전략과 쓰기 전략이 있다. 중국어 전문지식 관련 어휘의 읽기 전략은 주로 한자음 익히기, 한·중 어휘 대조 목록 참조하기, 어휘 목록 참조하기와 의미 변별하기 전략이 있다. 중국어 전문지식 관련 어휘의 쓰기 전략은 주로 한자음 익히기, 한·중 어휘 대조 목록 참조하기, 한·중 어휘 형태소의 차이점 인지하기 전략이 있다. 중국어 전문지식 관련 어휘는 모두 한자어이므로 관련 어휘의 학습 전략은 모두 한자어의 학습 전략이다.

본 연구는 한국에서 정착하려는 중국인 결혼이민자들에게 중국어 강사로서의 업무를 정상적으로 수행할 수 있는 높은 수준의 직업문식 능력을 갖추기 위한 기본 어휘 선정과 선정된 어휘의 학습 전략을 고찰한 데 의의가 있다. 그 기본 어휘 선정과 어휘 선정에 따른 학습 전략의 실제적인 적용 수업이 필요한데, 학습 전략에 그쳐 실제적인 수업 결과에 따른 방안을 제시하지 못한 아쉬움이 있다.

중국인 결혼이민자를 위한
직업문식성 관련 기본 어휘 선정과 학습 전략 연구

부록

부록 1. 어휘 목록

부록 1-1. 총 어휘 목록[44]

가능	구체적	묘사(描寫)	상식	예문	정하다	특이
가능보어(可能補語)	권설음(捲舌音)	문구(文句)	상태	예절	정확성	특정
간체자	규칙	문법	상황	완곡어	정확하다	파자문(把字文)
감탄사	근거	문서	생략	완성	제시(提示)	판단
강사	글자	문장	서면	요구(要求)	제안	페이지
강세	금기어	문형	서술	용법	제출	편(篇)
강약	긍정	미흡	설정	용어(用語)	조건	평가

44 어휘 제시 방법은 우선 다의어의 경우 국립국어원 표준국어대사전에서의 뜻풀이 순번에 따라 숫자를 매긴다. 동음이의어는 두 가지 종류로 하나는 철자와 발음이 모두 같은 동음이의어이고 다른 하나는 철자는 다르나 발음이 같은 동음이의어이다. 철자와 발음이 모두 같은 동음이의어는 국립국어원 표준국어대사전에서의 뜻풀이 순번에 따라 숫자를 매긴다. 철자는 다르나 발음이 같은 동음이의어는 중국인 학습자가 한자에 대한 배경 지식을 갖추고 있다는 전제하에 이를 고려하여 한자와 병기한다. 또한 한자 신조어의 경우에는 한자와 병기한다.

강의	긍정문	민족	성(聲)	우수	조동사	평가서
강조	기기(機器)	밑줄	성명	운모(韻母)	조사(助詞)	포함
개강	기능	반대말	성모(聲母)	워크북	종료	표기
개사(介詞)	기말고사	반복	성분	원인	종합	표시
객관적	기본	반삼성(半三聲)	성조(聲調)	위하다	주관적	표준어
격음부호(隔音符號)	기준	반어문	성질	유의(留意)	주술문	표현
견해	기초	발생	세부	유의점	주어	풍습
결과	기타	발음	소극적	음성기호	주요	프로그램
결과보어(結果補語)	낱말	발표	속성반(速成班)	음운	주의(注意)	프린트
결석	녹음	방면	수강	음절	주제	피동문
결합	높임말	방식	수강생	의견	준비물	피자문(被字文)
겸양어	다소	방점(傍點)	수량사(數量詞)	의문	준수	피하다
겸어문(兼語文)	단계	방향보어(方向補語)	수사(修辭)	의문문	줄02	학습
경성(輕聲)	단운모(单韵母)	방향사(方向詞)	수준	의문사	중간고사	학습자
경어	단원	번체자	술어(述語)	의성어	중급	한도
경우	단음절	변화	시간부사	의심	중급반	한족
계속	담당	병렬	시량보어(時量補語)	이상(以上)	중시(重視)	합격
계획서	답하다	병음(併音)	식습관	이중모음	중첩	항목
고급반	당월	보기	실력	이합사(离合词)	지도(指導)	항목
고려	대명사	보어	실제	이해력	지명	해당
고정구문(固定句文)	대본	보충	암기	익히다	지식	해석
공개	대조(對照)	복문	앞부분	인명(人名)	지칭하다	핵심
과(課)	대하다	복운모(复韵母)	약칭	인식	진도	행위
과거형	도입	본문	양사(量詞)	인하다	진도표	허락

과목	독서	본보기	양호	일반적	진행	헐후어(歇后語)
과정(課程)	동량보어(動量補語)	부15	어감	일상	쪽02	형식
과제	동사	부교재	어기(語氣)	일수(日數)	차이	형용
관계	동사구	부사(副詞)	어기조사(語氣助詞)	일시(日時)	참고	형용사
관련	동태조사(動態助詞)	부사어	어림수	입문	창의적	형태
관심	마디	부정	어법(語法)	자료	채우다	호응
관용어	마무리	부정문	어순(語順)	자연스럽다	처리	호칭
관하다	만족	부정부사	어조(語調)	자체	청취(聽取)	화자(話者)
관형어	말투	부호	어투	작성	체크	화제(話題)
괄호	맞추다	분별하다	어휘	잡담	초급	확실하다
교수06-1	매체	분야	어휘력	적극적	초급반	흥미
확인	멀티미디어	비고(備考)	억양	적당하다	총(總)	활동
교재	명단	비교문	언급	적합하다	추가	활용
구문(句文)	명령문	비운모(鼻韵母)	언어	전개	출석	회화
구별하다	명사	빈칸	엄격하다	전반적	출석률	삽입
구분	명사구	사건	여전히	전환	출석부	예(例)
구성	명승지	사물	역할	절(節)	충분	정도부사
구어	명확하다	사상(思想)	역할극	접미사	테스트	특수
구어체	모음(母音)	사투리	열거	접속사	토론	횟수
구절(句節)	목적	사항	영역	정도	통하다07	휴강
구조(構造)	목적어	사회	영향	정도보어(程度補語)	특강	휴일
구조조사(構造助詞)	목표					

교수06-1:학문이나 기예(技藝)를 가르침.
부15: 신문이나 책을 세는 단위.
줄02: 길이로 죽 벌이거나 늘여 있는 것.
쪽02: 책이나 장부 따위의 한 면. ≒페이지
통하다07: 어떤 과정이나 경험을 거치다. (출처: 국립국어원 표준국어대사전)

부록 1-2. 영역별 어휘 목록

1. 문서 관련어

① 강의 계획서와 관련된 어휘

강사	과정(課程)	담당	서면	중간고사	특강
강의	교수06-1	목표	설정	중급반	표현
개강	교재	문법	세부	지도(指導)	학습
계획서	구성	문서	속성반 (速成班)	초급반	학습자
고급반	기말고사	발표	자료	추가	회화
과목	단원	방식	준비물	테스트	횟수
휴강					

② 수업 진도표 및 출석부와 관련된 어휘

강사	교재	명단	의견	체크	표시
개강	기말고사	부15	제출	출석	휴일
결석	기타	비고(備考)	종료	출석률	페이지
과(課)	담당	사항	중간고사	출석부	진도표
과목	당월	성명	진도	특이	수강생
과정(課程)	맞추다				

③ 학생 평가서와 관련된 어휘

객관적	미흡	양호	자연스럽다	창의적	합격
결석	발음	어휘력	자체	청취(聽取)	항목
일수	사항	억양	적극적	추가	회화
기초	소극적	우수	전반적	출석률	횟수
다소	수강	이해력	정도	충분	평가서
당월	수준	일반적	정확성	평가	주관적
문법	실력				

④ 수업 지도안 작성에 자주 쓰는 어휘

강사	단계	발음	워크북	전개	진행	편(篇)
과(課)	단원	발표	유의점	제시(提示)	쪽02	표현
과정(課程)	담당	방식	이상(以上)	제안	처리	프로그램
과제	대하다	본문	익히다	주요	초급	프린트
관련	도입	부교재	인하다	주제	총(總)	학습
교수06-1	마무리	사항	일반적	준비물	추가	화자
교재	매체	상황	일시(日時)	중급	테스트	화제
기기(機器)	멀티미디어	설정	입문	중시(重視)	토론	확인
기능	목표	영역	자료	지도(指導)	통하다07	활용
기타	문법	예문	작성	지식	페이지	흥미

2. 교재 관련어

가능	규칙	민족	사투리	역할극	적당하다	특정
강약	근거	밑줄	사회	열거	적합하다	판단
강조	글자	반대말	삽입	영향	전환	포함
견해	긍정	반복	상식	예(例)	정하다	표기
결과	기본	발생	상태	예절	정확하다	풍습
결합	기준	방면	생략	완성	조건	피하다
경어	낱말	방점(傍點)	서술	요구(要求)	종합	한도
경우	녹음	변화	성질	용법	주요	한족
계속	높임말	병렬	식습관	용어	주의(注意)	항목
고려	답하다	보기	실제	원인	주제	해당
공개	대본	보충	암기	위하다	준수	해석
관계	대조(對照)	본보기	앞부분	유의(留意)	줄02	핵심
관심	독서	부정	약칭	의견	중첩	행위
관하다	마디	부호	어림수	의문	지명	허락
괄호	만족	분별하다	어휘	의심	지칭하다	형식
구별하다	말투	분야	언급	익히다	차이	형용
구분	명승지	빈칸	언어	인명(人名)	참고	형태

구어	명확하다	사건	엄격하다	인식	채우다	호응
구조(構造)	목적	사물	여전히	일상	토론	호칭
구체적	묘사(描寫)	사상(思想)	역할	잡담	특수	확실하다
활동						

3. 전문어

가능보어(可能補語)	관형어	동태조사(動態助詞)	병음(併音)	성조(聲調)	어투	접속사
간체자	구문(句文)	명령문	보어	수량사(數量詞)	완곡어	정도보어(程度補語)
감탄사	구어체	명사	복문	수사(修辭)	운모(韻母)	정도부사
강세	구절(句節)	명사구	복운모(复韵母)	술어(述語)	음성기호	조동사
개사(介詞)	구조조사(構造助詞)	모음(母音)	부사(副詞)	시간부사	음운	조사(助詞)
격음부호(隔音符號)	권설음(捲舌音)	목적어	부사어	시량보어(時量補語)	음절	주술문(主述文)
결과보어(結果補語)	긍정문	문구(文句)	부정문	양사(量詞)	의문문	주어
겸양어	단운모(单韵母)	문장	부정부사	어감	의문사	파자문(把字文)
겸어문(兼語文)	단음절	문형	비교문	어기(語氣)	의성어	표준어
경성(輕聲)	대명사	반삼성(半三聲)	비운모(鼻韵母)	어기조사(語氣助詞)	이중모음	피동문
고정구문(固定句文)	동량보어(動量補語)	반어문(反語文)	성(聲)	어법(語法)	이합사(离合词)	피자문(被字文)
과거형	동사	방향보어(方向補語)	성모(聲母)	어순(語順)	절(節)	헐후어(歇后語)
관용어	동사구	방향사(方向詞)	성분	어조(語調)	접미사	형용사
금기어	번체자					

부록 2. 설문조사

부록 2-1. 중국어 강사로서의 직업문식성에 관한 설문조사

안녕하십니까?

저는 인하대학교 대학원 국어교육학과 재학 중인 강금염입니다. 중국어 강사로서의 직업문식성에 관한 구체적인 내용을 알아보고자 하는 것입니다. 귀하의 소중한 의견을 경청할 것입니다. 이번 설문 조사는 단순히 논문 작성에 필요한 것입니다. 절대로 다른 용도로 사용하지 않을 것입니다. 많은 협조 부탁드립니다. 설문에 응해 주셔서 진심으로 감사합니다.

인하대 대학원 한국어교육학
강금염 드림

나이		성별	
전공		강사 경력	년 개월
한국 체류기간		한국어 실력	급

1. 중국어를 가르칠 때 한국어가 필요하다고 생각합니까?
   A. 매우 그렇습니다. B. 그렇습니다.
   C. 보통이다. D. 그렇지 않습니다.

2. 중국어를 가르칠 때 왜 한국어가 필요하다고 생각합니까?
   A. 학습자와 친근감 생김
   B. 학습자가 강의 내용의 이해에 도움이 됨
   C. 추상적 개념의 효율적인 학습이 이루어짐
   D. 기타 (   )

3. 중국어를 가르칠 때 가장 어려운 점은 무엇이라고 생각합니까?
   (답을 여러 개 선택할 수 있음)
   A. 한국어로 중국어를 설명하는 것
   B. 중국어 전문지식 부족

C. 수업 구성
D.기타

4. 중국어 강사로서 업무를 수행할 때 어떤 텍스트를 많이 사용합니까?
A. 교재 B. 교수법에 관한 책
C. 중국어 전문지식에 관한 자료 D. 기타 ( )

4-1. 적어 주신 텍스트를 중요순으로 배열하세요.
(→ → →)

5. 중국어 강사로서 학생들을 가르칠 때 어떤 문서를 작성하여 사용합니까?
A. 수업 계획서 B. 수업 진도표와 출석부
C. 학습 평가서 D. 수업 지도안 등
E. 기타 ( )

5-1. 작성할 때 가장 어려운 점은 무엇입니까? 설명해 주세요.
( )

6. 중국어 강사로서 어떤 소질을 갖춰야 합니까?
(답을 여러 개 선택할 수 있음)
A .교재 이해와 지식 전달
B. 중국어 문법을 설명하기
C. 문서 작성하는 능력(수업계획서, 학생 평가서 등)
D. 적절한 교수법을 사용하기
E. 기타 ( )

부록 2-1 중국어판

关于汉语讲师的职业文识性的调查
(职业文识性是指在工作时需要的相关阅读和写作的能力)

您好:
我是仁荷大学的在读博士，正在准备论文.这次问卷调查是为了了解作为一名汉语讲师需要具备哪些职业文识性能力，希望您能协助我.本次调查单纯为了学术研究，绝不会作为其他用途，谢谢您的合作.

仁荷大学研究生　国语教育系
姜金艳　敬上

年龄		性别	
專業		教汉语经历	年　　個月
在韩滞留时间		韩语水平	级

1. 教汉语时需要用到韩国语吗?
   A. 非常需要　　B. 需要
   C. 一般需要　　D. 不需要

2. 教汉语为什么需要用到韩国语?
   (　　　　　　　　　　　　　　　　)

3. 你觉得说教汉语时最难的是什么? (可多选)
   A. 用韩国语解释汉语　　B. 对于汉语的专业知识了解不够
   C. 不知道怎么组织教学　　D. 其他 (　　　　　)

4. 在工作中需要读哪些韩文书籍或其他材料? (可多选)
   A. 教材当中的生词解释，语法说明，课文解释，练习题说明等
   B. 关于教育方法的
   C. 关于汉语专业的
   D. 其他 (　　　　　　　　　　　　)

4-1. 请把你选择的选项按照您认为的重要性程度进行排列，重要的放在前面.
(→ → →)

5. 您在工作中需要一些书写方面的工作吗？(可多选)
A. 教学计划　B. 教学进度
C. 学生评价　D. 教案
E. 其他 ( )

5-1. 你认为其中最难写的是什么材料？为什么？
( )

6. 您认为教汉语的时候, 需要具备的素质有哪些? (可多选)
A. 对教材的理解以及知识的传授
B. 对汉语语法的说明
C. 书写材料的能力(课程计划书, 学生评价书等)
D. 采用恰当的教学方法
E. 其他 ( )

부록 2-2. 결혼이민자의 직업문식성에 대한 설문조사[45]

안녕하십니까?

저는 인하대학교 대학원 한국어교육 박사 과정에 재학 중인 강금염입니다. 학위논문을 쓰기 위해 결혼이민자의 직업문식 능력에 대해 알아보고자 합니다. 이번 설문 조사는 단순히 논문 작성에 필요한 것입니다. 절대로 다른 용도로 사용하지 않을 것입니다. 많은 협조 부탁드립니다. 설문에 응해 주셔서 진심으로 감사합니다.

인하대 대학원 한국어교육
강금염 드림

나이:	한국어 등급: 급
결혼 연한: 년	
중국어 강사 경력 유무: 있음 없음	
있을 경우: 강사 경력 기간: 년 개월	

본 설문조사는 결혼이민자의 직업문식 능력에 대한 조사이다. 조사 항목은 직업문식성을 구성하는 요소에 참고하여 읽기와 쓰기 두 부분으로 나눈다.

Ⅰ. 읽기 능력에 대한 조사

다음 내용을 읽어보고 내용에 대해 이해하는 정도를 선택하세요. 잘 모르는 경우에 모르는 부분을 표시해 주세요.

1. 형용사는 중첩을 하게 되면 성질이나 정도가 더 깊어짐을 나타내어, '很'의 수식을 받은 의미와 비슷해집니다. 단음절 형용사는 'AA'형입니다. 중첩 후에는 '很', '非常' 등의 정도 부사어의 수식을 받지 못합니다. 술어로 쓰일 경우에는 '的'을 쓰게 됩니다. (출처: 신공략 중국어 초급편, 2002, 다락원, P. 89.)

45 본 연구에서 직업문식성의 범주는 읽기와 쓰기로 좁혔기 때문에 직업문식성에 대한 고찰 내용은 중국어 강사로서 수행할 직무에서 읽기와 쓰기로 이루어지는 업무로 설정하였다. 읽기 부분은 주로 교재에 대한 이해, 중국어 전문지식에 대한 이해 등을 고찰하고 쓰기 부분에서 주로 중국어 강사로서의 직무를 수행할 때에 필요한 문서 작성 능력과 전공 지식에 대해 고찰한다.

A. 잘 이해했다. (내용을 간추릴 수 있다.)
B. 대충 이해했다.
C. 조금 이해했다.
D. 잘 모른다.

2. '不但...而且'는 '뿐만 아니라~까지도'의 뜻으로 뒷문장이 앞 문장보다 심화된 내용을 담습니다. 두 문장의 주어가 동일 할 경우에는 '不但'이 첫 번째 문장의 주어 뒤에 놓이며, 주어가 다를 경우에는 '不但'이 첫 번째 문장의 주어 앞에 놓입니다. (출처: 신공략 중국어 실력향상편, 2006, 다락원, P. 32.)
A. 잘 이해했다. (내용을 간추릴 수 있다.)
B. 대충 이해했다.
C. 조금 이해했다.
D. 잘 모른다.

3. 주어진 단어를 배합하여 하나의 완전한 문장을 만드시오. (출처: 신공략 중국어 기초편, 2005, 다락원, P. 79.)
A. 잘 이해했다. (내용을 간추릴 수 있다.)
B. 대충 이해했다.
C. 조금 이해했다.
D. 잘 모른다.

4. 동작의 방향을 나타내는 보어를 방향보어라고 한다. 방향보어에는 두 가지가 있다. 하나는 동작 뒤에 '來'혹은 '去'를 붙이는 경우인데, 단순방향보어라고 부른다. 다른 하나는 동사 '上, 下, 進, 出'등의 뒤에 '來'혹은 '去'가 붙어서 동사의 보어가 되는 것으로, 복합방향보어라고 부른다. (출처: 신공략 중국어 초급편, 2002, 다락원, P. 112.)
A. 잘 이해했다. (내용을 간추릴 수 있다.)
B. 대충 이해했다.
C. 조금 이해했다.
D. 잘 모른다.

5. 天上悠悠地飘来一片美丽的云. (하늘에 아름다운 구름 한 조각이 유유하게 떠다닌다.)이 문장에서 '悠悠地'는 무엇을 수식합니까? 이 문장의 목적어는 무엇입니까? (신공략 중국어 기초편, 2005, 다락원, P. 57을 참조하였음)

Ⅱ. 쓰기 능력에 대한 조사

다음 내용을 읽어보고 답을 작성해 보세요. 이해하지 못한 부분이 있으면 표시해 주세요.

1. 어느 강사가 수업 지도안에서 이렇게 썼다. '도입 단계에서 이전 시간에 배운 내용을 학습자들에게 질문한다. 그리고 오늘 학습할 내용에 대해 간단히 설명한다. 전개 단계에서 CD 또는 육성으로 듣기를 두 번 들려주고, 내용에 대해 확인 질문을 한다...' "수업 진행 단계에서는 도입단계는 중요하다고 생각합니까? 이유를 적어보세요."

평정
A. 정확하게 대답한 사람
B. 문제를 이해하였고 간단하게 대답한 사람
C. 문제를 이해하였지만 대답하지 못한 사람[46]
D. 문제를 이해하지 못한 사람

2. 강의 계획서를 작성해본 적이 있습니까? 강의 계획서를 어떻게 작성합니까?

평정
A. 정확하게 대답한 사람
B. 문제를 이해하였고 간단하게 대답한 사람
C. 문제를 이해하였지만 대답하지 못한 사람
D. 문제를 이해하지 못한 사람

46 간단한 인터뷰를 통해 답을 못 쓰는 원인에 대해 알아봤는데 그 중 문제를 이해하였지만 대답하지 못한 사람을 확인하였다.

3. 수업 진도에 맞추는 것은 중요합니까? 수업 진도표를 작성할 필요성이 있습니까? 자신의 생각을 서술하십시오.

평정
A. 정확하게 대답한 사람
B. 문제를 이해하였고 간단하게 대답한 사람
C. 문제를 이해하였지만 대답하지 못한 사람
D. 문제를 이해하지 못한 사람

4. 'a, o, e'라는 발음을 학생에게 설명하려 합니다. 어떻게 설명해야 할까요?

평정
A. 정확하게 대답한 사람
B. 문제를 이해하였고 간단하게 대답한 사람
C. 문제를 이해하였지만 대답하지 못한 사람
D. 문제를 이해하지 못한 사람

5. 那瓶啤酒被我喝光了. (내가 그 맥주를 다 마셨다.)
여기서 '被'는 왜 필요합니까? '喝'는 마시다는 의미인데 '光'는 여기서 무슨 의미입니까?

평정
A. 정확하게 대답한 사람
B. 문제를 이해하였고 간단하게 대답한 사람
C. 문제를 이해하였지만 대답하지 못한 사람
D. 문제를 이해하지 못한 사람

부록 2-3. 결혼이민자의 특성에 대한 설문조사

안녕하십니까?

저는 인하대학교 대학원 한국어교육 박사 과정에 재학 중인 강금염입니다. 중국인 결혼이민자를 위한 한국어교육에 대해 연구하고 있습니다. 학습자의 특성을 파악하기 위해서 설문조사를 진행하고자 합니다. 이번 설문조사는 단순히 논문 작성에 필요한 것입니다. 절대로 다른 용도로 사용하지 않습니다. 많은 협조 부탁드립니다. 설문에 응해 주셔서 진심으로 감사합니다.

인하대 대학원 한국어교육
강금염 드림

나이		학력	
결혼 연한	년	한국어 등급	급

1. 가족에게서 한국어를 배운 것 외에, 따로 한국어를 학습한 경험이 있습니까?
   A. 있다.　　B. 없다.

B로 대답하신 분, 2, 3 번 문제를 대답하지 않으셔도 됩니다.

2. 한국어를 얼마나 배우셨습니까?
   A. 1년 미만　　B. 1~2년
   C. 3~5년　　D. 6년 이상

3. 한국어를 어디에서 배우셨습니까?
   A. 학원　　B. 어학당
   C. 다문화가족 지원 센터　　D. 기타 (　　　　)

4. 한국에서 취직한 경험이 있습니까?
   A. 있다.　　B. 없다.

A로 대답하신 분 4. 5.문제를 답하십시오.
B로 대답하신 분 6.7.8. 문제를 답하십시오.

5. 어떤 업종에 종사하셨습니까?
   A. 서비스업　　　B. 생산직
   C. 사무직　　　D. 교육
   E. 기타 (　　　　　　)

6. 직장에서 한국어가 필요하다고 생각합니까?
   A. 필요하지 않다　　　B. 조금 필요하다
   C. 보통이다　　　D. 매우 필요하다

7. 한국에서 취직할 의향이 있습니까? 이유를 적어 보십시오.
   (　　　　　　　　　　　　　　　　)

8. 당신은 중국어 강사가 되고 싶습니까?
   A. 매우 그렇습니다.　　　B. 그렇습니다.
   C. 보통이다.　　　D. 그렇지 않습니다.

9. 중국어 강사가 되면 가장 어려운 점은 무엇일 것이라고 생각하십니까?
   A. 교육경험 없음　　　B. 중국어 전공 지식 부족
   C. 한국어 실력 부족　　　D. 기타 (　　　　　　)

참고문헌

강현화 외(2012), "한국어 교육 어휘 내용 개발(1단계)", 국립국어원.

고혜원(2010), "여성결혼이민자의 취업지원 체계화 방안", 『서울행정학회 학술대회발표논문집』4, 17~34.

구소혜(2014), "중국 조선족 성인 학습자를 위한 한국어 교육용 어휘선정에 대한 연구", 인천대학교 대학원 석사학위논문.

김광해(1993), "어휘론", 국어학 연감, 46-40.

김광해(2003), "국어교육용 어휘와 한국어교육용 어휘", 『국어교육』111, 255-291.

김다예(2015), "국어 혼종어 교육 내용 연구", 이화여자대학교 대학원 석사학위논문.

김미영(2011), "EFL 학습자의 어휘학습 전략과 연어능력에 관한 연구", 코기토 제69권, 485-505.

김민승(2010), "비지니스 한국어 교육을 위한 기본 어휘 선정 연구", 이화여자대학교교육대학원 석사학위논문.

김보경(2010), "어휘학습에서 텍스트 타입이 학습자의 정의적 측면과 어휘기억에 미치는 영향", 고려대학교 교육대학원 석사학위논문.

김보경(2014), "마인드 맵 활용 전략이 한국어 중급 학습자의 읽기 능력에 미치는 영향", 이화여자대학교 교육대학원 석사학위논문.

김성은(2011), "기억 전략 활동이 고등학생의 영어 어휘 학습과 어휘 학습 태도에 미치는 영향", 이화여자대학교 교육대학원 석사학위논문.

김연아(2009), "충북지역 여성결혼이민자를 위한 취업지원방안에 관한 연구", 청주대학교 사회복지·행정대학원 석사학위논문.

김영주 외(2012), "중국인 학습자의 한국어 습득과 인지, 심리적 제약", 『국어교육』139, 557~588.

김옥엽(2011), "인천지역 결혼이민여성의 취업결정요인 분석", 숙명여자대학교 여성인적자원개발대학원 석사학위논문.

김윤신 외(2011), "한국어 학습자의 '-어지다'"류 동사 습득 양상에 대한 연구", 『언어학』59, 3~27.

김은정(2004), "영어 어휘 의미 결정 전략 훈련이 중학생들의 어휘 학습 능력과 태도에미치는 영향", 이화여자대학교 교육대학원 석사학위논문.

김은주(2015), "어휘학습 전략이 중학교 영어학습자들의 읽기능력에 미치는 영향", 강릉원주대학교 교육대학원 석사학위논문.

김은희(2009), "중국어 문화어휘에 대한 고찰", 『중국인문과학』42, 74-91.

김의정(2001), "외국어로서의 한국어 교육을 위한 학습 목표 어휘 선정과 과 구성의 실제", 경기대학교 대학원 석사학위논문.

김지민·신승용(2012), "어휘오류 연구에서 질적 분석의 필요성",『시학과 언어학』23, 33-52.

김지형(2003), "외국인 학습자를 위한 교육용 기본한자의 선정: 초·중급 한자를 중심으로- ", 『어문연구』31-2, 377-391.

김진식(2000), "청원군 지명의 의미론적 연구: 후부요소를 중심으로", 『언어학』4, 63~137.

김한샘(2010), "국어 교육용 어휘 선정을 위한 교과서 어휘 조사 연구", 『국어교육연구』47, 71-72.

김현정(2011), "전략적 협동학습이 대학생의 영어 어휘 능력 향상에 미치는 영향", 중앙대학교 대학원 박사학위논문.

김효신(2006), “문맥을 통한 EFL학습자의 어휘추론전략에 관한 연구”, 숙명여자대학교 교육대학원 석사학위논문.
남상은·김영주(2011), “한국어 어휘 학습에서 기억 강화 전략이 어휘 기억에 미치는영향”, 국어국문학 제157호, 5~35.
남정희(2013), “여성결혼이민자의 가족호칭어 사용실태와 교육방안 연구”, 한남대학교 교육대학원 석사학위논문.
남희정(2013), “여성결혼이민자의 가족호칭어 사용실태와 교육방안 연구”, 한남대학교 교육대학원 석사학위논문.
다나카 에리(2012), “일본인 여성 결혼이민자를 위한 한국어 요리 관련 동사 교육 방안 연구”, 경희대학교 대학원 석사학위논문.
두금봉(2010), “한·중국어 한자음 변화 연구”, 강원대학교 대학원 석사학위논문.
마릉연(2014), “중국인 한국어 학습자의 어휘 학습전략과 어휘 능력과의 관계”, 『국제한국어 교육학회 학술대회논문집』, 220~230.
문금현(2000), “구어 텍스트를 활용한 한국어 어휘 교육”, 『한국어교육』 11-2, 21-61.
민현식(2005), “한국어 교사론: 21세기 한국어 교사의 자질과 역할”, 『한국어교육』16, 131-168.
박교리(2012), “단어연상 실험을 통한 한국인과 중국인 심성어휘집 구조 ”, 『중국언어연구』42, 243-245.
박덕유(2007), “효율적인 음운교육의 학습방안 연구”, 『새국어교육』77, 99-120.
박덕유(2009), “외국인 학습자를 위한 어휘력 신장 연구(I) : 한국어 한자 및 한자어를 중심으로”, 『언어와 문화』5-1, 85-103.
박성심(2009), “여성결혼이민자 한국어 교육을 위한 어휘 등급화 연구”, 계명대학교 대학원 석사학위논문.
박소연(2012), “여성결혼이민자를 위한 한자 및 한자어 연구”, 연세대학교 교육대학원 석사학위논문.
박수현(2008), "한국어 어휘 교재에서의 학습 전략 적용 방안 연구", 『언어와 문화』4-2호, 101~118.
박신영·이병준(2013), "취업한 여성결혼이민자들의 직업기초능력에 관한 연구" 『수산해양교육연구』25-4 , 973-990.
박영순(2011), "문화어를 통한 한국문화교육의 내용과 방법 연구", 『세계한국어문학』6, 123-156.
박철린(2011), "한국어 교육용 금융 기본어휘 선정 연구: 명사 어휘를 중심으로", 고려대학교 교육대학원 석사학위논문.
박현진(2014), "한국어 학습자를 위한 비판적 문식성 교육 방안 연구: 문학 텍스트를 활용하여", 고려대학교 대학원 박사학위논문.
배도용(2009), "어휘 교재 개발을 위한 한국어 학습자 요구와 전략 분석 연구", 『한중인문학연구』2, 405~446.
배재석(2009), "개정7차 중국어 교육과정 기본 어휘에 대한 고찰", 『중국어문학논집』57, 134-136.
배현대(2009), "여성 결혼이민자를 위한 한국어 교육 현황과 문화 어휘를 활용한 한국어 교육 방법", 경기대학교 대학원 석사학위논문.
서승재(2012), "다문화가족 위한 직업교육 프로그램 제안: 서울시 강동구 결혼이주여성 중심으로", 상명대학교 예술디자인대학원 석사학위논문.
설동훈·윤홍식(2008), "여성결혼이민자의 사회경제적 적응과 복지정책의 과제: 출신 국가와 거주지역에 따른 상이성을 중심으로", 『사회보장연구』24-2, 109-133.
성미숙(2012), "여성결혼이민자를 위한 한국어 요리 동사 교육 방안 연구", 세종대학교 대학원 석사학위논문.
손영애(2000), "국어과 어휘 지도의 내용 및 방법", 『국어교육』103, 53-78.
신동광(2011), "기본 어휘의 선정 기준: 영어 어휘를 중심으로", 『국어교육학연구』40, 217-243.

신명선(2004), “국어 사고도구어 교육 연구”, 서울대학교 대학원 박사학위논문.

신명선(2009), “국어 표현 과정에서 작용하는 어휘 사용 기제와 그 전략에 관한 연구”, 『한국작문학회 제16회 연구발표회 자료집』, 5~28.

신명선(2010), “어휘 선택과 표현의 효과: 상하위어 중심으로”, 『작문연구』 10, 137-168.

신명선·권순희(2011), “새터민을 위한 한국어 교육 방안”, 『한국언어문화학』8-2, 7-89.

심인선(2010), “결혼이민자의 취업 및 직업훈련 실태와 정책과제”, 『보건복지포럼』165, 36-45.

양경은(2011), “국내거주 여성 결혼임자의 취업에 관한 실증 연구”, 서울대학교 대학원 석사학위논문.

양량(2015), “중국인 학습자를 위한 한국어 교육용 의생활 어휘 선정 연구”, 전남대학교 대학원 석사학위논문.

양인숙·민무숙(2010), “여성 결혼이민자의 경제활동 실태와 정책과제”, 한국여성개발원 연구보고서, 1~210.

어덩치멕(2012), “몽골인 여성결혼이민자를 위한 친족 호칭어·지칭어 교육 방안”, 세종대학교 대학원 석사학위논문.

오현주 노수미(2012), “국내 중국어 어휘교육 연구 현황에 대한 고찰”, 『중국언어논역업간』32, 236-245.

왕근(2010), “중국인 한국어 학습자를 위한 한자어 및 한자 교육 연구 ”, 충남대학교대학원 석사학위논문.

왕단단(2014), “고유어 요소와 결합한 한자어 요소 연구”, 서울대학교 대학원 박사학위논문.

왕청동(2014), “대만인 한국어 학습자들의 어휘 학습 태도 및 어휘 학습 전략 양상”, 『언어와 정보 사회』23, 85~136.

원미진(2010), “한국어 학습자의 어휘 학습 전략에 관한 연구”, 『한국사전학』15, 194-219.
원영춘(2013), "중국인 학습자를 위한 학문 목적 어휘 교육 방안 연구"서울대학교 대학원 석사학위논문.
유민애(2014), "어휘 의미 추측 전략을 활용한 자기 주도적 어휘 학습 방안: 선다형 어휘 주석을 중심으로", 국어교육연구 제33권, 205~237.
유성호 외(2005), "학습용어 설정을 통한 국어교과서 진술의 개선 방안 연구", 『교과교육 활성화 방안 연구』4-1, 675-814.
유흔(2011), "중국인 여성 결혼이민자를 위한 의성어 의태어 교육 방안 연구", 경희대학교 대학원 석사학위논문.
육태화(1989), "국어 혼종어 연구", 인하대학교 대학원 석사학위논문.
윤지현(2012), "여성결혼이민자를 위한 식생활 기본 어휘 선정과 분류 방안 연구", 배제대학교 대학원 석사학위논문.
이명화(2011), "외국인을 위한 한국어 호칭어와 지칭어 교육 방안 연구", 동국대학교 대학원 석사학위논문.
이명희(2011), "결혼여성이민자의 한국어 호칭어·지칭어 사용양상연구", 영남대학교 대학원 석사학위논문.
이병모(2001), "명사의 하위분류에 대하여", 『한글』251, 167-203.
이삼형 외(2007), "작문 과목 교과서의 개발 방향", 『작문연구』, 33-56.
이수현(2011), "여성결혼이민자와 관련된 서식의 어휘에 관한 연구", 충남대학교 교육대학원 석사학위논문.
이영은(2009), "여성결혼이민자 대상 의성어·의태어 교육 방안 연구", 계명대학교 대학원 석사학위논문.
이은경(1999), "한국어 학습자의 조사 사용에 나타난 오류 분석: 한국어 학습자의 작문을 중심으로", 연세대학교 대학원 석사학위논문
이은선(2008), "가정통신문을 활용한 여성결혼이민자 어휘 교육 방안 연구", 상명대학교 교육대학원 석사학위논문.
이재욱·남기춘(2001), "외국인을 위한 한국어 교육: 한국어 학습자의 어휘

학습 전략연구", 『우리어문연구』17, 25~53.
이찬규·유해준(2013), "현대 한국어단일어의 분포와 의미적 특성에 관한 여구", 『어문연구』41, 31-54.
이학경(2012), "여성결혼이민자를 위한 한국어 학습용 외래어 목록 선정 연구", 한양대학교 교육대학원 석사학위논문.
이형래(2006), "공무원의 직업문식성 평가에 관한 연구", 고려대학교 대학원 박사학위논문.
이형래(2008), "국가 수준 국어 언어 능력 검사의 비판적 검토: 직업문식성 평가로서의 9급 공무원 임용 국어 시험 분석 연구", 『국어교육학연구』31, 167-210.
임지룡(2002), "20세기 이후 국어 어휘의 사용실태와 조어론적 특성", 『국제학술회의논문집』, 64-77.
임지룡(2009), "20세기의 국어 어휘와 어휘연구", 『국어국문학』152, 63-98.
임지룡(2010), "국어 어휘교육의 과제와 방향", 『한국어의미학』33, 270-276.
장지영(2009), "문맥을 통한 어휘 추론전략의 교수가 우연적 한국어 어휘학습과 읽기 이해에 미치는 영향", 이화여자대학교 교육대학원 석사학위논문.
장효(2014), "한국어 한자어 단위명사와 중국어 양사에 대한 비교 연구", 울산대학교 대학원 석사학위논문.
전용(2013), "중국인 학습자를 위한 한·중 동형한자어 교육 방안 ", 부산외국어대학교 대학원 석사학위논문.
정소(2012), "외래어 교육 방안 연구", 충남대학교 대학원 박사학위논문.
정소영(2014), "학문 목적 한국어 학습자를 위한 학술 어휘 선정: 학술 텍스트의 한자어휘 중심으로", 경희대학교 교육대학원 석사학위논문.
정호완(2005), "한국어 교육의 교수 학습과 과제", 대구대학교 학술논문집.
조은주(2011), "초등학생의 영어 어휘학습 전략, 어휘능력 및 성취도에 대한 연구", 제주대학교 교육대학원 석사학위논문.

지윤숙(2012), "여성결혼이민자의 취업효과성에 관한 연구", 동아대학교 국제전문대학원 박사학위논문.

지윤숙(2012), "여성결혼이민자의 취업효과성에 영향을 미치는 요인 연구", 『동아시아 비교와 전망』11-1, 7-54.

진란(2013), "한국거주 결혼여성이민자의 취업 현황 및 개선방향에 대한 연구", 경희대학교 대학원 석사학위논문.

진아름(2011), "여성결혼이민자를 위한 의성어·의태어 선정과 교육 방안 연구", 배재대학교 대학원 석사학위논문.

차준경(2009), "추상명사의 의미 분류", 『담화와 인지』16-2, 149-168.

채용덕(1995), "복합어의 구성과 구조", 『경주전문대학논문집』, 65-89.

최미숙 외(2008), "다문화교육활동이 유아의 반편견 인식 및 다른 문화에 대한 태도에 미치는 영향", 『아동교육』, 65-79 .

최승호(2010), "충북 결혼이주여성의 인적자원개발 연구", 『연구보고서』, 1~64.

한미연(2011), "여성결혼이민자를 위한 한국어 관용어 목록 선정과 학습 지도 방안 연구", 인하대학교 교육대학원 석사학위논문.

한지엔(2013), "중국인 한국어 학습자를 위한 한자어 교육 연구", 호남대학교 대학원 석사학위논문.

허은혜(2010), "여성 결혼이민자들의 작문에 나타난 어휘 사용 빈도 연구", 한국외국어대학교 교육대학원 석사학위논문.

호현주·노수미(2013), "국내 중국어 어휘교육 연구 현황에 대한 고찰", 『중국언어논역총』, 239-242.

홍기옥(2011), "경남_남해군_어촌지역_생활어휘_연구", 『한민족어문학』58, 277-285. 홍종명(2012), "결혼이민자 대상 직업 목적 한국어 교육과정 설계를 위한 기초연구", 『국제어문』4, 567-599.

홍종명(2012), "결혼이민자 한국어 학습 전략 분석 연구", 『우리어문연구』44, 419~450.

戴桂芙·刘立新·李海燕[47](2010),『한어구어1』, 한국중국어교육협의회.
戴桂芙·刘立新·李海燕(2010),『한어구어2』, 한국중국어교육협의회.
戴桂芙·刘立新·李海燕(2010),『한어구어3』, 한국중국어교육협의회.
戴桂芙·刘立新·李海燕(2010),『한어구어4』, 한국중국어교육협의회.
戴桂芙·刘立新·李海燕(2010),『한어구어5』, 한국중국어교육협의회.
戴桂芙·刘立新·李海燕(2010),『한어구어6』, 한국중국어교육협의회.
马箭飞·苏英霞·翟燕(2000), 汉语口语速成, 변형우 외 편역(2005),『신공략 중국어 기초편』[48], 다락원.
马箭飞·苏英霞·翟燕(2000), 汉语口语速成; 변형우 외 편역(2005),『신공략 중국어 초급편』, 다락원.
马箭飞·苏英霞·翟燕(2000), 汉语口语速成, 변형우 외 편역(2005),『신공략 중국어 실력향상편』, 다락원.
马箭飞·苏英霞·翟燕(2000), 汉语口语速成, 변형우 외 편역(2005),『신공략 중국어 프리토킹편』, 다락원.
马箭飞·朱子仪·郑蕊(2000), 汉语口语速成, 변형우 외 편역(2005),『신공략 중국어 완성편』, 다락원.
______『2012년 학원 설립 운영자 제3차 연수교재』, 인천광역시 학원 연합회.
______『한국어3(읽기)』, 서울여자대학교 언어교육원 한국어교육부.
구본관·신명선 외(2014),『어휘 교육론』, 사회평론아카데미.
김종택(1992),『국어어휘론』, 탑출판사.
김진호·장권순·이태환(2011),『외국인을 위한 한국문화』, 역락.
노명완 외(2008),『문식성 교육 연구』, 한국문화사.
노명완·이차숙(2002),『文識性 硏究』, 박이정.
박덕유(2006),『학교 문법론의 이해』, 역락.

47 북경대학 대외한어교학중심의 일선 교사들이다.
48 북경언어대학 출판사.

박덕재·박성현(2011), 『외국어 습득론과 한국어 교수: 한국어 교사를 위한 실제적인 교수 방법』, 박이정.

박성준·이선이(2011), 『(외국인을 위한)한국의 역사와 문화』, 한국문화사.

손영애(2004), 『국어과 교육의 이론과 실제』, 박이정.

신명선(2008), 『의미, 텍스트, 교육』, 한국문화사.

이선이·이명순(2011), 『외국인을 위한 오늘의 한국』, 한국문화사.

임지룡(2008), 『의미의 인지어어학 모색』, 한국문화사.

장서영(2009), 『여성결혼이민자 취업지원 프로그램 개발을 위한 기초연구』, 한국고용정보원.

조현용 외(2000), 『한국어 어휘교육 연구』, 박이정.

Gathercole, S. E. 외(1992), *Phonological memory and vocabulary development during the early school years: A longitudinal study,* Developmental Psychology 28-5, 887-898.

Gilson, E.(1949), *Being and some Philopes. Toronto: The Pontifical Institute of Mediaeval Studies.* 정은해 역(1992), 『존재란 무엇인가』, 서광사.

Horwitz, Elaine K.(2008), *Becoming a Language Teacher: A Practical Guede to Second Language Learning and Teaching.* 전병만 외 역 (2010), 『유능한 언어교사 되기』, 시그마프레스.

Jenkins, J. 외(1989), *Two approaches to vocabulary instruction: The teaching of individual word meanings and practice in deriving word meaning from context,* Reading Research Quarterly, 24-2, 215-235.

Lankshear, C. & Knobel, M.(2006). *New Literacies: everyday practices & classroom learning*(2nded). Maidenhead: Open University Press.

Nation, I.S.P.(2011), *Learning Vocabulary in Another Language.* 김창구 역 (2012), 『I.S.P Nation의 외국어 어휘의 교수와 학습』, 소통.

Oxford, R. & Crookall, D.(1990), *Vocabulary learning: A critical analysis of techniques,* TESL Canada Journal, 7, 9-30.

Oxford, R.(1990), *Language Learning Strategies: What Every Teachers Should Know,* NewYork: Heinle.

Schmitt, N.(1997), *Vocabulary learning strategies, In N. Schmitt & M. McCarthy,* (Eds.), Vocabulary, Cambridge: Cambridge University Press, 199-227.

Tompkins, Gail E.(1991), *50 Lieracy Strategies Step by step.* 박정진·조재윤 역(2012), 『문식성 전략 50 : 단계별 언어 기능 교수 전략』, 한국문화사.

Virginia French Allen.(1983), *Techniques in Teaching Vocabulary Oxfoud American English.*

NAVER 사전 http://dic.naver.com

UNESCO http://unesdoc.unesco.org/images

국립국어원 누리집 http://www.korean.go.kr

국립국어원 언어정보나눔터 https://ithub.korean.go.kr/user/main.do

국립국어원 표준국어대사전 http://stdweb2.korean.go.kr

출입국·외국인정책본부 http://www.immigration.go.kr

중국인 결혼이민자를 위한
직업문식성 관련 기본 어휘 선정과 학습 전략 연구

찾아보기